本书得到教育部人文社科项目"国家粮食战略工程河南、吉林和黑龙江三大核心区微观基础研究"（项目编号：09YJA630030）、"基于农户行为选择的粮食最低收购价政策绩效研究"（项目编号：10YJA630206）、"农地边际化时空演进中农户营粮行为响应及其补偿机制研究"（项目编号：11YJA630190）和国家社科基金项目"粮食主产区农户农⋯研究"（项目编号：11BJY096）的资助。

经济管理学术文库·管理类

# 我国粮食安全的
# 生态性约束及规制研究

## The Study on the Food Security: Based on Ecological Restriction and Its Regulation

高明国 / 著

**经济管理出版社**
ECONOMY & MANAGEMENT PUBLISHING HOUSE

# 序

　　粮食安全的研究事关粮食安全政策实践与公民粮食主权的实现。自从20世纪70年代世界粮农组织（FAO）提出粮食安全的概念以来，粮食安全研究涉及的范围越来越大。无论是国际政治经济、国际关系这些大的全球体系，还是公民基本权利保障、人权关注，或是国别政治、国民经济、社会发展都在成为粮食安全研究的视角。

　　中国粮食安全的文化可以说相当深厚，从传统的"民以食为天"、"仓廪实而知礼节"，到计划经济时期的"农业以粮为纲"、"纲举目张"，到改革开放以来强调农业作为"第一产业的基础地位"、"决不放松粮食生产"，再到近年来"中国人的饭碗不能端在别人的手里"的政治判断，等等，不一而足的"粮食话语"，都是中国对粮食安全的很好诠释。

　　从另一个角度看，粮食安全文化的底蕴足见中国粮食问题的严重性。五千年文明史的天朝大国，历朝历代均为粮食安全所困扰：从饥民造反到拢民于田园，主导着中国历史的治乱循环；新生的共和国用了不到30年构建了社会主义的工业大厦，然而以粮为纲的全民营粮，却没能填饱10亿人的肚子；家庭联产承包经营立竿见影式地呈现了七年连增的粮食生产态势，然而1985年始的多年粮食产量徘徊和农民增产不增收的"多收了三五斗"式的卖粮难局面又如影相随；2004年以来，我国粮食产量终于"止血"，开始了多达9年的连年增长的局面。然而我国粮食生产中，"耕地安全红线"、"化肥农药过量施用"、"旱涝灾害频发"、"粮食重金属超标"、"食品安全问题突出"等新型粮食问题又开始牵动世人的神经。

　　因此，我们可以对中国特色的粮食安全问题做出如下判断：传统时期，中国的粮食安全更多地体现于"供给"的安全及"分配"的安全，低下的粮食生产力配置及扭曲的土地产权制度安排下，"食不果腹"及"朱门酒肉臭，路有冻死骨"成为粮食安全的常态表征；计划经济时期，我国粮食生产受制于农业生产组织方式，受制于工农、城乡交换的政治安排，粮食安全的政治性与意识形态色彩较浓；家庭联产承包经营初期，我国农业及粮食生产的宏观制度被加入了解决温饱，乃至让农民致富的发展规划，粮食安全的本义受到忽视，而被承担了更多的经济型内涵，粮食生产成了市场经济、资源要素交换的一部分；21世纪以来，随着政策高层对我国农业及粮食安全认识的加深，农业社会性属性进一步显现，我国粮食安全逐渐回归其社会性的本源；近一段时期以来，随着国际上粮食安全理论的进一步溯本求源，以及我国城乡居民饮食消费从"吃得饱"向"吃得好"转变，粮食安全逐渐融入"农产品安全"、"食品安全"的内涵，我国粮食安全的质的保障越发重要，粮食安全的"生态性"则成为主体。

本书首先就粮食安全有关理论进行梳理，探讨粮食安全的基本要义，从生产、流通、消费等方面分解粮食安全保障的基本环节，并厘清粮食安全、农产品安全及食品安全等基本概念的关系；接着分析粮食安全保障的基础，从宏观的制度、中观的粮食生产管理、微观的农户行为建构等方面进行考证，认为粮食安全保障的相关要素有土地、水、气候等自然环境要素，农户生产行为等人文环境要素和国家宏观政策安排等社会环境要素。无论是自然的、人文的还是社会的要素，均对粮食安全的生态型内涵构成相当大的影响。

本书先对粮食生产力系统进行综合分析。通过对粮食生产力系统的分析，揭示出现代粮食生产力系统的基本构成，并衍生出粮食安全保障的生态指向，从粮食安全的生态支撑、生态约束等视角解释粮食安全约束的动态变化，即技术—土地—人力资源—生态资源的技术路径，将粮食安全的基础推演到"生态"的层次，这成为本书研究的逻辑起点；按照这个逻辑起点，在我国农业现代化的视野下，考察宏观制度变迁如何对粮食安全的生态基础造成影响；紧接着选取农村微水利变迁、化肥施用负外部性的产生、我国农药施用与演化等几个具体粮食生产环节，从微观的农户视角考证粮食安全的生态支撑与生态约束的平衡互动；最后就如何化解粮食生产负外部性，从生态角度保证我国粮食安全提出相关政策建议。

本书在研究中体现了如下特色及创新。

第一，既有微型社区的研究，主要通过问卷调查、个案研究、结构（半结构）访谈、参与观察等社会学研究方法，考察社区粮食生产中各种生产要素的投入/产出状况，为分析粮食安全生态支撑与生态约束提供基础的实证资料；同时也有理性的推演、质性的研究，通过分析现代粮食生产力系统及我国农业现代化演进中粮食安全的地位、作用及表现，为粮食安全生态支撑与生态约束的研究提供扎实的理论基础。

第二，在考察粮食生产，农户化肥施用是否过量时，引用了农学意义上的最优施肥量和经济学意义上最优施肥量的概念，并针对调研社区的施肥状况，对其进行定量的考察与分析。

第三，在研究农户施肥行为时，运用了自给性小农的行为机制、理性小农的行为机制、社会性小农的行为机制；在研究农户施药行为时，考察了农户的理性行为、有限理性行为和非理性行为，对农户行为进行深入的剖析，将复杂的农户行为明晰化。

当然，本书的研究仍然存在一些缺陷，如研究风格前后有不一致的地方，对整合性研究范式工具的运用有待进一步深化。农户行为是一个非常复杂的问题，本书用自给性小农、理性小农、社会性小农的三种行为机制和农户的理性行为、有限理性行为和非理性行为的区分农户的施肥施药行为，有可能不能完全反映农户行为的复杂机制。以上问题均有待进一步探讨与充实，另加上作者水平与能力所限，书中疏漏之处在所难免，恳请读者批评指正。

高明国

2013 年 3 月 9 日

# 目　录

# 1 导论

## 1.1 问题的提出

2013年中央一号文件（《中共中央、国务院关于加快发展现代农业，进一步增强农村发展活力的若干意见》）指出，确保国家粮食安全，保障重要农产品有效供给，始终是发展现代农业的首要任务。在此强调了粮食安全保障是我国现代农业发展的第一要义。同时，文件重点强调，要提升食品安全水平，落实从田头到餐桌的全程监管责任，加快形成符合国情、科学完善的食品安全体系；健全农产品质量安全和食品安全追溯体系；强化农业生产过程环境监测，严格农业投入品生产经营使用管理，可见粮食质量安全和粮食生产中生态可持续性的重要性日渐突出。

根据粮食生态可持续发展要求，克服不当的农业开发及粮食生产化学化所带来的负面效应，防止不当的粮食生产对我国农业生态环境及城乡居民粮食质量安全造成的困惑，是现代农业发展的重要内涵与基本要求。粮食安全的生态约束就是指在保障粮食安全的前提下，在粮食生产中，对农业生态环境资源的过度利用，或者过度使用化学添加剂，恶化粮食生产的生态环境，导致粮食生态的支撑作用逐渐弱化，其结果就是农业生产的生态环境及农产品安全等问题的凸显。探讨粮食安全的生态性约束，对我国农业的协调、可持续发展及全面、优质的粮食安全保障，均有着重要的战略意义。

家庭联产承包经营以来，不同发展阶段、不同的社会经济发展形势对我国粮食生产提出了不同要求。20世纪70年代末80年代初，我国农业只能为全国城乡居民提供人均300公斤左右的粮食，我国有2.7亿绝对贫困人口，主要分布在乡村区域。农业发展的目标主要围绕着解决城乡居民，特别是乡村人口的温饱问题展开。粮食产量的增长成为当时农业面临的主要任务，在生存型农业发展阶段。以提高农民生产积极性为主要目标的联产承包责任制应运而生。而今，中国粮食供给已经进入了相对平衡、丰年有余的新阶段，全国绝对贫困人口数量也已经减至 1500 万人左右，温饱问题、粮食产量供应已经不再是我国农业发展的"瓶颈"。然而，农业生产中的其他问题不断积累，新的矛盾开始凸显。其中，不合理的粮食生产过程对生态环境与农产品安全的负面作用越来越大，农业生态保护及可持续发展日益成为当今粮食生产急需解决的重要的问题之一。

第一，不合理的粮食生产活动，对自然生态环境构成巨大的负面影响。

这集中表现在对耕地的过度开发、水资源的不合理利用导致的水土流失、水资源匮乏以及粮食生产中大量化学添加物对生态环境的严重破坏上。据相关部门测算，目前我国水土流失面积占全部耕地面积的 1/3，我国粮食生产中化肥平均施用量是发达国家安全施用量上限的 2 倍以上，平均利用率仅有 20%，全国农药对农田的污染面积达 1.36 亿亩，50% 的湖泊富营养化。[①]

第二，消除粮食生产的负面影响，面临着特殊的困难。

我国粮食生产对生态环境的负面影响多是由单个农户的生产经营造成的，属于面源污染的范畴，点多面广，污染分散，治理难度大；同时，消除对生态环境的负面影响必须兼顾粮食总量供给安全和农业经济保障这个基础前提。据测算，国内粮食总消费到 2020 年将达到 5.65 亿吨，而届时的粮食生产最多只能满足总需求的 95%，严峻的粮食安全形势留给农业生态保护的空间相应狭小。

第三，发展现代粮食产业，实现农业可持续发展是一项综合的社会工程。

农业现代化是一个包括自然、社会、经济、科技、农业管理、农村社区发展等多方面因素的系统工程，粮食安全保障是农业现代化的出发点和重要目标。粮食安全保障和可持续农业发展不仅涉及政府的价值追求和治理目标，而且和我国现代农业的发展主体——农民——的行动逻辑密切相关。我国农业及粮食生产的具体环节由 2.5 亿个分散的农户掌控，他们个体差异大，对农业生产的具体经营方式千差万别。他们不同的认识水平及行动过程都对农业可持续发展起着不同的作用，加剧了粮食生产生态性约束产生的复杂性与规制的难度。

粮食生产中产生的生态性约束在经济学中叫做农业的负外部性（Agricultural Negative Externalities），对生态性约束进行规制，变粮食安全生态性约束

---

① 农业部课题组. 新时期农村发展战略研究. 北京：中国农业出版社，2005.

为生态性支撑的过程，实质上是对农业负外部性的内部化（也称"内在化"）（Internalization）。外部性本身是制度经济学的重要概念和理论，但外部性理论研究越来越体现出与文学、哲学、社会学等其他社会科学相融合的寻求人文关怀的学术特征。粮食安全生态性约束的生成除了涉及自然科学层面外，归根到底还是源于人与自然、人与人、个人与社会的互动关系问题。而对社会关系、组织、制度、结构、人的行动、社会变迁的研究，正是社会学的特长及主流的研究领域（江莹，2006）。本书融合了社会学的方法来研究粮食生产中生态性约束机制及生成机制，研究我国农业转型期宏观的制度因素、乡村人文环境与社会变迁、农户的微观行为对生态性约束的生成是怎样发生作用的，并就这种生态性约束的规制提出相应的建议。

早期社会学对有关农业生态性约束的研究集中在对社会制度、组织、技术的批判上。马克思（1995）的"时代断层"理论认为，资本主义大工业造就的大城市集中了前所未有的社会流动力量，干扰了人与自然之间的代谢，阻碍了被人以食物和棉布的形式消费掉的土壤组成要素回归自然，从而阻碍了外部自然环境为延续土壤肥力而进行的运动。而资本主义大农业的提高土壤肥力的任何进步，都是掠夺土地的技巧的进步，也是破坏土地肥力持久源泉的进步。由于人类社会与自然不能共同进化，导致代谢断层。这种断层是造成农业生态性约束的社会及农业制度根源。

随着现代化向全球推进，现代化理论也加入了对农业负面效应的批判。有的学者认为，农业生态性约束的产生主要是由于工业革命加速了农村劳动力过剩、资源的恶化；工业革命使粮食及其他农产品的生产不再靠传统的灌溉和劳动力的投入，而是靠技术、机械化及化学化，使劳动力剩余及农业资源的过度利用（李友梅、刘春燕，2004）。有的学者则认为，通过机械化与化学化在短期内确实可以达到增产的目的，但是土壤内的养分却是一定的，过度使用化肥和农药，将使土壤可持续提供养分的能力大幅度降低；况且，技术的方式将耗损更多的能源，对环境产生更大的破坏作用，现代农业及粮食生产是"使用枯竭资源的石油、污染环境的环境破坏型农业"（〔日〕岸根卓郎，1999）。

不管是前者侧重对社会制度及城市化、生产方式等社会结构变迁的分析，还是后者对技术改变社会资源分配方式的批判，都属于宏观的社会结构的研究视角。近几十年来，对微观的社会行动研究已经在经济学、管理学、社会学等研究领域中逐渐兴起，对农业生态性约束的研究也开始纳入这个研究范畴。鲁礼新（2006）通过农户的家庭人口再生产行为、土地利用、生产就业行为研究农业环境变迁，指出在当前的形势下，农户营粮行为选择对农业环境的负向作用大于制度缺陷所起的负面影响。史清华（2001）通过对农户的农药施用与农户差异、农业生态环境之间相关性的实证分析认为，作为农药施用和农产品生产者，农户在农药购买及施用上可能更多的是考虑农药的功效及粮食经营收益，农药施用量的上升也可能与农户种植结构的恶化及整个农业生态环境恶化有关。张宏艳（2006）分析了粮食生产中化肥过量施用与有机肥闲置的负向外部效应机理；施用有机肥具有很强的正外部性，但外部收益并不为农民所得，而施用有机肥的边际成本则由农民个人来承担；施用化肥则相反，具有很强的负外部性，但施用化肥所获取的收益却为农民个人所得。因而在自由放任的情况下，将导致化肥的施用量大于其有效施用量。

中国幅员广阔，农业自然条件的区域差异大，粮食生产类型复杂，不同社区、不同层次农村社会变迁对农业的可持续发展影响各不相同。在当前，我国城乡、工农关系出现重大调整与转机，农业发展处于重大转型期，粮食安全仍然是我国基本社会安全的大背景下，试图全面研究农业及粮食生产生态性约束产生与规制的路径是有相当难度的。而采用微型社区研究，选取某一个地区样本来研究生态性约束的生成机制，不失为"窥一斑而知全豹"的探索。带着这个问题，笔者将研究的视野放在了我国中部地区一个农村社区。这是一个以粮食生产为基础的农村社区，对其进行关于粮食生产的生态性约束的研究，能够挖掘粮食生产发展的若干形态、层次与环节；同时这还是一个逐渐外向的区域，大的社会变迁对这个区域的影响日趋加强，特别是非农化对这个社区粮食生产投入与组织方式的改变产生了重大作用。这些为研究转型时期农业负外部性、粮食安全的生态性等问题提供了很好的平台。

本书在考察特定社区不同时期粮食生产的资源禀赋、要素投入等生产状况基础上，重点研究农业转型期农户生产兼业化、生产方式现代化等农户行为变迁对粮食安全生态性产生的重要影响，探讨农户群体在公共环境资源使用过程中的行为博弈与互动规则，以揭示粮食生产各类生态资源共享中各参与主体行动的逻辑与规律，为我国粮食安全、农业可持续发展研究提供理论借鉴与实践指导。

# 1.2　研究设计

## 1.2.1　研究类型

关于粮食安全生态因素的研究，有的采用田间工程试验的方法，侧重用试验数字验证粮食生产的负向溢出；有的是从制度入手，研究粮食生产生态性约束产生的制度框架，属于宏大叙事的论述路径。笔者认为，中国农村自然、区域、经济社会、人文状况迥异，粮食生产生态约束性产生的原因、表现、形式千差万别，既非泛泛数字，也非宏大的制度框架能概而化之。其中对粮食生产生态性因素起关键作用的是具有能动性的人——农户的农业生产行为。

本书旨在考察当今社会变迁背景下的粮食生产中农户的环境行为及特征，以及农户行为在生态约束生成中的作用与影响。采取微型社区的研究方法，对家庭联产承包责任制后，处于变迁及转型背景下的某一乡村社区围绕粮食生产的农户环境行为进行深入的调查研究；深入研究粮食生产生态约束产生的原因与特征，揭示具体的生态约束发生、发展的规律，为指导我国可持续性的粮食生产提供科学的依据。本书选择了我国中部的一个农业社区——HN省官氏县虹水区俞村进行了深入的调查，将丰富的叙事案例纳入具有深度的学理分析之中，最后得出观点，并就粮食生产生态约束的规制及农业可持续发展提出管窥之见。

## 1.2.2　研究单位与研究对象

### 1.2.2.1　研究单位

有关农村发展的研究大多以村庄为研究单位，然而中国的村庄形态也是丰富多彩的，有的村庄本身就是一个自然聚落，有的村庄是指一个血缘共同体，有的村庄是指一个"类行政"的基层管理单位。根据研究目的的不同，还可以对村庄单位进行不同的界定，例如，鲁礼新研究贵州农户行为与环境变迁时将研究单位选取为一个喀斯特地形的沙坡村（鲁礼新，2006）；张乐勤研究皖南农业生产环境不经济行为时，将研究单位选在皖南毗邻三县的三个山区乡的三角乡村地带（张乐勤，2006）。本书依据某个行政管理划分的社区作为研究单位，选择在自然地理上毗邻、人口资源禀赋上相近的若干自然村组成的一个行政村作为研究单位。

### 1.2.2.2　研究对象

本书的研究对象是粮食生产中的生态性因素，侧重研究粮食生产中生态约束形成的过程，主要沿着农业制度发展和农业技术变迁的路径，从粮食生产的主体——农户的环境行为的角度进行研究，研究农村社区各种因素变化对农户行为产生影响，而农户行为又对粮食生产生态环境造成影响，从而造成生态性约束。

## 1.2.3　调查研究方法与技术路线

### 1.2.3.1　调查方法

（1）调查地点的选取

本书的实地调查包括对社区农户的调查和对涉农管理机构的相关调查。农户的入户调查在 HN 省官氏县虹水区俞村行政村及所辖的 12 个自然村展开，涉农管理机构的调查主要包括对官氏县农业局、官氏县供销社、农业生产资料公司等单位的调查。

（2）研究样本与调查对象的选取

第一，62 户农户样本调查。这是本书的基础性调查，62 户农户样本是在每个自然村选取 4~6 户农户组成的。62 户农户样本调查包括：① 62 户农户 2001 年以来粮食生产（主要选取水稻种植）的土地使用情况、化肥农药等物质资本投入、人力资本的投入变化、粮食产出、农业产出、非农业产出、家庭收入结构等情况；② 62 户农户对土地过度耕作、农村微水利建设及化肥农药的过度施用造成的粮食生产生态性约束的基本认识与主观态度；③某些粮食生产过程中化学物质的投入过程及农户的经济、非经济动机考察。完成问卷调查 62 份，完成结构、半结构访谈 22 户次。

第二，随机农户调查。在 62 户农户之外，随机对相关农户进行问卷和访谈，问卷与访谈内容与 62 户农户调查结果基本相同。完成问卷 7 份，结构、半结构访谈 9 户次。

第三，9 名农技人员访谈。原计划对大集体时期俞村大队 12 个生产队的

12 名农业技术员每人进行一次结构性（半结构性）访谈，以询问大集体时代化肥、农药的施用情况和家庭联产承包经营前后不同的农业技术推广体制对粮食生产生态约束生成造成的不同作用与影响。但由于有 3 位技术员已经过世，只取得了 9 位农技人员的访谈资料。

第四，菜农调查。俞村的乌宋店、俞村等自然村（村民组）的蔬菜种植占据农业生产的很大比例。蔬菜生产中化肥、农药施用的总量及结构与普通粮食种植有很大差别。通过对菜农化学物品，特别是农药施用行为的调查可以对比研究粮食生产过程中农户理性、非理性行为对生态约束因素形成的作用与影响。共取得 8 位菜农的访谈资料。

第五，机构访谈。通过对官氏县农业局农技推广中心等相关机构的访谈，可以考察当地粮食生产环境管理、农用化学物品控制、农业技术推广的大致状况，以及在农业环境管理中不同利益相关者的互动，从农业环境管理制度层面研究粮食生产生态约束的生成机制。共取得访谈资料 5 份。

每类调查对象都有一定的选取标准。例如，在对 62 户农户的调查中，选取农户的标准为：问卷涉及的每个农户家选取 1 块稻田作为考察对象；1998年以后家庭土地没有变动，家庭劳动力投入没有变动或变动较小；1998 年以来一直在对象地块上种植水稻，且是种植二系法杂交水稻；选取的地块是该农户家庭中最大或较大的一块稻田；农户家的主要劳动力在 55 岁以下，适合对有些历史数据的回忆，以保证调查数据的完整性与标准统一。

（3）资料的收集与分析

本书主要采用了文献查阅、问卷调查、个案调查、结构（半结构）访谈、主要知情人访谈、观察法等研究方法来收集资料。

第一，文献查阅。粮食生产生态性变迁是一个历时性的环境社会学现象。文献的查阅既是理论研究所必需的，也是在研究过度耕作、微水利衰落、化肥施用、农药施用等具体生态约束生成过程与环节中不可少的。在研究开始之前，查阅了国内外关于粮食安全、转型农业、农业外部性、多功能性、粮食生产生态性约束等的相关文献，借鉴已有的研究成果及研究方法，确立研究框架。调查过程中对相关档案资料的查阅加深了对当地粮食生产环境、粮食生产投入产出状况的了解。

第二，问卷调查。问卷调查是实地调查的主要活动。本书采用的问卷主要为 62 户农户调查问卷，这些问卷主要用于了解农户粮食生产中各种要素的投入产出状况，特别是与生态约束生成密切相关的化肥、农药等化学物品的投入状况及劳动力非农化状况。另外，农户对粮食生产生态环境现状的主观认识、环境行为等主观心理动机也是问卷调查的内容。为了保证问卷的有效性和在问卷过程中更深入地发现新问题，本书中所有问卷都是由研究者对被调查者进行面对面访谈，并由研究者按照被调查者的回答填写完成；在问卷过程中，根据实际情形，进行一些非结构性访谈；另外，为了保证调查数据的全面性和对62户农户问卷的相关信息进行验证，在问卷过程中，还进行了若干份随机农户的问卷。

在进行农学意义和经济学意义上的水稻生产最优施肥量的研究中，对62份问卷调查的数据通过 Eviews 软件进行统计分析处理。

第三，个案调查。个案调查是在调查过程中进行，主要针对粮食生产生态性约束生成及规制具有代表性典型粮食种植过程、事件及案例进行调查、收集材料，以深化对粮食生产生态性的认识。个案材料主要通过案例分析和农户生产动机分析两种方法来进行。

第四，结构访谈。结构访谈主要对象包括官氏县农业局有关部门负责人进行的机构访谈和对原来生产队农业技术员以及其他人员的访谈，目的是对比农业管理部门与农业管理主体的环境行为在家庭联产承包经营前后的变化。

第五，半结构访谈。半结构访谈一般在对农户进行问卷调查时同时进行，在62户农户调查、农户随机调查、菜农调查中都用过，一般是根据情形随机询问农户对有关过度开发、农用化学品投入等过程中具体事件的看法及主观心理状态，以探求农户环境行为的内在机制。

第六，主要知情人访谈。主要知情人访谈一般用在对过度开发、农业化学品使用相关事件细节的历史回忆中。

第七，观察法。在实地调查过程中进行，主要用于了解粮食生产中某些具体环节，以探求过度开发和农业化学投入物的使用过程，同时为对农户的各种访谈积累素材。

（4）调查资料的使用

通过以上调查研究方法的运用，取得了相关的调查研究资料。书中对这些资料的使用一般有四种方式：第一是通过分析与处理，汇集整理成相关的表格，供进行粮食生产生态约束生成的相关分析。第二是对化学物品使用的相关数据进行汇总，得出某一时期农户化肥、农药施用状况，供有关化肥最优施用量及过量施用的定量分析之用。第三是对各种访谈资料进行提炼，将农业管理部门负责人、62户农户、随机农户、菜农关于农业化学品使用的态度与观点加工成若干案例，供研究使用。不同的案例编号方式为："62－××"表示对62户农户调查的访谈资料（如"62－57"表示对62户农户中编号为57号农户的调查或访谈），"CN－××"表示对菜农的访谈资料，"NJ－××"表示访谈资料来源于农业技术人员，"JG－××"表示对农业局等相关人员的访谈内容摘要。第四是对 62 户农户水稻农业生产的投入与产出分析，通过 Eviews 工具的处理与分析，专门用来研究俞村农户的农学、经济学最优施肥水平的分析。

### 1.2.3.2 论文的研究方法

（1）关于粮食生产生态性约束的研究方法

在进行粮食生产生态性约束的研究中，研究者通常采用以下三种方法：

第一，工程实验法。试验法是研究粮食生产生态性约束最直观的方法，即用试验数据说明粮食生产的物质投入对生态环境注入的可量化的痕量危害及感观上的消极影响。例如，向平安等（2006）的研究通过实验的方法综合推断洞庭湖区水稻生产中包括因化肥使用、农药施用、稻田农膜残留、围湖造田等不当生产行为在内的各种方式的外部成本高达 $4.19 \times 10^9$ 元/年。肖玉等（2005）、陈国军等（2003）的研究也属于这种方法。工程实验法将粮食生产作为一个自然物理现象来考查，从粮食生产对周围生态环境产生的负面效应的生物物理角度研究生态约束性的生成。

第二，制度分析的框架。相当多的研究者往往采用"制度的分析工具"研究粮食安全问题，认为粮食安全的生态关联性既是一个经济学现象，也是一个社会学现象，生态性约束的产生是制度博弈的结果。D. North（1991）认为，制度就是要求成员共同遵守的、按一定程度办事的规程；制度的主要目标是通过规则性和秩序性，增大信息流量，降低信息成本和交易成本，以便有效地利用一国资源。而粮食生产环境资源带有许多公共产品的特征，这是导致对资源滥用，产生生态约束性的重要原因。林毅夫指出，提高自身境况而牺牲别人的利益（即再分配功能），可能是许多制度安排的主要功能或动机。当把规则加诸他人之身的权力分布不均，且不同制度安排竞争非常微弱时，制度的再分配功能可能居于主导地位（Lin，Justin Yifu 和 Jeffery B. Nugent，1995）。具体到中国的家庭联产承包责任制，林毅夫进一步指出，中国的家庭联产承包责任制其实就是利用市场原则进行的一次重大的利益再分配，市场制度下的自愿交易比政府交易成本更低、效率更高，正是这种较高的效率可以解释家庭联产承包责任制以来中国农业的发展，特别是粮食生产连年上台阶，但是市场交易是有运行成本的，在某些具有外部性的场合，市场谈判不可能达成有效交易，市场型农业中的环境生态问题即可以从这个角度来看待（Lin 和 Justin Yifu，1987）。制度是一个庞大的理论体系，围绕产权、市场、国家及意识形态等正式与非正式制度，包括一般的分析工具、制度变迁及制度创新，形成的具体分析工具有交易成本、集体行动、路径依赖等。制度分析是经济学研究的常用工具，但"制度的分析工具"也是融合经济学、社会学的一个好的桥梁。"在制度学派的观点中，有关人类学、社会学的观点也经常涌现"（张培刚，2001），所以在研究社会现象时，也常常用到制度的分析工具。制度的分析工具是在宏观的社会子系统范围内研究粮食生产生态性约束的产生机理，这是比较整体性的社会研究框架。

第三，农户行为的研究，逐渐成为研究粮食生产生态性约束的一个重要分析方法。张欣等（2005）的研究指出，在追求效用最大化和利润最大化的双重目标的调控下，农户的经营行为大多是短期行为，造成对自然资源和生物资源只取不予或多取少予的掠夺式经营行为普遍存在，致使农业生态环境遭到破坏。牛建高等（2005）的研究指出，任何农户所追求的收入稳定和收入增长的双重目标都是指向经济效益的。这个双重目标指导下的农户微观行为具有充分的合理性，但却是以牺牲生态环境效果为代价的。农户追求经济效益的农业越发展，其对环境与生态的负面效应越大，粮食生产的生态性约束在小农的理性行为下产生了。冯孝杰等（2005）则从粮食生产趋同性、农户兼业及劳动力转移、农户经营行为短期化等农户行为特点出发，考察农业面源污染与农户行为的相关性。陈利顶、马岩（2007）的研究中指出，农户经营行为的个体性与环境资源的共享性，从而导致追求利益最大化和风险最小化的农户生产中，普遍表现出对保护生态环境的责任感不强。农户不合理的经济行为将导致环境的外部不经济性，破坏自然资源和生态环境的再生能力。

（2）关于三种研究方法的评述

粮食生产也是自然再生产过程与经济再生产过程的有机交织。自然再生产的过程反映了粮食生产的自然物理特征。而经济再生产，反映了人与自然之间的物质、能量交换过程，体现了人与自然关系过程中人与人之间的经济社会关系。这种经济社会关系，既体现在制度、规则等方面的宏观的社会系统中，也体现在粮食种植农户行为选择、心理活动等微观社会行动上。所以粮食生产生态性约束的研究必须体现出粮食生产在生态子系统、宏观的制度子系统、微观的农户行为子系统三个子系统的特征。生态子系统是描述粮食生产的自然物质现象的，宏观的制度子系统是描述粮食生产的集体制度安排的，微观的农户行为子系统是描述个体行为动机与选择的。三者之间是一种互容与共生的关系。

### 1.2.3.3  本书研究的技术路线

本书是对一个微型社区进行的研究，在资料获取上运用了二手资料整理、个别访谈、知情人访谈、问卷调查、机构调查、问题分析等 PRA 工具，详细记录了社区内某个粮食生产现象或事件的全过程，当然为了与粮食生产过程进行对比，在研究中还选取了部分蔬菜种植、渔业养殖的案例，分析在"大农业"生产范畴内，生态性约束是如何生成的。在研究过程中，首先分析不同的生态性约束事件的发展过程；然后考察在每一个发展过程中不同的自然环境因素、宏观的制度因素、微观的农户行为与反应；最后研究这些子因素之间的互动关系与模式。通过整合性范式研究（关于整合性范式分析的具体方法，在 2.2.1 节中将进行详细的介绍），找出一些具体生态性约束现象发生的规律性，为将生态性约束进行规制寻求一些正确的解决办法。具体的调查、研究路线见图 1－1。

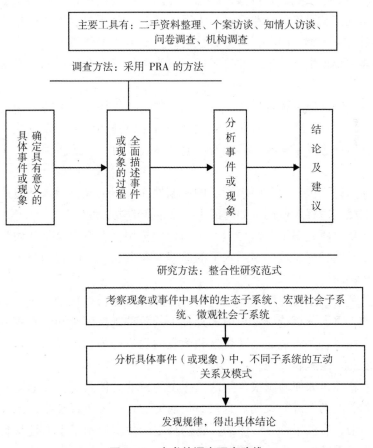

**图 1－1　本书的调查研究路线**

# 1.3  研究内容

本书第2章首先是对研究的调查社区进行大致介绍，然后重点对我国农业转型期粮食安全的生态性因素等理论进行梳理，其中包括农业负外部性的相关理论、转型农业的相关理论、粮食安全的内涵与理论，它们构成了该书研究的实证基础和理论基础。

第3章是第2章理论梳理与第4~7章实证研究的连接部分，通过对现代粮食生产力要素系统的分析框架介绍，重点突出现代粮食生产力全要素趋势下，生态性控制要素的日益凸显，为后四章具体分析粮食生产中生态性约束如何形成打下基础。同时，对整合性范式分析方法的详细介绍，也为后四章分析具体的粮食生产力生态性要素如何成为可持续农业发展的约束提供方法论基础。

第4章侧重研究粮食生产中耕地因素如何由支撑变为生态约束的，研究不同制度，包括正式制度及非正式制度安排下，强制的或自发的农户种粮行为，怎样对河边环境资源的存续及耕地最终被毁的"公地悲剧"产生重大影响的。

第5章讨论粮食生产中水资源的控制性作用，以农村微水利设施的衰退过程为路径，考察农业用水如何成为粮食生产的生态性约束。

第6章的研究揭示了粮食生产中的化肥施用，农户无论是从农学还是从经济学意义上都超过最优施用水平的原因，考察农户化肥施用与生态性约束的相关机制。

第7章研究粮食生产中农药施用导致的对农业自然环境、农产品安全的负面影响，重点分析造成农户施药过程中的各种制度因素和农户理性、非理性行为，探讨这些宏观的制度变迁和微观的农户行为如何导致过量施药、偏施高毒农药、滥施农药的。

第8章探讨如何规制粮食生产的生态约束的具体路径，并通过一些与粮食生产相关的案例进行说明。这些案例研究中，有关于粮食生产的，有关于蔬菜种植的，有关于种养一体的，它们从不同角度展示了生态性粮食安全及可持续农业系统的建立的有益探索。

第9章研究结论及政策建议。

# 1.4　研究创新、不足与几点说明

## 1.4.1　研究特色与创新

本书的特色和创新主要表现在以下几个方面：

第一，这是一个微型社区的研究，主要通过问卷调查、个案研究、结构（半结构）访谈、参与观察等社会学研究方法，全面考察社区粮食生产中各种生产要素的投入/产出状况，并通过定性与定量相结合、历史与现状对比的方法，综合分析要素投入在粮食安全生态性约束生成中自然、社会、国家、农户不同的角色与作用。目前，学术界对生态性粮食安全的研究大多局限于泛泛而谈的制度性分析，相比之下，本书选取一个农村社区，对其农业发展中社区内外的自然生态环境、各种制度、市场环境、非农化趋势、农户环境行为变迁等多因素进行大量调查研究，全面探求粮食安全生态性约束的生成机制，对以往的研究是一个很好的补充。

第二，本书在考察农户化肥施用是否过量时，引用了农学意义上的最优施肥量和经济学意义上最优施肥量的概念，并针对俞村社区的施肥状况，对其进行定量的考察与分析。

第三，本书在研究农户施肥行为时，运用了自给性小农的行为机制、理性小农的行为机制、社会性小农的行为机制；在研究农户施药行为时，考察了农户的理性行为、有限理性行为和非理性行为，对农户行为进行深入的剖析，将复杂的农户行为明晰化。

## 1.4.2　研究的难点与不足

本书的难点与不足主要有：

第一，研究风格前后有不一致的地方。第 4 章关于耕地资源与粮食生产环境的研究多是对"公地悲剧"的历史事件进行过程记叙和描写，类似于人类学的研究；而第 6 章、第 7 章关于化肥、农药施用造成的粮食生产生态性约束的研究则主要使用相关的数据、案例、访谈、问卷的方法，侧重社会学式的研究；而第 8 章关于粮食生产生态约束规制的研究则主要运用制度经济学的研究成果和分析思路。风格的不一致也使文章前后的语言风格有一定的差异。

第二，对整合性研究范式工具的运用有待进一步深化，这既与这种研究工具是一种新兴的分析方法，本身仍在发展阶段，有待成熟有关；也与粮食生产中复杂自然环境、制度、农户行为通常扭结在具体的粮食生产过程中，使研究者难以严格界定粮食安全生态性约束生成中生态子系统、宏观社会系统和微观农户行为子系统的具体界限有关。它最终导致整合性研究范式的分析力度不够和系统层次不分明的现象。

第三，农户行为是一个非常复杂的问题，本书用自给性小农、理性小农、社会性小农的三种行为机制和农户的理性行为、有限理性行为和非理性行为的区分农户的施肥、施药行为，有可能不能完全反映农户行为的复杂机制。

第四，关于62户农户调查中，农户对既往水稻种植中化肥要素投入和水稻产出的数据不是十分准确，只能在调查者引导下进行大致估算，没有进行精确的定量考察。

## 1.4.3　研究的几点说明

关于本书研究及本书的文字表述，有几点说明：

第一，研究社区是一个典型的农业区，而社区农业发展又主要以水稻、小麦等粮食作物为主，因此对社区可持续农业发展状况的研究几乎就是对粮食生产状况的考察。因此，本书在文字表述中"农业生态性约束"与"粮食生产生态性约束"就是同一个语义。有时强调粮食生产、粮食安全保障中生态性约束的生成机制，就有"粮食生产的生态性约束"或者"粮食安全的生态性约束"等表述；有时需要强调生态性约束中大的农业生产背景，就用"农业生态性约束"的表述。

第二，粮食安全或生产过程中呈现的生态性约束，实质就是农业负外部性的具体表现。因此本书第2章的文献综述（理论基础）中对外部性、负外部性、农业负外部性现象等研究成果进行了大量的理论梳理，这是为了充实粮食生产生态性约束的理论基础。同时第8章关于粮食生产生态性约束的规制研究也围绕着农业负外部性的内部化等内容展开，也是这个道理。

第三，其实对农业生产生态性约束及食品安全造成影响最大的是经济作物、蔬菜水果种植及畜禽养殖、水产养殖等部门，但是由于研究精力的限制及研究主题的要求，本书只对粮食生产现象进行研究。但是为了对农业生态性约束及规制有一个更深的了解，在农业生态性约束的规制研究中，引入了一个关于蔬菜种植中治理"白色污染"的案例。

第四，根据研究要求，对书中的有些地名作了处理，均使用化名，如有雷同，纯属巧合；对被调研者的姓名没有实指，只用编号指代，在此进行说明。

# 2 粮食安全生态性约束研究的实证及理论基础

## 2.1 实证研究的调查基础——研究社区的相关状况

### 2.1.1 官氏县概况

研究选择在 HN 省官氏县俞村进行。官氏县位于 HN 省东南部，北临淮河，南依大别山，总面积 1835 平方公里，人口 79.7 万人，其中农村人口 69.7 万人（2012 年），占全县总人口的 87.5%。下辖 19 个乡镇（办事处）、1 个产业集聚区、1 个管理区；属亚热带季风性湿润、半湿润气候，年均气温 15.4℃，年均降水量 1027.6 毫米。境内东、南部为浅山区，中北部为丘陵，地势起伏，河网密布。官氏县自然资源丰富，雨热同期，是农业大县，也是产粮大县，2012 年荣获全国粮食生产先进县；现有耕地面积 121.86 万亩，其中基本农田 110 万亩。2012 年粮食播种面积 112.6 万亩，粮食总产量 59.57 万吨。其中主要粮食作物水稻种植面积 78 万亩，总产量 50.44 万吨；小麦面积 28.4 万亩，总产量 8.12 万吨。

### 2.1.2 俞村的自然地理状况

俞村位于官氏县城以东约 6 公里处，属县城虹水街道办事处管辖的农业行政村。俞村地处潢河冲积带的西岸，沿潢河及县城新河支渠由西南—东北向分布，面积大约 3.5 平方公里。俞村地势平坦，水网密布。区域内有大小池塘 200 多个，中型湖泊 1 座，小型湖泊 4 座，区域内流经河流 1 条，边界河流 2 条。

俞村是由 12 个自然村组成的，每个自然村自成一个村民小组。每个自然村人口在 100~200 人。这与南方依山而居，相对隔绝的山区村落不同，也有别于北方方圆数十里，几千人口的大村落，呈现相对分散但是又联系方便的平原村落特征。由俞村村委会驻地通向官氏县城有一条 3 米宽、6 公里长的水泥路，是当地居民主要的向外联络通道（见图 2-1）。

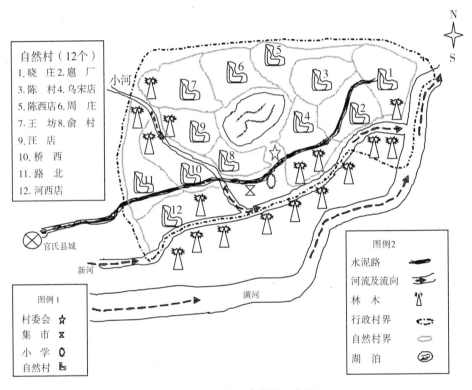

图 2-1 俞村社区资源示意图

### 2.1.3 社区经济发展与农业生产方式

俞村是一个典型的农业社区，主要种植水稻、小麦等粮食作物，杂粮作物以红薯为主，芝麻、油菜籽是主要的油料作物，经济作物有棉花、花生等。小麦亩产 225~260 公斤，水稻亩产 450~650 公斤。

关于该社区农业生产方式，近年来有两大显著变化：第一，种植结构趋向单一，大集体及家庭联产承包初期，当地的农业种植结构中，水稻、小麦等粮食作物的种植尽管占主导（播种面积占当地总播种面积的60%左右），但是像红薯等杂粮作物，花生、芝麻、黄豆、棉花、油菜籽、西瓜、红麻等经济作物仍有很大的种植面积，加上蔬菜，大约占40%。而21世纪以来，该社区的作物种植中，粮食作物种植几乎成为农业唯一的栽种品种。根据2012年的调查，该社区播种总面积中将近有80%为水稻种植区域，而其他播种面积中除了大约10%为油菜籽、蔬菜种植外，其他杂粮及经济作物的种植已经少见（见表2-1）。

表2-1　俞村土地及耕地利用状况变化表

单位：亩

| 土地利用 | 总播种面积 | | | | | | 林地 | 抛荒地 | 空白地 | 小计 |
| --- | --- | --- | --- | --- | --- | --- | --- | --- | --- | --- |
| | 水稻 | 小麦 | 杂粮 | 油料 | 经济作物 | 其他 | | | | |
| 大集体时期 | 3124 | 1857 | 231 | 252 | 144 | 616 | 433 | 0 | 200（约） | 633 |
| 家庭联产承包初期 | 3310 | 840 | 187 | 168 | 87 | 567 | 394 | 273 | 800（约） | 1467 |
| 21世纪以来 | 2300 | 126 | 57 | 202 | 26 | 498 | 1034 | 614 | 1932 | 3580 |

注：①"大集体时期"的土地利用状况为1977年的数据，"家庭联产承包初期"的取1985年和1996年两年数据的平均值，"21世纪以来"的取2003年和2009年两年数据的平均值。②"杂粮"在当地主要为红薯、黄豆、绿豆、红豆等，油料作物为花生、芝麻、油菜籽，"经济作物"为棉花、红麻，"其他"用地则包括蔬菜及育秧用地。③按照当地一年两熟的耕作制度，理论的复种指数最大可达200%，但是由于抛荒地及减作化存在导致的空白地及当地晒白地的存在，现实的复种指数一般是小于200%的。

资料来源：根据在当地的调研。

第二，传统的种植制度是以稻麦为主的一年两熟，但近年来小麦的种植面积逐渐减少，耕作制度有向一年一熟转变的趋势。林地主要分布在小河、新河沿岸的200米左右的退耕还林地带，主要的树木品种是杨树，属生态林，森林覆盖率为25%左右。菜地主要分布在通往县城公路沿线的自然村，蔬菜大多运往县城出售，少量在俞村市场销售。区域内没有规模化的专业养殖，也没有任何矿藏及工业资源，加工业几乎为零，只有方便村民生活的几个小型米面坊，俞村集市上有煤球场一家。

## 2.1.4 粮食生产要素及投入

### 2.1.4.1 土地

首先，关于俞村的人地关系。该村土地总面积5800亩左右，其中耕地面积2736亩，其他为林地、菜地、居民点占地、水面面积等。耕地以水田为主，水田占耕地面积的3/4左右。2007年该村在籍人口2631人，人均耕地面积1.04亩，低于全国农民人均1.4亩的平均水平，人地矛盾较为尖锐。

其次，关于土地的水土流失状况。2002年以来，该村共实现坡度大于15度耕地还林面积1000多亩，粮食生态状况有了很大改观。但是，土质状况也是影响当地水土流失的重要因素，像有些河边耕地尽管不属于坡耕地，但是由于是土质较疏松的沙土地，水土很容易流失。按照土地坡度退耕导致有些易流失的靠近河边的沙土地仍然处在耕种状态下，致使当地的水土流失现象还在一定程度的情况下存在，其中晓庄、乌宋店两个自然村最为严重。

最后，关于土地耕种的均衡状况。1998年以来，俞村的土地耕种不均的状况也日趋严重，当地的土地耕种不均一方面与1998年以来各家农户的家庭人口自然及机械变动有关，另一方面也是当地频繁的土地出让与转包的结果。

### 2.1.4.2 粮食生产劳动力投入

俞村也是一个农村剩余劳动力向外转移程度较深的区域。受"推—拉"机制的作用，家庭联产承包经营以来，在俞村取得农业生产经营自由权的农户逐渐加大了向外的转移。1981年以来，俞村举家前往大中城市及附近县城或城镇的共168户，迁出人口共886人；2012年外出务工人口744人，其中劳动力572人；2012年在附近城镇进行非农兼业的农村劳动力人口为606人；2012年纯农业劳动力人口为329人，其中女性291，男性38人。农业劳动力人口外出务工常年化趋势越来越明显，2012年外出务工劳动力农忙返乡间歇性从事农业生产的比例只有8.7%，粮食生产活动主要由从事非农兼业的劳动力人口和纯农业劳动力人口承担，粮食生产劳动力兼业化与女性化的现象非常明显。与外出务工人口相对比，农业兼业人口与纯农业人口的文化素质偏低：俞村共有劳动力人口1471人，所有劳动力人口接受义务教育的平均年限为6.44年，其中外出务工劳动力平均为7.91年，兼业劳动力人口平均为5.87年，纯农业劳动力人口平均为4.72年，粮食生产劳动力人口的人力资源状况相对低下。

2.1.4.3 粮食生产活动的物质投入

在生产工具方面，传统农具中铁锹、铁锨、钉耙、犁、耙、耖、秧马仍在不同范围内使用，而在 20 世纪末之前较为常见的秧耙、木锨、镰刀、粪篮、除草锄等则随着农业化学化与机械化水平的提高逐渐从农户的视野中淡出并逐渐消失。

在生产动力方面，机械动力逐步在代替役力和人力劳动。家庭联产承包责任制初期，俞村一般每两三户 10 多人供养一头耕牛，到 20 世纪末、21 世纪初，还能达到平均 20 人供养一头牛作为耕地和打场脱粒使用役力的水平，但到 2012 年 6 月统计的耕牛数量仅为 33 头，平均 73 人供养一头耕牛，且大多是以环境适应性强、草料小、占用饲养量少但役力也较小的黄牛为主，大役力、大草料、大饲养量的水牛则越来越少，2012 年只有 5 头。2012 年 6 月，俞村共有农用三轮车 19 辆、农用手扶拖拉机 41 辆、大型农用运输车 8 辆，装配动力 2774 马力；农用电力潜水泵 1024 台，总装配动力 2359 千瓦。但是大型的收割机械则靠外地的季节性输入，2012 年全年进入俞村的联合收割机共计 15 台次，总动力装配 356 马力，总作业时间为 61 天，平均每台收割机作业时间为 4.07 天。

在化学物质投入方面，家庭联产承包经营之前，俞村的集体化肥施用强度一直在 100 公斤/公顷之下，1981 年达到 111 公斤/公顷，2007 年，俞村共施用化肥 60.7 吨（折纯量），平均施用强度为 309 公斤/公顷，超过全国的平均施用强度。俞村农药施用总量在 20 世纪 60～70 年代始终在 250 公斤/公顷以下，平均施用强度在 1.5 公斤/公顷以下，主要为无机金属和有机氯类农药，2012 年俞村农药施用总量为 3022 公斤，农药施用强度为 13.9 公斤/公顷，主要为有机磷类农药和其他环境友好类农药，环境友好类农药的施用比例不高，在 5% 以下。

## 2.1.5 粮食生产产出与农民收入

首先，关于粮食产出。2012 年，俞村的农业产出中，水稻占据主要部分，将近 2300 亩稻田，秋收季节产水稻 1140 吨左右，亩产将近 520 公斤。春季收成中的主要作物为油菜籽，油菜籽的收成波动很大，每亩 80～150 公斤不等。其他包括小麦、棉花、红薯、花生等杂粮经济作物种植量很小。菜地收入每年差别较大，每亩纯收入为 1000～2000 元，2012 年俞村蔬菜种植纯收入为 90 万元左右，平均每亩 1650 元左右，每人平均为 300 元左右。

2012 年国家共向俞村发放包括粮食直补、良种补、农机补、油料补等各种补贴共计 342582 元，人均 131 元。2012 年每人平均农业净收入为 1257 元。

其次，关于非农产出。按照《中国统计年鉴》、《中国农村统计年鉴》等相关数据及其推算，2012 年的每位农民工的纯收入平均在 6000 ~ 6500 元。按照 6300 元/年的农民工的平均标准，俞村 2012 年农业剩余劳动力外出务工收入在 380 万元左右。2012 年农村劳动力农闲期间在附近城镇兼业务工的纯收入为 480 万元左右①。2007 年俞村非农纯收入共有 530 万元左右，平均每人为 4231 元。

由上得出，2012 年俞村人均纯收入为 5488 元，其中农业纯收入为 1257 元，占 22.6%，非农业纯收入 4231 元，占 77.4%。

### 2.1.6 为什么要选择这个调查区域

俞村是我国中部地区的一个典型的农村社区，也是一个典型的粮食生产社区，对俞村的考察能够看出我国粮食生产过程中生态性约束生成的一般形态与规律。

第一，粮食生产生态性约束问题的产生在我国农业转型过程中表现得尤为明显。

俞村农业的转型带有更大的自发色彩。首先，该地区农业的转型不像沿海乡村的农业受工业发展的影响很大，该地区工业发展非常落后，对农业的影响相应较小，对粮食生产质量安全的影响也小；其次，该地区农业的发展不像西部地区的农业发展那样受自然环境及项目干预的影响较大，俞村的粮食生产的要素投入除了政府推行的"退耕还林"政策以外，没有大规模的生态干预项目。在这样的一个区域考察粮食生产生态性约束的形成，更能体现粮食生产的自发性要素投入/产出机制对环境、农产品质量安全的作用与机理。

第二，俞村社区是一个典型的农村社区，农村人口密集，农业生产发达，粮食种植单一，通过对其考察研究，能够更好的看出农业发展过程中，粮食生产生态性约束生成的本质与全貌。

第三，俞村社区的社会转型明显。这主要体现在农业收入在当地经济构成比例的缩小、农业生产粮作化、粮食生产单一化趋势及大量农村劳动力的

---

① 按照每位兼业劳动力每年兼业务工 120 天，每天平均 80 元计算，2012 年俞村共有 570 人农闲兼业。

非农化发展上，这些非农化发展包括外迁、外出务工、兼业化等多种形式。但是不管哪一种形式，都改变了传统的人与土地的结合方式，必然导致农民对土地投入方式的改变，引致农业生产方式及粮食生产方式的变迁。粮食生产的生态性约束正是在农业生产方式变迁过程中被凸显出来的。

## 2.2  研究的理论基础——相关文献的综述

### 2.2.1  有关粮食安全的理论

#### 2.2.1.1  粮食安全的基本要义

国际社会使用的是食物安全（Food Security），在我国常翻译为"粮食安全"。实际上广义的粮食安全，它包括粮食和其他所有能够满足人体营养需要的食物（FAO，1996）。

粮食安全作为一个概念，最初是由联合国粮农组织在1974年提出的，即"保证任何人在任何地方都能得到为了生存和健康所需的足够食品"。当时世界正遭受着严重的粮食危机，在这个背景下，联合国粮农组织于1974年11月在罗马召开世界粮食大会，通过了《世界粮食安全国际协定》。该协定提出了世界谷物库存量的最低安全标准为当年谷物消费的18%，这项标准已被各国公认，这是粮农组织首次从粮食供给（生产保障和储备保障）的角度界定了粮食安全的定义。

1983年4月，联合国粮农组织世界粮食安全委员会通过了总干事爱德华·萨乌马重新定义的粮食安全概念，即"粮食安全的最终目标应该是确保所有人在任何时候，既能买得到又能买得起他们所需要的基本食品"。这个概念从供给和需求两个角度界定了粮食安全。

1996年11月，联合国粮农组织在罗马召开世界粮食安全首脑会议通过《世界粮食安全罗马宣言》和《世界粮食首脑会议行动计划》，对粮食安全又作出新的表述："只有当所有人在任何时候都能在实物上和经济上获得充足、安全和富有营养的粮食，来满足其积极和健康生活的膳食需要时，才实现了粮食安全。"这个新概念重申和强调了以下三个方面的内涵：第一，既强调增加粮食生产也主张粮食贸易的重要性，认为"贸易是实现粮食安全的一个关键因素",通过"增加生产(包括增加传统作物及其产品的生产)并与粮食进口、储备和国际贸易有效地结合起来,能够加强粮食安全,解决区域之间的差异"。第二,第一次将食品安全即粮的质量、卫生方面的安全性归纳到粮食安全的定义中。第三,新概念强调粮食安全不仅要在"实物上"保障(即供给保障)而且要在"经济上"保障(即消除贫困)。认为"贫困是粮食不安全的一个主要根源,在消除贫困方面取得可持续的进展是增加获得粮食机会的关键所在","消除贫困对增加获得粮食的机会至关重要。绝大多数营养不良者不是无力生产便是无力购买足够的粮食"。

通过以上描述,我们可以看出,粮农组织已经从生产、储备、贸易和消除贫困等多角度扩充了粮食安全概念的内涵,粮食安全保障既包括生产保障和储备保障,还包括购买力保障和食品安全保障(孙杭生,2005)。粮食安全是指确保任何人在任何时候既能买得到又能买得起为了生存和健康所必需的足够食物,其本质是既要保证粮食供应充足又要确保任何人都有能力得到足够的粮食。

### 2.2.1.2 粮食安全的解析与深层判读

从长远来看,一国粮食供给能力是粮食安全的决定性因素。一国粮食供给由本国粮食生产、储备和净进口三方面构成,本国粮食生产能力起到根本性的决定作用,进口和储备对粮食生产的波动具有缓冲和调节的作用(公茂刚等,2012)。刘成玉(2012)具体从四个方面来理解粮食安全:一是保障范围上涵盖了任何人,包括懒汉、乞丐甚至死刑犯;二是保障时限上涵盖了任何时候,这是基于生命过程的连续性提出的要求,所以粮食安全保障在个体和代际两方面都要求可持续性;三是保障方式上是广义的获得(Acquisition),强调食品安全保障形式与途径的多样化,包括农户生产和储备、市场购买、亲友馈赠及社会援助(国际援助、政府和社会救助)等;四是保障水平足够,包括数量足够和质量安全可靠。数量上既能满足生存需要,还要保障其基本的健康需要,质量和安全性方面要尽量避免食品消费给民众带来身心伤害。因此建议将粮食安全定义为:绝大多数人在绝大多数时间都能得到其生存和基本健康所需要的足够食品。这里,粮食安全不仅指数量保障的"吃得饱、吃得好",还更加侧重于质量尤其是安全性保障,即"吃得安全、吃得放心"。近30余年来,国际社会尤其是中国所关注的主要还是数量保障,这是基于粮食短缺的基本背景提出的概念。但数量和质量是一个有机整体,两者还可以相互转化。进入21世纪以来,当中国粮食的产量保障已无大忧的状况下,质量和安全性问题已经同数量安全至少同等重要,尤其是在食品质量安全危机频频爆发的时代。Douglas 在 1984 年明确提出了"农业可持续性"问题，这为质量意义上粮食安全的倡导提供了基础；翟虎渠（2004）赋予了粮食安全以数量安全、质量安全和生态安全三个层次，是我国全面解析粮食安全的规范性语义；温铁军（2006）及杨帅、温铁军（2008）揭示了粮食安全背后的环境污染问题；陈波（2007）则将粮食安全的生态成本分为显性成本和隐性成本；赵予新（2008）将生态成本分为经济支出、利益损失和机会成本；周立（2009）分析了片面强调农业产业功能对于环境持续恶化、生态系统破坏的可能代价。

关于粮食安全，还有"大粮食"和"小粮食"两个领域的区分。"大粮食"概念上的粮食安全主要指在食物深加工、安全管理等领域上的安全，侧重大范围的食品安全，强调在农产品、食品的加工管理及流通环节，通常指在食品添加剂、蔬菜、油脂、奶粉等"餐桌"上的安全。例如，三聚氰胺奶粉、瘦肉精猪肉、化学火锅、农残蔬菜、地沟油等就属于"大粮食"概念上的粮食安全问题。而"小粮食"概念上的粮食安全则主要指在原粮田间生产上的农产品安全，即"田头"上的安全，这种安全既包括主要粮食作物，还包括一些杂粮、油料作物等。例如，农田重金属污染生产出的有毒大米，过量施用化肥农药导致的粮食理化危害，转基因油脂产品潜在生物风险等则属于"小粮食"概念上的粮食安全问题。目前我国污染土壤已占到耕地面积的 1/5，其中 10% 的耕地受到重金属污染，而"珠三角"地区至少 40% 农用地重金属超标。全国仅重金属污染就导致粮食每年减产 1000 多万吨，每年被重金属污染的粮食达 1200 万吨，合计损失 200 亿元以上。据农业部的抽样调查，全国粮食农药残留检出率为 60.1%。2009 年，全球转基因作物的种植面积达 19.5 亿亩，其中大豆、玉米和油菜的转基因面积占其种植面积的比重分别是 75%、25% 和 20%。目前国内市场上几乎所有大豆调和油和玉米调和油以及大部分的玉米都是转基因产品。这些以理化、生物指标反映出的田间地头生态性状况都是"小粮食"概念上粮食安全的现实表现与潜在隐忧。

公茂刚、王学真（2011）认为粮食安全的两个核心要素是粮食供给（Availability）和粮食获取（Access）。粮食供给是粮食安全的必要条件，但粮食供给总量的充足只能说明人们可以得到足够的粮食，而并不表示每个人一定有能力得到满足自己生存和健康所必需的粮食。粮食获取能力是在粮食供给充足的情况下实现粮食安全的充分条件，它决定了人们最终所能获得的粮食的数量。如果说粮食供给能力是针对国家和地区层面而言的，那么，粮食获取能力则主要是针对个人和家庭而言的，也就是微观层面。个人和家庭的粮食获取途径主要有三个：自行生产、市场交易以及获取粮食援助。

从保障单元上讲，粮食安全可以分为国家粮食安全与地区粮食安全。它们的差别不仅表现在安全层级和保障数量上，更体现在安全目标、安全原则及安全方式等诸多方面。从理论上讲，各层级的粮食安全均存在保障效率的问题，即保障目标与保障成本的问题。其中，基本的粮食安全保障是政治和社会目标，而降低保障成本和代价则是经济目标。最佳的粮食安全模式应该是以最小的成本和代价实现最大限度的或达到既定目标的保障水平，但二者并不总能兼顾和协调。在安全与效率的关系上，中央政府主要追求政治和社会目标，即更加重视安全保障，在必要的时候可以牺牲经济效益；而对于地方政府而言，追求的主要是效率，即按照比较优势的原则进行专业化分工。在政府、农民与消费者之间也存在粮食安全诉求差别与分工问题，即政府追求高产以保证粮食的充足供给和价格平稳，进而稳定社会和经济发展环境；农民追求高效即经济效益以改善生活；消费者追求优质、安全而且廉价。所以，"三高农业"（高产、高效、优质）的三个目标，往往是矛盾的（刘成玉，2012）。

### 2.2.1.3 我国粮食安全研究的国情释义

经过多年的国际、国内粮食安全政策实践，我国粮食安全的内涵指向日益明确，林毅夫（1998）指出，中国过去能够养活自己主要靠国内粮食产量的持续增长。樊纲（1995）也认为，中国粮食供给的长远战略在于增加农业投入特别是科研投入，实现粮食的稳定增长。

粮食安全既可以从关涉主体的角度来理解，也可以从安全的侧重上来理解，还可以从安全的环节上来理解。从关涉主体上理解，粮食安全是一个包括"国家粮食安全"、"家庭粮食安全"、"营养安全"三个层次的完整概念，这三个层次既紧密相连，又递次发展。其中家庭粮食安全是一国粮食安全的基础，同时也是粮食安全的基本目标；营养安全是粮食安全的最高层次，是一国粮食安全的最高追求目标；作为宏观层次的国家粮食安全则是最基础、最重要的概念，是家庭粮食安全、个人营养安全的保证。若没有国家的粮食安全，部分低收入家庭的粮食安全就难以得到保障，更无从追求所有社会成员的营养安全。因此，在粮食安全的三个层面中，"国家粮食安全"居于至高无上的地位。从安全的层次递进上看，现代粮食安全的概念可包含数量安全、质量安全和生态安全三层（翟虎渠，2004；黄季焜，2004；韩俊，2005；李国勇、张扬、高士亮，2011）。数量安全要保障粮食的供求平衡，这是粮食安全第一个层次的要求。随着贸易自由化的发展，粮食供求的平衡不再局限于一国内，只要有足够的购买能力，各国可以通过世界市场来平衡本国国内的供求余缺。质量安全即食物质量安全，当今已经成为全球的焦点，随着温饱问题的解决和居民收入水平的提高，各国开始越来越关注产品的质量和营养的搭配。从生态安全上看，工业化过程中生态环境的受损从一定意义上讲是无法避免的，目前不论是中国还是世界上其他国家，生态环境都在逐步恶化，主要表现在：水土的流失及水资源短缺；耕地退化及沙漠化；外来入侵生物对生态环境的破坏；濒危物种的逐年增多（郑少华，2012）。从粮食安全的环节上讲，粮食安全可以分为生产安全、流通安全和消费安全。生产安全是指农业生产过程对粮食质与量的足够产出，以保障区域和国家层面上的粮食现期及即期消费（通过粮食存储的方式体现）；流通安全反映粮食在加工、运输、市场流通等环节的调配与质量管理，同时包括不同区域范围的国内与国际粮食贸易；消费安全就可以从基本的粮食主权和最低要求的人权保障——粮食主权的角度来理解，即粮食安全的本初含义——"保证任何人在任何地方都能得到为了生存和健康所需要的足够食品"，强调如果没有食物生产者的参加，与饥饿和粮食危机作斗争将永远是空谈，指出"人民粮食主权"是解决饥饿和粮食危机的出路，也是应对当今世界多重危机（经济、粮食、环境—气候、能源）的道路（严海蓉，2010）。从全球化的角度来看，在过去 50 年中，粮食产量的增长速度超过人口增长的速度。联合国粮农组织的统计表明，从 1960 年到 2009 年人均粮食拥有量不断上升，增加了大约40%。所以，现在全球粮食危机和饥饿问题主要不是由生产造成的，而是分配造成的（于晓华、Bruemmer Bernhard、钟甫宁，2012）。正如 Sen（1981a，1981b）所指出的那样，穷人的食物获取权的缺失是造成饥荒的主要原因。

　我国粮食安全既有微观层面的问题，又有宏观层面的问题，但就目前的情况看，宏观层面的问题是主要的：我国粮食安全的生产供给系统在宏观制度设计上是千家万户小规模分散经营，这种制度安排在温饱问题没有解决、农民占人口大多数（既是主要的粮食生产经营者又是主要的消费群体）的背景下，对于迅速有效地解决粮食安全供给问题发挥了积极作用。但是，当温饱问题解决以后，千百万农民的生产经营不再是仅仅满足于解决自身的温饱问题，而是还要求解决自身的发展问题，要求解决平衡与其他社会群体的利益时产生的一系列新的问题。例如，为了获得较高的收入，有知识、有文化的青壮年劳动力纷纷放弃农业生产经营，外出打工赚钱，使粮食生产经营缺乏真正意义的产业工人；生产过程中的灌溉、植保、机耕等工作千家万户很难统一协调，灌溉渠系零乱，防虫时赶着虫子迁徙，因田块小而分散导致大型机械无法作业，粮食生产科技水平实际下降；由于种粮效益低，粮农更加趋向自给自足使国家宏观整体的粮食安全失去了生产者的关心（吴娟，

2012）。

新时期我国粮食安全面临一系列新的挑战。从粮食生产来看，耕地减少，资源环境压力增大，劳动力成本上升，农业技术进步速度减缓。从需求方面看，随着收入水平提高，人均肉类消费及其对饲料粮的需求将大幅度增加。从国际市场来看，粮食等农产品价格将会在不断波动中上升，国际市场价格将显著影响国内市场的稳定。

为了应对粮食生产及安全形势，我国应该在粮食安全问题上实现三个转变，即从"粮食安全"观念向"食物安全"观念转变，为保障国家粮食（食物）安全提供更大的发展空间和供给渠道；从"粮食安全"向"口粮安全"转变，把中心任务转向口粮安全，切实保障在危机时可能影响国家安全的大米和小麦的国内供给能力；从"进口畜禽产品"向"进口饲料粮"转变，隐性进口"土地和水资源"，提升畜禽产品国内生产能力，增加国内农业就业和农民收入（黄季焜、杨军、仇焕广，2012）。

## 2.2.2 粮食安全的相关因素分析及理论

### 2.2.2.1 培植与保护粮食生产能力是保障粮食安全的基础

刘成玉（2012）认为，粮食安全的基础是由粮食综合生产能力决定的，而一个国家和地区的粮食综合生产能力由外因、内因和外部保障条件三个方面决定。内因主要是指农民的种粮积极性；外因是指土地生产潜力，包括土地的数量、结构、质量、复种潜力和单产潜力（光温潜力）等；外部保障条件包括农业基础设施条件、农业技术服务体系，农民尤其是种粮农民的数量、结构及文化技术素质条件、政府公共产品与公共服务保障条件，以及国家有关粮食生产的宏观政策等。三个因素中，内因是关键，农民生产粮食积极性是粮食生产和粮食安全的原动力；外因是基础和条件；保障条件是内因与外因的黏合剂，是粮食生产动机转化为粮食安全结果的助推器。

除此之外，现实的粮食安全保障能力取决于粮食"储备"能力。关于粮食储备，有广义与狭义之分，狭义的粮食储备，指看得见的储存即在粮仓中的粮食，而广义的"储备"包括三种类型或思路：一是"仓储"，这是通常意义的储备类型；二是"市储"，即通过贸易尤其是国际贸易来调节粮食供求；三是"地储"，即保持足够的生产能力，用土壤的再生产能力（包括自然再生产和经济再生产能力）支撑粮食的可持续性供给。相比之下，"储粮于仓"或"仓储"成本最高，但供给效率也最高；"储粮于市"或"市储"成本最低，供给效率也最低，但前提是粮食市场供给稳定、充足且粮食贸易自由，因而这种储备模式下粮食安全保障面临的风险最大；"储粮于土"或"地储"的成本和效率都介于前两者之间，但基本上兼顾了安全性与风险性。从某种程度上讲，生产能力储备是一种最为主动、最经济有效的粮食安全调控方法和手段。"地储"，基本政策含义就是培植与保护粮食生产能力，这也是我国提出 18 亿亩耕地"红线"的现实依据。

在我国，强调"地储"在粮食安全下的重要性，就是指在某一特定时期，还要控制粮食产量，原因有三个方面：①"地储"是增强粮食保障水平的重要手段。"地储"模式有利于协调粮食生产发展与生态环境保护的矛盾，如美国的休耕制度在客观上实现了用地和养地的结合，符合可持续发展要求。保有足够的生产能力就能掌握国内粮食调控的主动权，即在粮食供给过剩时主动压缩播种面积，供给短缺时利用政府的调控杠杆引导，激励更多的耕地投入粮食生产，使国内粮食市场始终保持适度的粮食供给量，从而能突破"少了政府急、市民慌，多了农民愁（谷贱伤农）"的困境。②从理论上讲，并不是粮食产量和供给量越高越安全，过分追求粮食产量会加大土地负荷和资源环境压力。例如，过于频繁地复种造成地力难以恢复；过多地使用化学合成物加剧土壤板结、污染和农产品不安全；过多的坡耕地开发加速水土流失；生长调节剂（如激素）、转基因品种的大量使用会直接危害粮食和农产品安全性；等等，这些都必然损害未来的粮食安全保障潜力与能力。③从实践上讲，过分追求粮食产量会导致农民"卖粮难"和"谷贱伤农"，打击农民的种粮积极性；或者是弃粮务工，或者是种"懒庄稼"，自己够吃就行，或者种树、撂荒，或者挖成鱼塘，从根本上动摇国家粮食安全基础。而控制粮食产量就能主动调节粮食供求平衡，并实现产量、收入及生态的有机协调。控制粮食产量主要应利用经济杠杆控制粮食产量和供给量，如保护性收购的数量和价格调控及补贴标准的调整等。

耕地是粮食生产的基础，随着中国工业化和城镇化的迅速推进，大量耕地转为非农用途，加上生态退耕与灾毁耕地等，使耕地数量在迅速减少。中国人多地少，人口对土地的压力将长期存在。农用地的稀缺性更加突出，粮食增产压力较大的情况下，耕地的生产潜力的实现是保证粮食安全的最本质要求。钱小龙等（2007）将耕地生产潜力分为理论生产潜力、可实现生产潜力及现实生产潜力三个层次。理论生产潜力反映了光温（气候）生产能力和理论生产能力之间的差异，这只是一个理论上存在的潜力值。可实现生产潜力反映了理论生产能力与可实现生产能力之间的差异，反映了耕地远景生产潜力，是分等单元最高标准粮单产。其提高潜力受到区域农田水利设施和农业科技水平的影响，短期内很难实现。现实生产潜力反映了可实现生产能力和实际生产能力之间的差异，反映了耕地近景生产潜力，通过农业投入水平的提高能够迅速转化为实际生产能力。通过对农用地可实现生产能力与实际生产能力的比较分析，可以正确评价农用地利用强度和潜力，为提高土地利用效率、集约节约用地和制定增产措施等提供技术支撑。（张彪、刁承泰，2012）

### 2.2.2.2 水资源安全与粮食安全的保障能力

钱小龙等（2007）的研究指出，"中国粮食威胁"论提出者美国人莱斯特·布朗于1998年发表了题为《中国水资源的匮乏将动摇世界粮食安全》的文章，指出中国粮食不足是水资源匮乏造成的。这一观点给国人敲响了警钟。水资源作为一种宝贵的战略资源，已对我国粮食安全、食物安全、生态环境安全、国民健康安全、经济安全等产生显著影响。

居正（2012）认为，我国人均水资源量只有2076立方米，仅为世界人均数量的24%，远低于世界水资源丰富国家（加拿大人均水资源94314立方米，美国9985立方米，日本3389立方米，法国3218立方米）。另外，我国水资源分布极不平衡，与农业粮食主产区很不匹配，加之"绿色革命"所带来的大规模增产是以灌溉农业的大规模推广为背景的，我国是世界上灌溉面积比例较高的国家，用水总量高达3440亿立方米，占全国用水总量的66.5%。全国常年缺水量多达300亿立方米，遭受干旱威胁的耕地面积在2亿～3亿亩，旱灾成为制约农业粮食可持续增长的致命因素。不容忽视的是，一方面中国淡水资源匮乏，另一方面淡水资源还在恶化，水源污染还在加剧，从而更加重了淡水资源的短缺，成为制约粮食产业可持续增长的致命因素。人口众多、可耕地有限且水资源稀少，使得中国农业发展严重受限。

我国农田水利设施年久失修或者是修筑的面积和力度不足。汪恕诚（2005）指出，农业灌排基础设施不完善，用水管理粗放，粮食生产用水效率不高，浪费严重。中国的灌区大多修建于20世纪50～60年代，受当时的经济条件和技术条件的限制，一些灌排工程标准低、配套不全，经过几十年的运行，不少工程存在老化严重、效益衰减等问题，造成粮食生产用水效率不高，全国灌溉水的利用率仅有45%左右，粮食作物的平均水分生产效率仅1.0公斤/立方米左右。

苏小姗等（2012）的研究表明，水是粮食作物生产过程中不可或缺和不可替代的必要元素之一，在其生长发育和生理生化活动中发挥着关键作用。合理的水分吸收决定着粮食的产量和品质。从水资源占有量看，我国的水资源总量相对丰富，2005 年全国水资源总量为 2.81 万亿立方米，居世界第四位，但由于人口基数大，水资源人均占有量仅为 2200 立方米，只有世界平均水平的 1/4，属于世界范围内 13 个公认的严重缺水国家之一。2005～2009年，除 2008 年由于长江流域特大洪水灾害导致水量回升外，我国水资源总量呈现明显下降趋势。而且地下水资源与地表水资源的重复率较高，在现有的水资源总量中，地表水资源约占水资源总量的 96% 以上，而地下水资源总量则不足 4%。我国水资源合理利用程度较低，多数地区尤其是乡、村一级的农田排水灌溉沟渠、农村中小型水库等设施老化、渠系不配套或建设滞后，不同程度的存在季节性干旱、工程性缺水和泄洪排涝和蓄水抗旱能力弱的问题，农作物受灾成灾严重。2009 年，全国农作物受灾面积总计 874.8 万公顷，成灾面积 379.6 万公顷，受灾成灾率达到 43.4%，全国农田因旱受灾面积 2925.8 万公顷，直接经济损失高达 1206.6 亿元。尤其是近年来多次发生比较反常的较大洪涝灾害和干旱灾害，比如，2011 年 7、8 月属于干旱半干旱地区的陕西省局部地区遭遇持续暴雨，引发严重洪涝灾害，农作物严重受灾；而雨量充沛的长江流域如浙江、湖北、湖南等地则遭遇特大干旱，灾情严重，在很大程度上影响了粮食增产。在水资源总量日益紧缺的同时，我国的总用水量和人均用水量却在不断增加。其中，生活用水和工业用水持续增加，5 年间其用水量占当期总用水量百分比分别增长了 0.7% 和 0.6%，而农业用水量占当期总用水量百分比则由 63.6% 下降到 62.1%。数据结果表明，随着我国城镇化进程的加快，城镇人口的大量增加和工业以及制造业的不断发展，生活用水与工业用水等非农用水与农业用水的矛盾日益加剧，非农业用水在挤占农业用水的同时也越发挤占生态用水，为提高我国粮食综合生产能力和实现农业可持续发展增添了不少压力。

另外，我国农业生产格局和水资源分布不均的矛盾、农业生产用水需求增大与水资源利用效率低下及水质污染严重的矛盾也加剧了水资源约束对粮食安全的威胁。目前，我国的基本国情是，由于经济发达、交通便利、水资源充沛的南方地区多以制造加工业和服务业为主，劳动力大量脱离农业生产，导致粮食生产能力急剧下降；而水资源紧缺、仅占全国水资源总量 19% 的长江流域以北地区则耕地面积占全国总量的 65%，承担着我国"天下粮仓"的重担。在水资源日益紧缺和农业用水不断被挤占而用水需求持续加大的条件下，提高水资源利用效率对于保障农业生产至关重要。截至 2009 年底，我国农田有效灌溉面积达到 5926.1 万公顷，几乎占全国耕地总面积的一半，其中43.5% 来源于工程节水灌溉。这与以往相比，取得了较大的进步，但是与美国、日本、以色列等农业发达国家相比还存在较大差距。主要体现在我国的工程节水灌溉比例较低并且主要依赖于渠道防渗节灌和低压管灌，而节水灌溉效率较高的喷灌和微灌面积则仅占总工程节水灌溉面积的 17.85% 和总有效灌溉面积的 7.76%。与此同时，工业排污、农药化肥残留和农村生活废物污染等使得水污染问题十分突出，进一步制约了农业灌溉用水能力。

魏君英、朱信凯（2012）指出，现有的农村水利设施大部分兴建于20世纪50～70年代，由于勘测、规划、设计仓促，经费不足，本身就存在"先天不足"的问题。灌溉设施大多配套不全，尤其是末级渠系不配套，造成大多数的灌区的实际灌溉面积远小于设计面积。灌溉基础设施不完善，抗御自然灾害的能力不强，农业干旱缺水呈现越来越严重的态势。截至2008年底，全国有耕地121817千公顷，其中缺乏灌溉条件或设施的"望天田"63345千公顷，全国农田有效灌溉面积仅为58472千公顷，占全国耕地面积的48.0%。全国工程节水灌溉面积为24436千公顷，占全国农田有效灌溉面积的41.8%。在这些有效灌溉农田中，许多灌溉设备老化失修或"带病运行"，丢失损毁严重，相当一部分已达到或超出规定使用年限。旱了不能浇，涝了不能排，许多灌区淤积、塌方、渗漏，灌不进、排不出的问题突出，水利基础设施"留不住水"已成为抗旱中最头疼和无奈的事。

新中国成立初期，我国大兴农田水利建设，这些农田水利设施建设为改革开放后我国的农业生产发展做出巨大的贡献。只可惜30多年来我国一直在吃那时的老本，改革开放之后我们基本没有搞新的建设。自从20世纪80年代分田到户以后，国家的投资都被用于大江大河的治理，一直没有大规模地兴修农田水利设施，沟塘渠堰的修改维护就没有人来管了，有些地区连维修的工作都减免了，许多山区、丘陵区农村的水利设施无法再发挥多雨季节蓄水、干旱时节保收的效果，很多渠道和水库或被泥沙拥堵，或被用来排放污水。抗灾、减灾能力弱化，我国农田水利建设投入远滞后于现实需要。农田水利基本建设投入的持续减少，加剧了农田水利基础设施老化失修的状况。

叶兴庆（2012）的研究数据表明，目前全国用水总量近6000亿立方米，年缺水500亿立方米。根据国家有关规划，2015年、2020年和2030年全国用水总量分别要控制在6350亿立方米、6700亿立方米和7000亿立方米以内。今后一个时期，随着工业、城市、生态用水刚性增加，农业用水紧缺的矛盾将更加明显。

程国强（2012）的研究发现，我国粮油食品供给还面临水资源不足的问题，华北平原是主要的小麦和玉米产区，水资源仅占全国1.7%，过去50年来由于大量开采地下水已经使地下水位大幅下降。在可以预见的10～20年内，华北地区的水资源短缺将进一步加剧。

### 2.2.2.3　耕地与粮食安全的保障能力

居正（2012）认为，耕地不足一直是中国农业面临的最严峻问题之一。中国拥有世界可耕地总量的 9%，却要为世界 22% 的人口生产粮食与其他农产品，其人均可耕地面积仅稍高于 1 亩（即 0.0827 公顷），约为世界平均人均可耕地面积的 1/3。中国自 20 世纪 80 年代开始的家庭联产承包责任制形成了以户为单位的农业耕作方式，由于在中国耕作的农民占全世界农民的 40%，每一户的耕作规模非常小，在一些人口稠密的省份，每一农户的耕作规模更小到低于 1.5 亩。随着近年来城镇化、工业化进程的加速，房地产用地和企业用地不断扩张，耕地一再受到侵蚀，目前中国耕地面积仅约为 18.26 亿亩，比 1997 年的 19.49 亿亩减少 1.23 亿亩，中国人均耕地面积由 10 多年前的 1.58 亩减少到 1.38 亩，仅为世界平均水平的 40%，18 亿亩耕地红线岌岌可危。学者陆学艺指出，除了可耕地流失之外，土地的肥力也衰退了，原因是化肥的施用增加而有机肥的使用减少。机械化耕作程度的不断提高，也带来了非常严重的水土流失问题。同时，生产氮肥则需要耗费大量的矿物原料，甚至需要长距离的运输，中国的钾肥 70% 依赖进口、磷肥原料硫黄 70% 依赖进口，这又会耗费更多的燃料。过度依赖化肥和农药——化石燃料的衍生品，这样的农业耕作方式很容易触碰到"增长的极限"。同时，集约化农业的过度种植，加速了土地资源退化。休耕轮作，这是我国五千年农业文明中形成的用地、养地的成功法宝，现在却已没有条件实施。

苏小珊等（2012）认为，从粮食供给方面来看，耕地面积的不断减少是制约粮食生产的首要因素，2010 年全国耕地面积约为 18.3 亿亩，比 1997 年的总耕地面积 19.5 亿亩减少了 1.2 亿亩，并且在 1997～2010 年，全国耕地面积呈逐年递减趋势，而且受社会经济转型、结构调整和土地改革流转等因素的影响，各地耕地抛荒现象时有发生，无疑大大降低了粮食的综合生产能力。

叶兴庆（2012）则认为，随着工业化、城镇化的推进，今后不可避免还要继续占用耕地。人增地减的矛盾将更加突出。尽管有耕地占补平衡、先补后占的制度约束，但占用的往往是优质耕地，补充的大多是劣质耕地。耕地后备资源不足，可开发耕地后备资源不足 7500 万亩，而且分布不均，依赖大规模开发后备资源补充耕地的模式难以为继。

长期以来，中国耕地保护始终把数量保护和管理放在第一位，通过规划和计划的指标控制、耕地占补平衡、土地开发整理等一系列手段和措施的实施，使耕地数量基本维持稳定。进入 21 世纪，随着中国耕地污染状况的日益严重及农产品质量事件频频出现，着力提高耕地质量、全面巩固耕地生态基础成为当前耕地保护和管理的核心。从耕地资源科学技术发展的新观点来看，"耕地质量"是一个比土壤肥力研究范围更宽、内涵更综合的概念，其核心是耕地的全要素生产能力，是由气候因素、地学因素、科技装备因素、人文因素等共同决定的。决定"耕地质量"的地学因素里，包含土壤学的研究内容，即土壤肥力保育、用地养地。因此，提升耕地质量，不仅仅是提升土壤肥力、提高有机质水平，更重要的是提升耕地生产能力。这才是正确理解、认识和把握"耕地质量"概念的实质，是科学管理耕地质量的要义。由此，可以缕出中国近40年的耕地质量观的发展过程和耕地质量要素的基本机构：①以数量为前提的耕地质量观。数量是质量的前提，质量是数量的保障。保护耕地，首先要确保一定数量的耕地，没有足够数量的耕地，即便质量再好，在总量上也不能完全满足国家粮食安全的需要；其次，在保证数量的前提下，才谈得上质量问题，没有质量的数量是靠不住的，只有具备一定质量的数量才是可靠的保障。因此，从这个意义上讲，提出坚守18亿亩耕地"红线"的战略目标，体现了以数量为前提的耕地保护观。②以产能为核心的耕地质量观。耕地产能由耕地数量和耕地质量共同决定。耕地质量是耕地所处的光温、降水、土壤、农田基础设施条件等状况的综合反映，体现了耕地的产能状况。耕地保护和管理实行数量、质量两手并举是一种手段，提高耕地产能才是最终目标。多年来，中国通过实施最严格的耕地保护制度，耕地数量快速下降的趋势得到有效遏制，在耕地面积基本稳定的前提下，着力提高耕地质量、提升耕地产能是保障国家粮食安全的根本途径。③以健康为保证的耕地质量观。只有耕地健康才能确保农产品生产基础的健康，只有农产品生产基础健康和农产品生产、加工环节健康，才能确保从地头到餐桌的安全。耕地健康状况是耕地质量的一个重要方面，依据土地有益元素、有毒有害元素和有机污染物含量水平等可以综合评定土地的健康状况。目前，中国已开展了160万平方千米多目标区域地球化学调查，初步完成了中国中东部主要农耕区的国家级土地质量地球化学评估。应用该成果，可以指导耕地质量建设和耕地污染防治，确保绿色的耕地产能（杨邦杰等，2012）。

### 2.2.2.4 生态约束的形成与粮食安全的保障能力

农业技术进步是保证粮食安全的基本支撑，但这种保证更多的是增加产量的保证，而工业式的农业物化技术往往又是排斥农业生产的基本特质——自然在生产的，因此现代化农业生产技术的改良、能源农业的大行其道（如"石油农业"）、工业性物化（如化肥、农药的大量施用），无疑加大了农业开发的强度与烈度，然而，"技术的胜利，似乎是以道德的败坏为代价换来的"。恩格斯曾举例说："当西班牙的种植场主在古巴焚烧山坡上的森林，认为木灰作为能获得最高利润的咖啡树的肥料足够用一个世纪时，他们怎么会关心到，以后热带的大雨会冲掉毫无掩护的沃土而只留下赤裸裸的岩石呢？"（恩格斯，1962；1971）

程国强（2012）指出，昔日的丰收在很大程度上是基于对土地的过度利用以及对化肥、农药的过度施用而形成的，以后还会如此吗？粮食中有害重金属污染主要发生在生产环节。生产粮食的土壤和灌溉用水受到污染后，土壤中的重金属通过粮食作物植株的吸收而在粮食中大量累积。工业"三废"的排放、农田施用的化肥与农药等农用化学品、生活和工业固体废弃物、大气污染尘埃物以及污水灌溉均能造成土壤污染。随着我国工业化进程的加快，环境污染日益加剧，土壤受污染的程度日趋严重。同时，也不能排除自然环境的高本底，也就是有些地区自然地质条件特殊，地层有害重金属的含量高（唐瑞明、徐广超，2012）。目前我国土壤污染的总体形势相当严峻，据不完全调查，目前中国受污染的耕地约有 1.5 亿亩，污水灌溉污染耕地 3250 万亩，固体废弃物堆存占地和毁田 200 万亩，合计占耕地总面积的 1/10 以上，其中多数集中在经济较发达的地区。除此之外，还有一部分农民在粮食收获后，将粮食晒在乡村公路上，造成粮食直接污染。杨易、何君等（2012）以截至 2009 年的数据为例，说明在家庭联产承包经营的 32 年来，粮食单产提高过度依赖化肥等农资投入，化肥施用量较之 1978 年增加了 5.11 倍；农作物播种面积仅比 1978 年增加了 5.7%，而有效播种面积仅增加了 31.8%；农民种粮的成本收益率呈显著下降趋势，由 2004 年的近 50% 下降到 2009 年的 32%。中国由于土地沙漠化、盐碱化以及水土流失，导致中国每年粮食减产 570 万吨。中国土壤污染形势也相当严峻，受污染的耕地约有 1.5 亿亩，占全国耕地的 1/10 以上，每年造成的直接经济损失超过 200 亿元。此外，中国大概有 75% 的江河湖泊被污染，使部分水资源甚至不能用来灌溉（Rozelle、Veeck 和 Huang，1997；Huang、Rozzelle，1995）。Yu 和 Zhao（2010）对化肥为中国农业产出的贡献作了一个很好的综述。中国单位面积施用的化肥已经超过非洲国家的 10 倍，其边际报酬也显著下降。

Brümmer、Glauben 和 Lu（2006）指出技术进步和效率提高对中国农业增长至关重要。但是，现代农业技术进步的不确定性给现代的粮食安全带来了新的问题，尤其是转基因作物虽然可以减少农药的施用量，并降低因虫害造成的损失，被看作是未来解决世界饥饿问题的一个重要手段，但是其只是减少了潜在的损失，对作物潜在产出的增加却非常有限。此外，消费者对其安全的不确定性还存在顾虑，这使该技术对保障中国粮食安全的作用充满了不确定性（于晓华、Bruemmer Bernhard、钟甫宁，2012）。

陈明星（2009）的研究表明，我国平均每公顷化肥施用量为400公斤，远远超出发达国家每公顷225公斤的安全上限，并且由于有效利用率不到35%，造成了农村水体和土壤环境恶化。大量化肥和农药的施用，固然推动了农业增产，但这些化肥和农药不仅会污染环境，而且食品中的化学残余物还会对农民和消费者的健康构成威胁，也与WTO环保标准相去甚远。当然，这也并不是说在发生了病虫害后不应该采取积极的应对措施，而是说目前的粮食直接补贴方式可能正以不太明显的方式引发环境问题。

叶兴庆（2012）对我国粮食生产的总体判断是环境约束趋紧。长期垦殖导致土壤瘠薄、肥力下降、土地荒漠化和盐渍化。工业化、城镇化的发展，导致土壤和水体污染，影响农业生产。同时化肥和农药的广泛施用使农业成为重要的面源污染源，而畜牧业的快速发展则使农业成为温室气体的重要排放者。"现在在农业生产过程中，为了防治病虫害、增加产量，农药与化肥被广泛施用，甚至是滥用，已经造成了一些不良后果。"在袁隆平看来，这种滥用"简直就是给耕地下毒药"。

### 2.2.3 转型农业的有关理论

农业转型以农业现代化作为目标，是现代化理论的重要组成部分，涉及农业发展由一种形态向另一种形态的转变。在不同农业发展时期，粮食生产的目标、任务、形式及对粮食安全产生的影响各不相同，因此对农业转型及转型农业对粮食安全的作用机理等相关文献的回顾与梳理显得很有必要。

#### 2.2.3.1 农业发展的类型

关于农业发展的类型，有很多不同的划分标准。常见的划分还是根据不同农业生产力的发展水平将农业发展类型分为原始农业、传统农业和现代农业三个发展阶段。完全以农民世代使用的各种生产要素为基础的农业可称为传统农业（舒尔茨，1999）。现代农业是在国民经济中具有较强竞争能力的现代产业，因而现代农业应是发达的科学农业，它使用现代科学技术、现代工业提供的生产资料和用现代组织管理方法来经营的社会化、商品化农业，也是人口、资源、环境、经济协调的、可持续的农业（黄祖辉等，2003）。农业由传统农业发展阶段向现代农业发展阶段转变被称作农业转型。

### 2.2.3.2 农业转型与转型农业

著名经济学家西奥多·W. 舒尔茨（1987）认为，发展中国家的经济成长，有赖于农业迅速稳定的增长，而传统农业不具备迅速稳定增长的能力，出路在于把传统农业改造为现代农业，即实现农业现代化。实现农业现代化的过程，就是农业转型的过程。由此可见，现代农业、农业现代化和农业转型是三个密切相连的概念。当然对农业类型的划分不同，也导致有些学者对农业转型的起点与目标的认定有所不同。赵东缓等（2000）的研究就认为，企图一举把过去世代沿袭的传统的农业制度变成高度专业化的商业化农业制度，是不现实的。多样化农业或混合农业代表了从维持生存的农业向专业化农业转变的必由之路。在这里，农业转型并不是严格意义上的将传统农业转变成现代农业的过程，农业转型本身就构成农业发展的一个类型和阶段，就叫做转型农业，是指多样化的农业或者混合农业。其实多样化农业（或者混合农业）与传统农业向现代农业的转型并不矛盾，是传统农业向现代农业的过渡形态。

### 2.2.3.3 农业转型的理论与路径

农业转型是发展经济学的重要组成部分，主要针对发展中国家农业发展提出的理论策略。为了促进农业的转型，各国政府一般会采取进行农业技术创新的路径、制度创新的路径或者两种路径同时进行。许多学者就农业发展对不同路径的选择与使用提出了不同的农业发展与转型理论。

（1）农业转型的技术扩散理论

这种理论是美国学者拉坦1953年提出的。拉坦认为，发展中国家农业生产效率低下的原因，是由于受到发展中国家内部的传统农业技术的束缚造成的，因此，发展中国家农业发展可以采用直接吸收发达国家先进的农业技术及生产方式的方法来解决。但是20世纪50～60年代发展中国家在引用发达国家先进农业生产技术后却并未获得农业的发展与进步（孟繁琪等，1991）。

（2）传统农业改造理论

在对技术扩散农业发展理论反思的基础上，美国学者西奥多·W. 舒尔茨于1964年在《改造传统农业》中提出了对发展中国家传统农业进行改造的理论。舒尔茨（1987）认为，传统农民的行为是合理的，他们对于各种经济刺激和经济机会的反应是敏感的。这使得通行于发达国家的所谓先进技术的简单扩散行不通。发展中国家农民贫困的根源在于缺乏一套真正适合需要的、能产生显著效益的技术与方法，以及与这套技术、方法相适应的人力资源禀赋。改造传统农业必须首先对农民进行人力资本投资。因此舒尔茨呼吁进行从农业技术推广，到农业研究，到培育市场机制，再到人力资本投资的战略转变，才能实现改造传统农业的目的。

（3）农业转型的诱导创新理论

为了对发展中国家选择农业技术发展的方向及道路做出解释，美国学者拉坦（Vernon W. Ruttan）与日本学者速水佑次郎（Yujiro Hayami）在完善20 世纪 50 年代自己提出的农业发展扩散理论的基础上，提出了农业发展的诱导创新理论。该理论从三个主体考察农业创新活动：私人部门的技术创新、公共部门的技术创新和社会经济体制创新。其中私人部门的创新活动时发生在农户（或农业企业）的微观层次，创新的动力来自利益最大化。而公共创新则以农业或企业的经济行为及资源条件和经济环境的变化为基础。而社会经济体制的创新是个人与社会在市场条件下合理分享创新活动的效益。在这个创新层次上，发展中国家为防止诱导性技术变革受到体制的阻碍，对制度和信贷市场进行适当的调整至关重要。通过调整，使技术的应用能够真正反映国内市场状况，从而刺激小农去发展生产，才可能使农民真正受益于新技术，促进传统农业向现代农业发展（速水佑次郎、弗农·拉坦，2000）。

这三种理论在 20 世纪 50 年代、60 年代、70 年代相继提出。围绕着以上三种理论，20 世纪 50 年代以来，广大发展中国家都以促进现代农业建设为目标进行农业转型。

### 2.2.3.4  传统农业现代化模式下的粮食生产的不可持续性

首先，20 世纪 60 年代，工业化国家先后实现了由传统农业向现代农业的转型，但这些国家的转型采用"石油农业"的发展模式，在取得巨大成功的同时，也带来了严重的后果。一方面，"石油农业"导致粮食生产对资源和能源的过度依赖。相关研究资料表明，1985 年与 1950 年相比，全世界粮食生产中消耗的石油能源增加了近 6 倍，平均每年增长近 6%，其中运输动力增长 5 倍多，灌溉动力增加了 11 倍，肥料制造耗能增加了 9 倍多，世界能源与原料供应无法承担现代粮食供应的能源消耗（冯海发，2006）。另一方面，粮食生产中，石化产品不管是作为能源还是作为化学投入物的使用，都直接对农业生态、资源与环境构成巨大的破坏效应。据有关部门调查，由化肥、农药使用为主造成的美国农业非点源污染源分别占美国所有河流和湖泊营养物质负荷总量的 64% 和 57%。美国 31 个州存在化肥污染地下水的问题，农村饮用水中有 63% 被农药污染，对人类危害极大（Miller G. T.，1992）。

另外，发展中国家农业转型中也存在过物质化和不可持续性的问题，这以 20 世纪 60 年代中期发展中国家为了摆脱饥饿、增加粮食产量而掀起的"绿色革命"为代表。"绿色革命"除了不提倡机械化外,其他与"石油农业"几乎没有任何区别(黄祖辉,2003)。"绿色革命"的主要技术措施是培育及推广具有较高的将无机能转化为有机能的高产粮食品种,需要增加不可再生能源为物质基础,为刺激农民在粮食生产中多施化肥、农药,发展中国家大多通过补贴的方式支持建设化肥厂、进行化肥厂的产能改造,或者直接对农民购买化肥进行价格补贴等。从另外的角度(工业化的农业投入)增加了发展中国家的能源资源消耗量,发展中国家为了发展绿色农业,对化肥等生产资料的补贴占到这些生产资料销售成本的 50% ~ 70%(孟繁琪等,1991),绿色革命仍然没有摆脱农业发展对无机物质投入的过分依赖。同时,绿色革命一样带来环境污染、生物多样性的减少,在增加粮食产量的同时,却使粮食生产的品种、品系趋向单一化,粮食品种的抗逆性降低,无形中降低了粮食安全的质量与品质,同时付出了生态、环境、社会不可持续性的代价。

### 2.2.3.5 农业转型的调整

农业转型的过程不是一个线性的发展过程,针对农业现代化中出现的"石油农业"导致的榨取经济和农业转型中也存在过物质化和不可持续性的问题。发达国家和发展中国家都对其各自的现代农业生产与经营模式进行了调整。20 世纪 70 年代以来,现代农业发展出现了不同的调整模式,例如有机农业、生态农业、自然法农业、持续农业、后现代农业、精准农业、信息农业、社区支持型农业等现代农业发展理论与模式探索(王小利等,2004;〔日〕福冈正信,1994,1987;〔日〕祖修田,2003;王淑敏、付彦堂,2004;朱乐尧、周淑景,2005)。

### 2.2.3.6 农业转型期

### (1)世界农业的转型时期

从世界范围看,传统农业向现代农业的转型首先从发达国家开始,然后依据发达国家农业转型的模式向发展中国家扩散,发达国家农业现代化的转型以美国作为代表。20 世纪初,美国已经初步形成了农业、科教、推广"三位一体"的法律制度和有关农业的科研成果,为美国农业转型打下了技术创新和制度创新的基础;20 世纪 20 年代,美国全面启动了农业现代化过程,机械大量用于农业生产,传统手工工具让位于机械类工具,人畜力让位于机械动力,使农业生产在手段上实现了革命;20 世纪 30 年代,杂交玉米等商品化开发成功并投入生产，以良种化为代表的品种改良促进了粮食产量大幅度提高；20世纪40年代中期，化肥和农药在粮食生产中大量施用，极大地扩展了良种技术的生产边界，使粮食产量进一步大幅度提高；20世纪50年代以来，各种现代化技术进一步配套，农业全面实现了现代化，美国农业转型过程完成（冯海发，2006）。

西欧的农业土地所有制关系相应复杂，所以尽管在19世纪末、20世纪初就开始了农业现代化的转型过程，但是转型的过程要比美国长，到20世纪60年代前后完成了这个转型的过程。日本农业现代化的过程真正始于"二战"结束之后，美国主导的日本土地改革，为农业现代科技的发展扫除了障碍，经过短时期的发展，在昭和40年代（1965~1974年）很快也完成了农业向现代化的转型（祖修田，2003；日本农文协文化部，1982）。但日本农业在转型过程中，也导致了粮食自给率降低、粮食生产劳动力短缺等问题，所以从20世纪90年代起，日本提出了超越于粮食安全保障之上的多功能化农业的主张，以保护和弘扬日本的"稻米文化"。

除了发达国家实现了农业转型之外，也有一些发展中国家也从"战后"开始了农业转型的步伐，至今有的国家或地区已经接近发达国家的农业发展水平，如阿根廷、韩国、中国台湾地区等；有的国家已经接近中等发达国家的农业发展水平，如马来西亚、泰国等。

从整体上来讲，按照现代科学技术应用于农业生产促进农业生产力发展的尺度来看，现代农业的转型期应该始于19世纪末20世纪初，到20世纪50年代，在美国开始作为一个特定的科学范畴和农业发展的具体形态出现，并向世界扩散。

（2）我国农业的转型期及粮食安全生态性约束的呈现

关于我国农业由传统农业向现代农业发展的转型时期，不同的研究基于不同的研究目的采取了不同的时期划分。一般来说，有以下几种时期的划分。

第一，按照转型社会时期的划分。根据孙立平、李强等的观点，"对于1979年后中国社会的巨大变化，社会学家通常用'社会转型'的概念加以概括……就是指社会从传统型向现代型的转变，包括从农业社会向工业社会的转变、从乡村社会向城市社会的转变、从封闭社会向开放社会的转变等，在中国的场景下还特别指从计划经济社会向市场经济社会的转变"（李强，2004）。近30年来，农村土地制度和农业生产组织形式的改变，以及农业生产经营纳入市场化的进程，这些都是农业发展的历史性改变。所以有相当多的研究者就将1979年以来我国的农业发展作为我国农业由传统农业向现代农业转型的起点，将近30年我国的农业变迁与发展看作是农业转型期（陈佑启，2000；陈孟平，2003），是又一个"中国千年之未有的变局"，是中国农业传统的巨大变革（葛志华，2004）。

第二，按照我国基本土地制度变革的逻辑来划分。在中国几千年的小农经济发展中，土地制度变迁左右着农业发展的基本格局，土地制度的变革对我国农业转型产生深远的影响。1952 年土地改革结束，中国历史上第一次真正实现了农民的"耕者有其田"；1978 年开始的家庭联产承包经营，在不改变农村土地集体所有制性质的基础上，通过变更农业生产组织形式的方式来激发农民经营土地的热情，起到了又一次改变土地所有制形式所带来的制度效应。这几次大的土地制度变革均在不同程度上对中国农业现代化的发展产生了巨大的影响。所以有的学者的研究将中国农业转型的起点置于新中国成立后的两次土地制度变革上，将新中国的成立看成是我国农业转型的起点（冯海发，2006；郑有贵、李成贵，1997）。

第三，按照我国农业科技应用与发散的逻辑来划分。构成农业现代化的基础是农业技术的现代化，它是现代化农业功能赖以不断扩大的物质力量（孟繁琪，1991），而我国早期农业现代化则是从农业机械化、化学化等农业技术的应用作为开端的。所以有的学者将农业技术现代化开始应用的 20 世纪 60 年代作为我国农业转型的起点（温铁军，2007；黄祖辉等，2003；程序，1997）。

第四，按照我国现代化战略规划的逻辑来划分。农业现代化不仅是一个农业技术进化的过程，同样也是一个国家国民经济与社会发展计划的重要组成部分，特别在以政府为主导进行经济社会发展规划的发展中国家中尤其如此。1957 年，毛泽东第一次提出建设现代农业的主张（毛泽东，1977）。关于现代农业，毛泽东说，第一步要实现集体化，第二步是实现机械化、电力化，后来又提出水利化和化学化。根据毛泽东的提议，1964 年，周恩来在第三届人大政府工作报告中正式提出包括农业现代化在内的"四化"建设，可见，农业现代化一直是新中国第一代领导集体奋斗目标的重要内容之一。在农业现代化的战略规划指导下，20 世纪 50～60 年代以来，我国开始了以机械化、化学化为重要内容的农业现代化建设，特别是化肥等化学投入物在农业生产中的利用呈现加速发展的趋势。按照我国现代化战略规划的逻辑来划分的农业转型期与按照我国农业科技应用与发散的逻辑来划分的农业转型期有时在历史年代上是重合的，即都从 20 世纪 60 年代开始。

（3）我国的农业转型与粮食安全生态性约束的呈现

几十年来我国由传统农业向现代农业的转型，既是农业综合生产能力提高，粮食安全保障能力提高，农村政治、经济、社会各个方面发生巨大变化的过程，也是我国粮食生产对生态、环境、社会造成巨大影响的过程。新中国成立以后，一度的决策失误，执行"两个不按——不按自然规律办事和不按经济规律办事"，使农业自然资源和生态环境遭到掠夺性开发。改革开放以后，农业问题一时积重难返，加上急于求成，又出现了粮食生产中看重数量增长而忽视质量的问题。当前，我国正处于市场经济发展时期，不可避免地又出现了粮食生产的无序开发、野蛮掠夺农业资源的行为。为了解决我国承载巨大人口负担的粮食安全问题，对粮食生产集约化经营程度的提高，粮食生产呈现出规模化、单作化、连作化的趋势，又大大加剧了粮食生产与农业生态环境之间的张力，农业的负外部性进一步凸显（程序，2007），粮食生产的生态性约束趋紧。冯海发（2006）等的研究也指出，我国传统农业转型的外部不经济首先表现为粮食与农副产品供给的压力使得许多不宜耕种的土地都被不同程度的围垦与开发，导致农地系统的不协调；其次增加化肥等无机投入，给生态环境系统从外部注入了许多不利因素，不仅造成了土壤与水体污染，而且降低了粮农产品的经济效益。

郑有贵、李成贵（1997）等的研究表明，我国农业现代化的转型是一个发生在边际上的连续变迁，农业负外部性的发生也是一个逐渐积累的过程。粮食生产生态性约束在各个时期均有不同的表现，但受农业技术变迁和农业开发政策思路的作用，粮食安全生态性约束的具体表现形式还是打有不同时期的烙印。农业转型期划分和不同时期粮食安全生态性约束表现如下（见表2-2）。

表2-2 中国农业转型时期的不同时期和粮食安全生态性约束状况一览表

| 内容 \ 不同时期 | 1949年至20世纪50年代 | 20世纪60年代～70年代末 | 20世纪80年代 | 20世纪90年代初期至今 |
|---|---|---|---|---|
| 划分依据 | 农村土地所有制变革 | 农业现代化战略推动下的现代物质投入和农业科技运用 | 我国社会转型理论、家庭联产承包经营制度的推行与实施 | 我国经济体制的重大变革 |
| 农业转型推动力 | 土地改革、农业合作化运动 | 现代化农业政策的实施，工业化的技术与物质成果 | 家庭联产承包责任制释放的农户的生产积极性 | 市场经济建设 |

续表

| 不同时期\内容 | 1949年至20世纪50年代 | 20世纪60年代~70年代末 | 20世纪80年代 | 20世纪90年代初期至今 |
|---|---|---|---|---|
| 农业转型表现 | 全面土改和合作化为农业现代化准备必要的条件 | 机械化、化学化 | 全面的化学化和良种化 | 高技术化、专业化、集约化、产业化的农业生产经营形式的出现 |
| 农业转型的重点 | 制度变迁与创新 | 国家推动下的强制性技术变迁与创新 | 农村土地制度变革推动下的诱导性技术变迁与创新 | 市场制度诱导下的农业技术创新与农业生产经营体制的创新、可持续农业建设、新农村建设 |
| 农业转型的层次 | 基础性 | 初步 | 深入发展 | 全面、综合 |
| 粮食安全生态性约束的起因 | 耕地内部系统的不协调 | 农业环境外不利因素开始注入 | 工业式农业与农业的过物质化投入 | |
| 粮食安全生态性约束的具体表现 | 50年代后期冒进政策推动下的围湖开垦种粮、毁林开荒种粮、任意改变耕作类型和土地利用方式 | 化肥、农药开始施用 | 化学农业、石油农业急剧发展 | 集约化、连作化 |
| 粮食安全生态性约束的突出危害 | 植被减少、水土流失等 | 土壤污染、水体污染、生物多样性减少及对人类健康危害 | 面源污染、江河的富营养化 | 病虫害高发、气候变化、食品安全问题频发 |

（4）本书有关农业转型期的特殊背景

新中国成立伊始，土地改革的全面实行，社会主义农业集体化的实施，为我国农业转型创造了制度基础，这是有些研究将新中国成立初期作为我国农业转型开始的依据。我国农业现代化战略的提出，以及随后开始的化肥、农药、机械等农业投入物在粮食生产中的成倍增加，是我国农业转型技术创新的重要体现，是有些研究将这一时期作为我国农业转型开始的原因。20 世纪 70 年代末，家庭联产承包责任制的推行是我国农业发展上的第二次伟大革命，同时开启我国经济社会的根本性变迁（社会转型）（郑杭生，2003），这又使得有些研究将 1978 年作为我国农业转型期的一个界限。同时，有些研究将农业转型置于我国市场经济研究的大背景下，认为 20 世纪 90 年代是我国农业转型的新起点（陈佑启，2000；陈孟平，2003）。这些不同的观点分别根据不同的研究目的进行不同划分，都是值得尊重的。

其实我国农业转型的过程不是线性的发展过程，农业现代化的内容随着时代的发展和我国农业发展战略的变化在不断调整之中。按照农业现代化的发展逻辑，我国的农业转型也体现出一定的层次性与多元性。根据郑杭生（2003）对中国社会转型在不同时期的表现的观点，对中国农业转型不同时期及粮食安全生态性约束在不同时期的呈现形式可以做出围绕本书的划分与总结（见 2.1.3 节的表 2-1）。

不同农业转型期的划分，似乎是一个难解的矛盾，然而黄祖辉等（2003）提出了农业转型的两次现代化问题，他将以农业机械化、化学化和水利化为标志的农业转型称为第一次农业现代化，这基本上是与按照农业科技应用与发散的逻辑来划分的我国农业转型是相对应的；而将农业生物化程度、农业劳动生产率、农业土地生产率、生产者知识化的提高为目标的农业转型作为第二次农业现代化，这基本上与按照社会转型时期标准划分的我国农业转型是相对应的。关于农业转型期与粮食安全生态性约束的表现关系则更是一个难以协调与一一对应的难题，这里只能对不同时期我国开始出现并且突出表现的生态性约束形式进行一个大概的列举。例如，20 世纪 50～60 年代，我国农业"大跃进"中，50 年代后期冒进政策推动下的围湖开垦种粮、毁林开荒种粮、任意改变耕作类型（如单季稻改双季稻）和土地利用方式（如旱地种植小麦改为水浇种植水稻）造成的水土流失现象加剧，是当时粮食安全生态性约束的突出表现。但这并不是说，20 世纪 60 年代之后农业过度开发导致的生态性约束就不严重了，其实 20 世纪 80 年代初期我国农户乱砍滥伐行为成为林业中一次可载入史册的生态大破坏；承包地上的树木遭到乱砍滥伐，致使水土流失、土地沙化、气候恶化、灾害频繁。这种情况主要发生在 20 世纪 80 年代，其结果是 20 世纪 90 年代水旱灾害的超常增加（王跃生，1999）。所以为了简化农业转型期与粮食安全生态性约束的对应关系，本书只从生态性约束形式开始突出出现的时期进行列举。

在笔者对粮食安全生态性约束的研究中，对农业转型期的取舍，笔者是这么设计的：在关于过度开发导致的生态性约束研究中，由于涉及对新中国成立初期农村基本土地制度的变更对公共林地处理而导致环境资源的破坏和水土流失状况的考察，笔者就将农业转型的视野置于土地制度变更的尺度上；在研究由于化肥、农药过度施用而导致的生态性约束时，笔者将农业转型的时期又放在我国早期农业现代化战略规划及早期化学添加物在粮食生产中的大量应用上，即20世纪60年代前后；在研究这些生态性约束生成与发展的过程中，在阐述我国农业技术推广体制的变革、农业生产资料供销体制的变革、农村的非农化变迁、市场化进程、农户微观行为对粮食生产环境的影响时，笔者对家庭联产承包经营以来的农业转型重点着墨。从大的农业发展尺度上看，笔者是将生态性约束研究放在新中国成立以来我国的农业转型期上的。

## 2.2.4　粮食生产的负外部性研究及综述

### 2.2.4.1　关于粮食生产负外部性的概念

粮食生产的负外部性就是粮食生产活动对相关主体（其他产业、社会公众、自然资源与环境）产生的负面作用与影响。这种作用与影响是粮食生产过程中产生的，但是被附加于其他相关主体身上，而粮食生产主体却不必为此"埋单"。

关于粮食生产的负外部性，可以用如图2-2表示。该图说明了粮食生产中所存在的负外部性是如何造成社会资源配置失当的。图中的 OQ 表示粮食生产的数量，OP 表示粮食生产的成本、收益（用货币价格反映出来）。直线 D = MR 是农户在完全竞争市场的需求曲线和边际收益曲线，MC 为农户的边际成本曲线。由于粮食生产中存在着负外部性（由曲线 ME 表示），故社会的边际成本高于农户私人的边际成本，图中显示为社会边际成本曲线 MC + ME 位于农户私人边际成本曲线 MC 上方。MC + ME 与 MC 的垂直距离即边际社会成本与农户私人边际成本的差额，即 ME，它反映了由于该农户增加一单位粮食产量所引起的其他农户或其他行业生产主体所增加的成本。由于市场机制不能把粮食生产的负外部性所形成的社会成本在农户的私人成本核算中体现出来，因此，农户获得最大利润的均衡点就是由边际收益 MR 与农户边际私人成本体现出来，农户获得最大利润的均衡点就是由边际收益 MR 与农户边际私人成本曲线 MC 相均衡的 $E_0$ 点所确定，$E_0$ 点所对应的农户私人最佳粮食产量为 $Q_0$。然而，如果按照社会成本与边际收益相等的原则确定粮食产出的最佳水平，则均衡点为 E 点，相应的最佳农产品产量为 Q，这就是说，

这种情况下 $Q_0 - Q$ 粮食产量下的粮食生产导致了负外部性产出（冯海发，2006）。陈红、马国勇（2007）的研究认为，粮食生产者施用过量的化肥造成空气和水体污染构成的面源污染，是典型的负外部性，但在现实生活中生产者没有将其列为自己的生产成本（或费用），这样必然使得农产品的生产者按照自己对成本的预算和对收益的预期来安排生产，因其在低于实际成本条件下进行生产，这就使得其实际粮食产量多于其按实际成本计算的产量，即出现生产过剩。

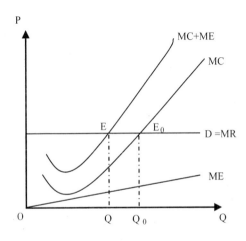

**图 2 - 2    粮食生产的负外部性的产生**

### 2.2.4.2    粮食生产负外部性研究的不同视角

有的研究从粮食生产中物质的输入、输出过程造成的负面影响研究负外部性。在石声萍（2004）的研究中，负外部性主要指粮食生产过程对生态环境的成本外部化，这主要体现在粮食使用物污染和粮食废弃物污染两个方面。粮食耕作时需要利用的许多介质，如农药、农用塑料等都会造成环境污染。以农药污染为例，许多高效农药的高残留性和毒害性对生态环境造成了破坏，相当于将处理残留农药污染的成本转嫁给了社会。农药污染损失本应由粮食生产者来承担，却被转嫁给了其他经济主体。全海娟、孟凡芹（2006）认为粮食生产的化学化是负外部性的根源，主要从农业污染物使用和粮食废弃物产出两个方面进行考察。毛晓园、田建新（2007）认为，负外部性的产生是人类大量"取"之于环境和大量"予"之于生态系统的结果，而现代粮食生产就是对自然环境"取"、"予"最普遍、最频繁的干预过程。

有的研究从粮食生产过程中能量交换的失衡来研究粮食的负外部性。研究指出，如果农业系统是一个均衡的系统，即系统内能量的收支是平衡的，而不合理的粮食生产的活动破坏了这个平衡，造成了负外部性的产生，主要表现为过度开发导致的水土流失与生态平衡的破坏等；为了保持粮食生产系统的能量平衡，在向系统补充人工物质与能量时，外部投入物并没有完全有效地消耗于系统内部的粮食生产既定过程，相当数量以原有的或转换的形态输出系统之外，如化学农业造成的粮食污染等（陈佑启，2001）。陈英旭等（2007）的研究认为，单作化对粮食生态系统的物质与能量平衡性的干扰也是造成负外部性的原因，农业环境是在一定程度上受人控制和影响的半自然环境，种植的单一性改变了原来丰富多彩的生物种群，使粮食生态系统变得单调，缺乏对抗环境变化的"缓冲力"，高度集约化农业向生态系统的大量投入与产出，容易导致粮食生态系统的能量失衡，最终产生负外部性。

有的研究从面源污染的角度研究负外部性。张宏艳（2006）的研究表明，在面源污染中，负外部性指使用环境资源的边际私人成本与边际社会成本之差。王登峰、高超（2005）的研究指出面源污染的外部性主要表现在：淤积水体，降低水体生态功能；引起水体富营养化，破坏水生生物的生存环境；污染饮用水源，危害人畜健康。其原因主要是化肥和有机肥料的大量施用、水土流失以及过量施用化学农药。农业面源污染所表现的负外部性具有广域性、随机性、滞后性、模糊性的特点。陈红、马国勇（2007）的研究指出面源污染是一种明显的负外部性现象，造成面源污染的主要原因有化肥污染、农药污染、集约化养殖污染和农村居民点污染等。

有的研究则涉及对粮食生产负外部性的识别及度量，例如向平安等（2006）对洞庭湖区水稻生产的外部性研究结果显示，1999年洞庭湖区水稻生产，包括化肥与农药施用、水稻田温室气体排放、稻田农膜残留、稻田潜育化、围湖造田等的外部成本高达41.9亿元/年，约为当年该区域粮食生产总值的26.8%；而据Alvarez B.等（1999）对英国现代农业的环境及健康成本进行的研究，1996年英国耕地及牧场的平均外部成本为208英镑/公顷，粮食总外部成本为23.43亿英镑。而有的学者通过模型推定，对中国稻田生态系统而言，每年施氮肥的环境成本可能在13亿~49亿元（Norse et al.，2001）。

还有些研究是从农业哲学角度研究粮食负外部性现象的，胡晓斌（2007）的研究认为负外部性的产生源于技术的异化，技术的异化表现为现代农业技术大量耗费能源、技术的双刃性、技术的变异性等几个方面。而技术异化的根源则在于技术利弊存在的共同性，技术对象的复杂性及技术的非生态性等。何帆（2005）的研究指出负外部性是常规农业现代化模式对资源、环境产生不可持续影响的突出表现。常规农业实质上是一种工业式农业，首先，工业式农业的发展造成了环境的严重污染和破坏，具体表现为残留的化肥、农药、农膜对土壤、水体、大气的影响，粮食生产与农村居民生活废弃物对环境的破坏等。其次，工业式农业的发展使农地资源质量迅速退化，如化肥的大量使用造成的土地板结，不合理灌溉带来的水资源稀缺、土壤盐碱化、潴淤化、水土流失与沙漠化以及大量农业有机副产品进入城镇而不能增加土壤的有机质，反而污染城市环境等。再次，化肥、农药的过量施用使农产品中的有害物质含量超标，对人类自身造成危害。最后，粮食生产机械化使得对化石能源产生严重依赖，不仅与工业争夺能源，从而加剧能源供给紧张，而且还会加剧已有工业化造成的环境污染程度。

关于粮食生产负外部性的具体表现形式，不同学者根据不同的研究需要进行了不同的划分，杨壬飞等（2003）认为负外部性的类型主要有：农业病虫害防治造成的农药污染残留，这是主要的也为日常人们表面所认识的外部不经济的社会福利损失；为提高土地肥力和粮食产量施用化肥带来的对环境的破坏，如土地的盐碱化；农业经营种类倾斜所带来的环境失调造成的外部不经济，这是很多粮食外部效应的研究者们所忽略的问题。也就是说粮食生产负外部性包括化肥、农药污染和粮食种植的单作化、连作化等。吕耀、章予舒（2007）则提及了农业对从土壤到景观的若干负外部影响的具体形式。冯海发（2006）归纳的现代农业负外部性的集中表现为：过分能源依赖，造就了现代农业的"石油农业"特征；化学物品的大量投入，严重地污染了环境；现代耕作方式造成了水土流失；过分专业化、集约化的粮食种植导致的生物多样性的消失；机械化对人力的排斥等六个方面。祖修田（2003）所指的农业不经济则主要包括化学农业引致的土壤水质污染和某些野生动植物的灭绝，水田甲烷和石油农业造成的原生和次生的大气污染，农药施用造成农产品安全和人体健康问题，以及全球范围内毁林开荒和过度放牧等掠夺性农业导致的大气温室效应、水土流失、地力下降等。

有的研究则主要分析粮食生产负外部性内部化方式的，例如，杨壬飞、吴方卫（2003）所研究的农业不经济的内部化路径有征税、协商与缴费、处罚等方式，每种方式代表着不同主体的作用与互动。而程序（2006）则将负外部性内部化的方式归纳为政府干预的方式和不采取政府干预的方式，其中政府干预的方式包括庇古税和补贴、共享资源次优化过度利用两种方式，非政府干预主要是指科斯理论。吕耀、章予舒（2007）在研究中国粮食生产负外部性内部化时，则重点强调传统农业技术体系是粮食生产外部性内部化的良好技术支撑，指出我国农业五千年发展历史积累了丰富的粮食生产技术精华，如多种粮食作物间作套种、病虫害综合防治、修建梯田、等高耕作、少（免）耕、豆科作物休闲养地等都属于可持续粮食生产技术体系范畴；还有典型的生态农业模式，如稻田养鱼等。这些技术可以不同程度地避免粮食生产外部不经济性的发生或促使外部经济性的产生，从而获得农业系统外部效益最大化，是粮食生产外部性内部化的良好技术支撑。而相当一部分研究则将负外部性的内部化方法大致归为三类：政府的直接管制，运用经济手段和道德准则的约束（兰天，2004；刘友芝，2001；陈伟，2001；王登峰等，2006）。

有的则从粮食生产负外部性的生成机制研究粮食负外部性，这也是本书关于粮食负外部性的着力点，关于粮食生产负外部性生成的相关文献综述在下面的2.2.5部分详述。

### 2.2.4.3 我国粮食生产负外部性现状、趋势的相关研究

#### （1）关于水土流失与农业生态

中国已经是五千年农业文明，垦得很多地方寸草不生（温铁军，2006），更是水土流失的重灾区。中国是世界上土壤侵蚀最严重的国家之一，据第二次遥感调查，全国有土壤侵蚀面积356万平方千米，占国土面积的37%，年均土壤侵蚀量50亿吨。长江流域60%的泥沙来自中上游开垦的坡地，仅四川、重庆每年流入长江的泥沙达5亿~6亿吨，陕西省每年流入黄河的泥沙达5亿~8亿吨。水土流失导致每年流失土壤50亿吨，减少耕地6.67万平方百米，损失肥力相当于4500万吨化肥（与2005年全国化肥施用量基本相当）。全国592个贫困县中，约有80%属于水土流失严重地区；据监测，截至2004年，中国沙化土地面积为173.97万平方千米，占国土面积的18.12%（翟虎渠，2006）。根据国家统计局提供的资料，我国20世纪50年代自然灾害中灾以上总次数为1次，受灾频率为12.5%，60年代为3次和42.9%，70年代为6次和60%，80年代为7次和70%，90年代为8次和100%，自然灾害呈明显的上升趋势[1]。过度垦荒、乱砍滥伐破坏了地表植被和生态平衡，导致长江上游的森林覆盖率由50年代的20%下降到80年代的13%，以致山地丘陵的蓄水、持水能力大幅下降，大量泥沙进入长江。加上下游河道淤积，使得生态系统防御自然灾害的能力不断降低，导致自然灾害不断（程序，

---

[1] http://www.stats.gov.cn/tjsj/qtsj/hjtjzl/hjtjsj2005/t20061204_402369387.htm。

2007）。这说明20世纪80年代以来，由于忽视农田基本建设，加上农业生态环境破坏的加速，水土流失的加快，我国农业抗灾能力明显下降（翟虎渠，2006）。过度垦荒、陡坡耕作、滥砍滥伐等可加重水土流失。我国水土流失面积相当于国土面积的1/3，由于土壤侵蚀每年流失表土中的养分与我国每年化肥用量中养分含量相当（吕耀、章予舒，2007）。如以生产每公斤粮食流失的表土量为指标，甘肃省每生产1公斤粮食要以流失140公斤表土为代价，陕北、四川、贵州等地次之（程序、曾晓光、王尔大，1997）。土壤侵蚀使黄河与长江河床每年抬高10厘米，许多大型水库被严重淤积，近期面临报废。据估算，我国水土流失造成的经济损失约为300亿元/年（吕耀、章予舒，2007）。

（2）关于化肥与农业生态

化肥非点源污染是粮食生产的重要负产品之一，主要指农田中的化肥（特别是氮与磷）与农药在降水或灌溉过程中，通过农田地表径流、农田排水和地下渗漏被带进水体而造成的污染（张水龙，1998）。我国学者对太湖污染源的调查发现，来自农村非点源的总氮排放量达$27.77 \times 10^4$吨，占该地区总氮排放量的36.1%，其中化肥流失占农村污染源的58.5%（刘润堂等，2002）。据对我国主要粮食作物氮肥去向的研究数据，我国氮肥的利用率在9%~72%，平均为30%~41%（刘青松，2003），化肥每年的流失量占施用量的40%左右（王敬国，2001）。我国耕地面积不到世界的1/10，但化肥施用量却占到世界的1/3左右，大量或超量施用化肥，对水、土地等资源造成严重污染（程序，2007）。由于化肥特别是氮肥的过量施用，到2000年，我国有8个省（市）成为氮素盈余量超过180公斤/公顷的高风险区，14个省（市）成为氮素盈余量超过100公斤/公顷的潜在高风险区，根据有关专家的预测，到2015年，高风险区将要增加7个，潜在高风险区将要增加3个，到2015年我国农田氮素盈余量将要达到2192万吨，以现有耕地计算，相当于每公顷盈余量为179公斤。大量的化肥营养物的盈余，有的以气态释放的形式污染大气，有的以径流、淋溶的形式进入公共水域，导致我国河湖水域的富营养化和赤潮、水华等环境事件。每年进入长江与黄河的氮素中，有92%和88%来自农业（朱兆良、〔英〕David Norse、孙波，2006）。化肥等施用中的过量氮、磷造成的农业径流污染是湖泊富营养化的重要来源。这些富余养分导致湖泊中蓝藻肆虐，水生生物死亡。根据2011年《中国环境状况公报》分析，2011年太湖、巢湖、滇池等我国重点监控的湖泊都遭受到农业面源污染的威胁，主要污染物中的总氮、总磷90%来自粮食生产中的化肥、农药的过量施用。其中，太湖湖体水质总体为Ⅳ类，西部沿岸区为Ⅴ类水质，五里湖、梅梁湖、东部沿岸区和湖心区均为Ⅳ类水质；巢湖湖体水质总体为Ⅴ类，主要污染指标为总磷、石油类和化学需氧量，其中，东半湖为Ⅳ类水质，西半湖为Ⅴ类水质，环湖河流总体为重度污染，主要污染指标为石油类、总磷和氨氮；滇池湖体水质总体为劣Ⅴ类，主要污染指标为化学需氧量和总磷。

（3）农药施用与粮食生态

农药（主要指化学农药）在发挥防治病虫害、保证我国粮食产量等巨大效用的同时，其作为有毒化学品，也给环境、健康和社会带来了巨大的负效应。程序（2007）的研究表明，我国目前平均农药施用水平是发达国家的两倍，而且高毒、高残留的药种仍占相当大的比重。温铁军（2006）的研究表明，目前我国农药年产量和施用量均高居世界榜首，但其中几乎没有拥有自主知识产权的产品，农药市场主流产品大多数是发达国家禁用的，高毒的杀虫剂占总产量的56%。我国年均化学防治面积45亿亩次，因大量施用化肥和农药而污染的土地超过3.28亿亩，约占耕地面积的16%。据部分省（市）数据，蔬菜中农药检出率达54%。盲目地大量使用农药，已使某些粮食作物病虫的抗药性大幅度上升。而农民缺乏关于农药基本使用知识的培训，对病虫害综合防治制度不熟悉，单纯依靠加大农药量来防治产生抗性的病虫，从而陷入恶性循环的地步，导致出现严重的环境污染、对生物多样性的影响以及对粮食的安全品质的危害等。农业部曾经对6个省、29个基地县做过调查，粮食农药检出率为60.1%，残留超标率达1.12%，一些大城市郊区蔬菜农药检出率超过50%。在一些高产地区，每年施药的次数在10余次，每公顷用量高达15公斤，一些地区的粮食、畜禽、蜂蜜中，农药含量已严重超标，中毒、污染事故越来越多。农药污染直接危害人民健康，同时也严重影响了有益生物的生存，如鸟、青蛙、蛇和蜜蜂等在农区已越来越少见了。在牧区，由于大量施用农药灭鼠，也同样毒死了鼠类的天敌，破坏了自然的生态平衡（刘雪、傅泽田，2000）。据世界粮农组织调查，长期施用化学农药，昆虫会产生抗药性，自施用化学农药以来，抗药性害虫已从10种增加到目前的417种。在我国蔬菜种植中，由于菜农单一依赖化学防治，任意提高施药浓度，增加施药次数等不合理使用现象相当普遍（陆剑飞等，2004）。在上海、广州、武汉等地的蔬菜上，小菜蛾对有机磷、氨基甲酸酯、有机氯、拟除虫菊酯以及BT剂等50多种杀虫剂产生了数十倍甚至上千倍的抗药性（闫艳春等，1997）。郝亚琦（2007）、李伟华等（2007）的研究表明，我国每年施用的100多万吨化学农药中，真正作用于有害生物的甚至只有10%～20%，其他多达80%～90%则流失在土壤、水体和空气中，污染水、土、气等环境资源。一些难降解的化学农药几乎得不到任何分解就被植物吸收，在其果实、茎叶和根部富集，对人和动物内分泌系统、免疫系统、神经系统产生干扰作用，影响生殖机能，造成雌性化、后代生命力退化，威胁生物多样性，以致出现当前生物物种灭绝的速度达到自然灭绝速度的1000倍的现象。农药残留进入水体，不仅造成了农药在水生生物中的富集，还造成了地表水与地下水的污染。20世纪70年代对我国地农水中有机氯农药污染的调查显示，上海黄浦江的HCH含量曾达0.9～65微克/升。而在最近对江苏省汪浦县某稻田附近地下水的检测中发现，已在我国禁用了20多年的HCH和DDT的残留仍然在地下水中存在，其最大含量分别为0.074微克/升和0.005微克/升（Yong Li、Jiabao Zhang，1999）。

（4）农膜与粮食生态

农膜在我国粮食生产中大量使用，特别是水稻生产，为了保水、提高积温和防止病虫鸟害，在育秧过程中大量使用农膜。我国农膜年产量达百万吨，且每年以10%的速度递增（刘雪、傅泽田，2000）。随着农膜产量的增加，到2004年，其使用量达到168万吨，覆盖面积达到2.25亿亩，2007年使用量突破200万吨（吕江南等，2007）。无论是薄膜还是超薄膜，无论覆盖何种作物，所有覆膜土壤都有残膜。据统计，我国农膜年残膜率达42%。为了使农膜在温度变化的日光照射下保持性态的稳定，要在农膜中增添一些稳定性的成分，其大部分都含重金属盐类，如用含Pb、Cd的化合物作稳定剂，这些重金属很容易从农膜中溶出，在覆盖过程中不断受到水分的浸润而溶出来，进入土壤，使土壤不断受到重金属的污染，从而在作物中产生积累，影响农产品的品质（褚红卫、石亚辉，2007）。我国使用的农膜大多是厚度不超过0.008毫米的薄膜，极易破碎，难以回收或循环使用。塑料膜散落在农地里会造成永久性污染，生成有毒有害物质，对土壤和水体造成直接危害。部分清理出的残膜被丢弃于田头地角，积存于排泄渠道，散落于湖泊水体或乱挂在树枝杆头，成为白色污染的重要标志，影响田间作业、农村环境景观，造成"视觉污染"（孙志东，2002）。

（5）粮食作物秸秆利用与生态环境

我国每年农作物秸秆产量达7亿吨以上（张雪松等，2004）。在经济发达地区和大城市郊区，由于燃料结构的改变和化肥取代农家肥，秸秆剩余量高达70%～80%，利用率不足30%（张宝莉，2002），每年将大量秸秆就地焚烧不仅严重污染大气，危害人民群众健康，浪费资源，而且还会影响航空和公路交通、通信等公共安全，并由此引发火灾和其他事故，造成严重损失。焚烧秸秆不仅损失了许多能量、肥料和饲料，而且产生大量烟雾污染大气，大量焚烧秸秆对于增加大气中"温室气体"有一定的作用；焚烧麦茬、稻茬或在农田中就地焚烧秸秆不仅烧焦了表层土壤，蒸发了土壤中的水分，同时也杀死了土壤中的微生物，破坏了土壤中的有机胶体，并且阻碍农作物所需的各种元素的释放，易造成土地沙化，降低氮的含量和土壤表面张力，使土壤的吸水能力和缓冲能力降低，严重破坏了农田的生态环境。

另外，我国粮食生产负外部性的研究还涉及粮食用水过度，导致的地下水位降低；种养的单一性导致的动植物品种资源和生物多样性的丧失；生物栖息地的退化、破碎及丧失；等等。

## 2.2.5 粮食负外部性生成的相关研究

粮食生产的外部性是粮食生产活动导致的资源配置不能达到最大效率，即不能达到帕累托最优（Pareto Criterion）（王登峰、高超，2005）。而粮食生产负外部性作为粮食开发不合理利用的必然结果，市场配置是无效的（朱莉雅、胡继连，2006）。因此不同的制度安排对粮食生产负外部性的生成影响很大。

### 2.2.5.1 粮食生产负外部性生成的制度环境

粮食生产负外部性的生成与农户的生产行为密切相关，与负外部性相关的农户行为可以称做农户的环境行为。土地产权制度、农业生产组织制度以及农村社会千百年来所积淀的历史文化传统和行为习惯，乃是对农户环境行为最具影响力的制度因素。

（1）产权制度

王跃生（1999）认为，现行的家庭联产承包责任制下的土地产权制度有很多缺陷，造成产权不明确、不完整和不稳定。中国农民的经济行为方式和特点，包括环境经济行为，正是在这样的产权制度下形成的，即土地产权缺陷是造成粮食生产负外部性的产权基础。朱莉雅等（2006）认为，我国在集体制这种主要产权安排制度下，农业环境资源的所有权和使用权看似分离，但由于对环境资源的收益权和转让权等缺乏相应的规定，排污权交易市场的建设刚刚起步，这都使得环境资源带有许多公有产权的特征，环境资源的公共产品特征，是粮食生产负外部性生成的重要原因之一。张嫘（2001）从环境的"无主性"研究粮食生产负外部性产生的产权基础，指出环境问题的特征之一就是，它们产生在没有物主的背景之中，或者虽然有物主，但他们只有有限的"拥有权"。由于缺乏所有权，导致了对它们的忽视和过度使用。陆文清（2004）则认为，农村土地集体所有非人格化的产权制度，使得单个农民无法行使所有者职权。农村公有生态资源的产权不明晰，名为国家所有、实则无人所有的生态资源使得农民可以低成本、甚至无成本地获取和滥用，这在很大程度上加重了粮食生产的负外部性。

（2）农业生产组织制度

朱莉雅等（2006）指出，由于一家一户的农业生产，单位生产规模较小，这就导致了农户在粮食生产中为了寻求短期收益，会大量地施用化肥、地膜等，致使土壤肥力下降，粮食生态环境严重污染。但是由于农户过于分散，且农业环境产权规模较小，这都大大增加了环境监督成本，给农业环境管理带来了诸多不便。王跃生（1999）则指出，在家庭联产承包责任制一家一户的耕作制度下，农民只要购买化肥、农膜的支出小于其所能带来的粮食增产增加的收益，农民就会不断地增加化肥、农药、农膜的施用量。至于化肥的污染，由于是外部的，它不在农民个人的行为合理化考虑之列。韩喜平等（2000）的研究则认为，以农户一家一户为单位的农业经营形式在一般情况下具有节约交易费用的优势而被普遍接受，但是在具有强烈外部性的领域则容易出现破坏环境的行为。如化肥的污染就具有外部性，而且这些化学投入品的副作用往往要在若干年后才能表现出来，农民不可能以未来的、不确定的利益来换取眼前的现实收益。

（3）农民与政府关系制度的研究

王跃生（1999）的研究发现，在一种市场型的农业制度中，农户和政府各有其责任和有效发挥作用的边界。即在生产上，农户是有效率的，在具有外部性的环保设施建设和维护农户的环境利益上，政府无疑更有效率。中国粮食生产中环境问题的日趋严重也同这一界限不清楚或政府曾经放弃这一职责有关。20世纪80年代初的农业市场化使政府（特别是基层政府）放弃了一切责任。秦晖（1996）从博弈理论的角度出发，认为农户行为与政府行为是一种博弈关系，中国单个农民的经营是理性的，而这种农民的"理性"不能成为宏观经济运行的基础，整个经济表现为"非理性"。同样的，政府是一个人格化的有机体，它具有独立于个人之外的价值观、动机和目标，农民与政府特别是地方政府之间存在博弈行为。（在农户水土保护的过程中）农户行为与政府行为形成了一个相博弈的对局，农户进行决策主要侧重于经济目标，同时对非经济性目标也有所关注；政府主要是侧重于社会目标和生态目标，同时也关注农户收入增长、产业结构调整等经济指标（翟文侠、黄金贤，2006）。

### 2.2.5.2　粮食生产负外部性产生与农户行为

我国粮食生产负外部性的产生是很复杂的。既有来自传统的（如几千年农耕文化对土地的过度利用，长期人口增长形成的人地关系紧张），也有来自现代化推进（如国民经济发展中对农业的过度抽取及对农业生态、农村生活价值的忽视，现代化学粮食对环境的破坏作用）的因素；还有有作为国家制度结构层面的原因（如产权关系不甚清晰的土地制度、不利于环境资源外部性内部化的市场安排、政府法律监管的非价格制度的残缺等）。但粮食生产负外部性的生成归根结底要落脚于我国具有粮食经营自主权的、类似于恒河沙粒的分散农户的具体行为上（张宏艳，2006）。对农户微观行为的研究应成为研究粮食生产负外部性生成的基础。

（1）行为与农户行为

行为，是指人的社会行为，又称社会行动，按照韦伯的说法，是指在人的有目的的、指向他人的、并以他人的符合自己预想的反映为目的的行为；这种社会行为既可以是公开的，也可以是内心或是主观的；既可以是在某种情景下的积极作为，也可以是在社会特定情况下对这种介入的有意回避或默许（〔德〕马克斯·韦伯，1997）。按照不同领域社会行为主体划分，农民的社会行为是社会行为的重要构成；在粮食生产中，农民对环境产生作用的行为，有些是有意识的行为（如烧荒），有些是下意识的行为（如农村妇女按照别人的施药量喷洒农药），有些则是传统行为的延续（如年长农民的开荒行为），但是这些行为于粮食生产负外部性的产生与消除的研究而言，均是具有社会意义的。

关于农户经济行为的理论研究，国外长期存在着两种观点：第一，以美国经济学家舒尔茨为代表的"理性小农学派"，他们视小农为追求利润最大化的"经济人"，用商品经济范畴的概念、原理来评析农户行为（胡继连，1992）。认为小农是传统粮食生产下有进取精神并以最大限度地利用有利可图的生产机会和资源的人，是相当有效率的。作为"经济人"，小农对利润的追求并不逊色于资本家和企业家，他们对要素配置中的边际成本和边际报酬反应敏感。后来经济学家波普金（Popkin S.，1979）又进一步阐明了舒尔茨的分析，认为小农是权衡了长短期利益及风险因素之后，为追求最大生产利益而作出合理抉择的人，是"理性的小农"。第二，以苏联经济学家恰雅诺夫（Chayanov）为代表的"自给小农学派"认为小农是一个满足自家消费为目的的血缘统一体，其生产主要是为自家生计而生产，不存在追求最大利润的问题（恰雅诺夫，1996）。詹姆斯·斯科特（Scott J. C.，2001）认为农民经济的主导动机是"避免风险"、"安全第一",农民的经济学是出于"生存机会最大化"的"道义经济学"。也有学者认为由于粮食生产是小农生存的第一选择,具有历史的普适性,在传统经济状况脆弱的情况下,自身文化素质落后的小农在粮食生产决策中往往是非理性的。

其实,在当前我国农户正处于市场经济和农村社会转型时期,他们的行为也出现非常复杂的结构特征,除以上两类基本特征外,还呈现明显的过渡性、交叉性特征,呈现"社会化小农"的特征(徐勇等,2006;吴晓燕,2007;邓大才,2006)。

(2)我国农户经济行为的基本特点

家庭联产承包经营以来,我国农村社会转型开始加快,原来社会行动角色、目标单一、简单划一的农户开始分化,农户的经济行为呈现多元化的特点。

第一,农户经营目标的双重性。在我国以家庭经营为基础的双层经营体制下,农户经营目标具有双重性:一方面农户的生产经营在追求目标最大化;另一方面农户又追求稳定的收入,实行风险规避。追求利润最大化是按照边际收益等于边际成本的原则去安排生产,而作为一个风险规避者,农户对不确定性选择中收入的数学期望的效用高于各种确定性收入的效用的数学期望,而收入的数学期望与所能达到的效应的数学期望所对应的确定性收入之差,实际上是农户的一种风险"保险金"(张欣、王绪龙、张巨勇,2005)。

第二,农户兼业化已经成为一种普遍现象。兼业化是指同一农户从事农业生产的同时又从事非农业生产的现象。农户的兼业行为在很大程度上决定了农户的投资行为和消费行为,兼业化程度的提高可能会改变传统的精耕细作的粮食生产方式,甚至导致农户在粮食生产上掠夺性的短期经营行为(张欣、王绪龙、张巨勇,2005;陈利顶、马岩,2007)。

第三,农户生产经营行为的短期化现象严重。许多农户只重视眼前利益,忽视长期利益,农户经济行为短期化,导致农业发展后劲匮乏。对自然资源和生物资源只取不予或取多予少的掠夺式经营行为普遍存在。现阶段,在平原地区,有些农户在承包田(地)挖塘养鱼或建房从事第二、第三产业;有的劳动力转移户撂荒土地,造成耕地资源的总量减少;在发展粮食生产的实际措施运用上,追求高产,偏重于考虑"经济再生产",忽视"自然再生产",对其承包地重用轻养,滥施农药、化肥,使土壤板结,地力下降,农村生态环境恶化(邱长溶、郝爱民,2006)。

(3)农户行为与粮食生态负效应

关于农户行为对粮食生态产生的负面影响,张欣等(2005)认为经营行为短期化导致粮食生态环境的恶化，农户投资行为乏力，可持续发展的固定资产投资减少，农户的兼业行为使粮食生产出现了粗放经营的现象，农户经营规模小制约了农业科技的应用与推广等，都是造成粮食生态环境恶化的原因。

王跃生（1999）则认为农户的家庭劳动和家庭决策的行为方式极易造成农民环境生态行为的短期化和中国农村粮食生产中环境生态问题日趋严重。我们甚至可以在这种短期化行为同粮食环境生态问题之间找到一一对应的关系：由于承包制下土地产权的相对不明确和现实中经常出现的重新划分，农民对土地难以形成长期拥有、长期使用的意识，于是，农民只管短期的增产，大量使用化肥而不管土地的长期肥力，农民也不愿意对土地设施进行长期性投资，这造成对粮食安全具有决定意义的农田水利设施的严重失修，肥力普遍下降，能够发挥即时效果的化肥使用却过多过滥。

冯孝杰等（2005）则从农户行为的趋同性等方面阐述了农户行为对粮食生态产生的负面效应。农户行为的趋同性是指农户在粮食生产种植决策、技术使用、农艺耕作等方面对其他农户的单纯模仿。这种"你种什么，我就种什么"的"趋同"，在粮食生产中表现为农户均采用遗传性一致的纯系品种大面积种植，且连续单作或短期轮作，由此形成的粮食生态系统是一种脆弱的生态系统，极易遭受病虫害的袭击和引起土壤肥力下降。农户由于没有意识到病虫害和土壤肥力下降的种植制度根源，为了控制病虫害和保持土壤肥力，农户往往按照惯例去增加农药和化肥的投入量，其结果在病虫害防治和土壤肥力保持上收效甚微，而在农业面源污染物积累与输出上却起到了促进作用。农户经营的趋同在土地利用上使粮食种植的土地利用类型同一化和利用结构的简单化，无法形成综合的粮食生态防护体系，易诱发水土和养分流失，造成农业面源污染；农户的这种经营趋同性不仅会造成了粮食资源的极大的浪费，而且会引发粮食生态系统的退化。

韩喜平（2000）则从农户对待环境保护行为的选择上分析农户行为对环境产生的负面影响，他指出，农户在对环境保护的态度是机会主义者。由于环境是一种不具有排他性的竞争性的公共物品，也就是说，清洁的环境并不是只有打扫环境的人才能享受，在一定空间的人都可以享受。那么当保护环境需要付出成本时，农户想"搭便车"；同时农户又是风险的规避者，农户在市场经济条件下从事粮食生产面临自然和市场的双重风险，他们的收入水平使他们承受风险的能力较弱，因而不愿意去承担治理荒山、保护水土流失等难以很快见到收益的粮食环境维护项目。

### 2.2.5.3　粮食生产负外部性生成研究的不同学科视角

不同学科对粮食生产负外部性的研究视角不同，也形成不同的研究特色。

第一，生态学研究主要从粮食作物种植对自然界产生负面影响的生物机理的角度研究粮食负外部性生成的。

粮食生产生态系统是一个物质循环的过程，在这个过程中，动物、植物、微生物参与了各种有机物的各种元素和化合物的固定、释放、周转过程。在正常的情况下，这种生态系统的输入输出是平衡的，没有废物的积累。随着科学技术的进步，人类对这个系统物质循环的控制强化，人工投入物增多，使粮食生产的水平越来越高。但是，这种控制和投入物如果超出粮食生产生态系统所能忍受的限度，就会造成平衡的破坏。众所周知，氮肥施入过多，就会产生亚硝酸污染水域；农药施用不当，有毒物质在食物链中富集，对人类和整个生物界将带来严重危害（粮食哲学基础写作组，1991）

第二，经济学对粮食生产负外部性的生成研究主要从农业资源的投入/产出的角度展开。研究投入产出失衡怎样导致负向"溢出"效应的。

按规范的经济学语言来解释，外部性问题主要是指："当生产或消费对其他人产生附带的成本或效益时，外部效应就发生了。这就是说，成本或效益被附加于其他人身上，然而施加这种影响的人却并没有为此而付出代价或得到补偿"（萨缪尔森，1994）。粮食生产的负外部性从经济学上讲是指粮食生产中对生态环境的消费本来应该计入资源（或成本）投入的范畴，但由于各种原因，未能在投入的经济学中体现出来，而在结果的产出中却包含有环境投入的贡献，即环境对粮食的投入出现了"外溢"，对环境取得了外来收入（蒋满元、唐玉斌，2007）。

第三，伦理学对粮食生产负外部性生成的研究主要研究人、自然、社会三者之间关系失衡过程中人的生产行为有哪些偏差，而这些伦理偏差则是导致负外部性的根源。

胡晓兵的研究主要从农业生产技术的异化角度展开。指出现代农业技术的异化是指人们在通过技术活动进行农业生产、造福于人类的过程中，技术以一种异己的力量，产生了非正常化、畸形化和病态化，并给人类自身带来危害的现象。现代农业技术异化问题已经成为不容忽视的理论和现实问题。具体表现为消耗了大量资源、技术的变异、技术非生态化、全球化危机等。现代农业技术异化的根源主要体现在现代农业技术自身和外部两个方面（胡晓兵，2007）。陈凡（1995）的研究认为，在社会层面上，现代农业技术以经济价值的实现为其首要目标，负效应低、无污染的技术成本昂贵，在经济上是不可行的，而且一味注重生产的扩大和发展、片面地追求产量和利润、极端的消费主义泛滥，使人们忽视了农业技术的涵养水源、净化大气、防止土壤流失乃至增添自然景观等巨大的国土保护价值的实现，使农业技术的动力形式、生产方式、物质投入、组织形式等全面工业化，破坏了农业技术的自然和谐的意蕴，导致了人与自然的离析。美国学者贝里（Thomas Berry）指出，20 世纪 50 年代后，"工业主义"盛行，工业化的农业技术使"有机经济"转向了"榨取经济"，"这个时代产生了一种力量，这种力量打乱了空气、土壤、水的化学组成，并深入影响到这个星球的有机生命之网"（Thomas Berry，1999）。日本学者来米速水则认为现代技术应用农业的失误在于"以人的方法取代一切，无视大自然的力量，就连土壤的本质、肥料的性能都搞不清楚……在此情况下，人类对自然的干预改造，进行所谓的培育，只不过造成自然界的混乱，中断了物质循环，导致自然系统崩溃灭亡"（〔日〕来米速水，1990）。

第四，社会学对粮食生产负外部性生成的研究主要从粮食生产主体的行动过程对粮食生态环境产生的负面影响展开。

我国粮食生产的主体是各个分散的农户，农户粮食生产的社会行动与经营行为在某种行为理性的引导下，或多或少都对粮食生态环境产生相应的负面影响。张欣等（2005）归纳如下：经营行为短期化导致粮食生态环境的恶化；农户投资行为乏力；可持续发展的固定资产投资减少；农户的兼业行为使粮食生产中出现了粗放经营的现象；农户经营规模小，制约了农业科技的应用与推广。冯孝杰等（2005）也认为，农户经营行为通过不同方式和形式影响着农业面源污染负荷的产出，并通过劳动力要素投入、土地经营规模、经营趋同性、农户投资行为等几个方面论述农户行为及粮食生产生态负产出的效应与机制。

综上所述，粮食生产负外部性的表现主要有由于化肥、农药、农膜等粮食生产环节引发的环境问题，以及粮食生产中过度开发引起的水土流失问题。而土地产权制度、农业生产组织和收益分配制度、农户与政府关系的制度和规范以及农村社会千百年来所积淀的历史文化传统和行为习惯，乃是引起粮食生产负外部性出现的制度原因；而农户目标的多重性、农户兼业普遍化、农户生产经营的短期化现象等则是造成粮食生产负外部性加剧的微观的农户行为原因。

# 3 粮食安全生态性约束的理论框架及分析范式

现代农业和农业现代化是一个问题的两个方面，都反映了作为农业生产力基础——技术变迁、要素统筹与生产管理——发展的新阶段。"现代农业是按照当代农业生产力发展水平，在世界范围内对农业最先进水平或最新发展形态的一种表述，因此现代农业也属于生产力的范畴"（田建民、李昊，2005）。不论农业向何种形态发展，粮食生产均是农业发展的基本要义；粮食安全是农业安全的基本保障，因此在以往对现代农业生产力研究的基础上，重点挖掘现代粮食生产力系统具有重要的理论及实践意义。

关于现代农业的理论研究与政策解读，20 世纪中后期以来，随着发达国家农业现代化的完成和发展中国家对其追逐而渐入热态（西奥多·W. 舒尔茨，1999；〔日〕速水佑次郎、〔美〕拉坦，2000；H. Binswanger 和 M. Rosenzweig，1986；Arnon I.，1981；Jonhston、Bruce，F. 和 Peter Kilby，1975；Hayami Yujiro、Ruttan Vernon W.、Southworth、Herman McDowell，1979）。当前国内研究，有的侧重农业产业化发展中"软"的组织建设（杨红炳，2011），有的认为现代农业发展的首要任务是农业基础设施与粮食生产条件等硬环境的改善（石传延，2010；雷玲等，2011；杜君楠、郑少锋，2012），更多的则认为现代农业发展条件下，粮食安全保障的实质、核心和手段是农业科技创新与农业科技服务的现代化（沈明高、林毅夫，1990；朱希刚，1991；张冬平、黄祖辉，2002；黄季焜、Scott Rozell，2003；余涤非，2010；万宝瑞，2012）。黄祖辉等（2003）、彭留英等（2009）、李铜山（2011）的研究则从科技、组织、政策、环境资源、土地制度、农民现代化等诸方面全面阐述现代农业发展的问题与对策。

以上涉及对农业及粮食生产力考察时多为单一的视角，有些综合性的研究虽面面俱到，但未可深入，特别是缺乏一条串联粮食生产力系统的主线。要廓清现代农业及现代粮食生产的生产力系统结构，可以从另一个视角考察现代粮食安全的理论基础。

# 3.1 农业生产力系统的全要素结构及趋势分析

## 3.1.1 现代粮食生产力系统全要素结构模型

随着农业由传统向现代的转变，简单农业生产力二因素（农业生产资料＋农业劳动者）的框架已经解释不了农业生产力系统的内涵。在农业现代化实践的推动下，粮食生产的生产力内涵日益丰富，外延日益拓展，形成结构复杂的系统（见图 3-1）。

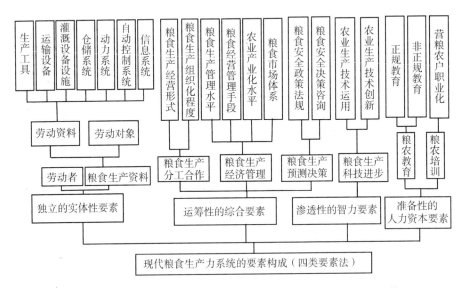

**图 3-1 现代粮食生产力系统的要素构成**

### 3.1.1.1 独立的实体性要素

图 3-1 所示的现代粮食生产的生产力系统中，独立的实体性要素（简称"实体性要素"）主要指粮食生产中以物质实体形式存在的、具有相对独立性的因素，即"粮食生产资料＋农业劳动者"。实体性要素中，不仅粮食生产资料的内容日趋复杂，而且作为劳动者的人力资源素质也在提高；生产工具

中，人工简单加工的农具逐渐减少，机械化、智能化的农具逐渐成为主体，同时机械化的运输设备，水利化的灌溉设施，服务于现代粮食物流的仓储、包装设备，化学化的化肥、农药等均成为现代粮食产业不可缺少的构成部分。机械能、生物能、光能、化学能对传统人力、役力的替代。设施农业中自动控制及信息化、智能化系统大行其道，在农业劳动资料中占有越发重要的地位。机械化、设施农业、信息农业、精准农业就是对现代粮食生产的生产力系统变化的最好表述。

#### 3.1.1.2 运筹性的综合要素

运筹性的综合要素（简称"运筹性要素"）包括反映粮食生产中人地结合方式的土地经营制度、土地流转及规模化经营状况；反映粮食生产经营过程的农业生产经营形式；反映粮食生产中分工协作的组织化程度、粮食生产专业合作组织的发展状况；包括支持粮食安全实现的政策法规等制度供给。

当农业走出了"粮食陷阱"、农产品短缺这个阶段后，像土地产权制度，规模化经营状况，农业的组织化、市场化水平，农业政策法规等粮食安全更高层次的运筹性要素显得异常重要，它们的供给与调整决定着粮食安全能否由出于基本数量保障的阶段迈向出于农产品质量及生态安全的质量保障阶段。

#### 3.1.1.3 渗透性的智力要素

渗透性的智力要素（简称"渗透性要素"）主要指自然科学及其在粮食生产中的技术进步状况。科学技术作为第一生产力，对农业生产力的标杆与推动作用显而易见，从原始农业到传统农业再到现代农业，科学技术作为"第一生产力"的推动作用日渐明显。科技进步既是现代农业发展的原动力，也是现代粮食安全保障的重要基石。科学技术与现代农业相辅相成，互为表里。"农业科技之所以与农业生产力密切相关，并最终决定农业生产的发展，科学技术除能够揭示农业生产的客观规律，提供一套粮食生产最科学的方法和技能外，还因为在科学技术的进步，科研在它未被应用和普遍推广时，是一种潜在的生产力，一旦转化为直接的生产力就会对农业生产产生巨大的推动作用"（彭留英、冯继康，2009）。

#### 3.1.1.4 人力资本的准备性要素

人力资本的准备性要素（简称为"准备性要素"）主要是指教育。粮食生产的生产力解放首先是作为生产力中最活跃的因素——劳动者的解放，教育在这个过程中便是作为基础性工作而发挥重要作用。通过教育与培训，为现代粮食生产提供最优质的能动性要素和人力资本配置，这是现代粮食产业发展的根本。在我国当前农村劳动力非常规性转移导致农业劳动力资源空虚的状况下，发展农村各类教育、整合农村人力资本、继续挖掘农村"人口红利"，培养职业化的营粮农户群体，奠定农户粮食安全的主观基础，是一个亟待解决的问题。

### 3.1.2　现代粮食生产力全要素系统特征及发展趋势

#### 3.1.2.1　实体性要素作为前置性要素的核心地位

现代粮食生产力系统中，实体性要素仍然居核心地位，因为只有它是有形的物质条件，农业的进步及现代粮食安全的基础保障主要体现在对实体性要素的强化与提升上。农村水、电、路等粮食生产基础设施的完善，基本农田维护及对水利的重修，粮食产业信息化平台建设，粮食运输、物流网络建设等都是现代粮食生产力实体性要素升级的体现。现代粮食生产力系统中，实体性要素仍被作为基础的、前置性的要素来看待（见图3-2）。

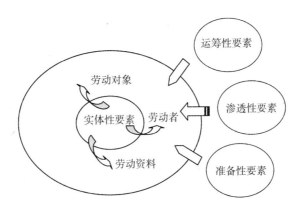

**图3-2　实体性要素作为前置性要素关系示意图**

#### 3.1.2.2　控制性要素的显现

随着现代粮食产业的发展，由以上四个基本子要素构成的生产力系统仍然在继续拓展。随着我国农产品安全及粮食产业可持续发展问题的日渐突出，生态因素也逐渐纳入现代粮食生产力系统的考量范畴，农业资源、环境与生态状况日益成为现代粮食产业发展的控制性要素（见表3-1）。

**表3-1 现代粮食生产力系统要素构成及说明**

| 要素 | 分要素 | | 内容 | 含义或描述 |
|---|---|---|---|---|
| 实体性要素 | 粮食生产资料 | 劳动资料 | 生产工具 | 粮食生产装备现代化、农业机械化 |
| | | | 运输工具 | 粮食生产运输机械及运输总动力 |
| | | | 灌溉设备 | 灌溉总动力、有效灌溉率 |
| | | | 仓容设备 | 现代农产品储运及粮食物流体系 |
| | | | 动力系统 | 石油农业 |
| | | | 自控系统 | 设施农业 |
| | | | 信息系统 | 信息农业、精准农业 |
| | | 劳动对象 | 土地 | 肥瘠、丰狭/水利状况、气候条件/灾害，土地规模化状况 |
| | 劳动者 | | 体力劳动者 | 农业劳动力非农化转移、新型农民培养、农业生产女性化/老龄化状况、农民经纪人 |
| | | | 脑力劳动者 | |
| 运筹性要素 | 分工合作 | | 粮食生产的组织化程度 | 粮农的组织化程度、粮食规模化生产 |
| | | | 农业产业化水平 | "公司 + 农户" |
| | 经济管理 | | 农业管理的水平与手段 | 结构调整、社会化服务、一体化经营 |
| | | | 粮食产业的市场化体系 | 市场化农业、粮食产品市场化率 |
| | 预测决策 | | 粮食安全的政策支持 | 中央一号文件、种粮农民直接补贴 |
| | | | 粮食安全保障法律体系 | 《农业法》、基本农田保障法律法规 |
| | | | 粮食安全判断咨询 | 粮食安全保障设计 |
| 渗透性要素 | 粮食生产科技进步 | | 农业科学研究 | 农业科研创新、农业科技贡献率 |
| | | | 农业技术应用与推广 | 农技推广、良种推广 |
| 准备性要素 | 农业教育 | | 教育与培训 | 农民技术培训、农村职业教育、农村成人教育、农业技术教育、农村社区教育 |
| | | | 新型粮农培养 | |
| 控制性要素 | 生态支撑（+） | | 农业资源支撑 | 农耕文明、可持续农业发展、生态农业有机农业、耕地红线、水资源短缺、节水农业、农业面源污染、化肥农药过量使用 |
| | | | 农业环境支撑 | |
| | 生态约束（-） | | 农业资源约束 | |
| | | | 农业生态环境约束 | |

3.1.2.3 现代粮食生产力全要素系统的演化与多因素趋势

在现代粮食生产力的诸要素中，实体性要素、运筹性要素、渗透性要素、准备性要素均是矢量的要素，即这些子要素对现代粮食安全的意义仅涉及完善不完善，具备不具备的层次，只是影响到粮食安全保障水平高低的问题。控制性要素则是一个向量性要素，不仅涉及要素的数量，还涉及要素的方向，即控制性要素如果是良性的、正向的（用"＋"表示，见表3－1），则可以推动现代粮食生产力的发展，对现代粮食产业发展起支撑要素；而如果控制性要素是恶性的、负向的（用"－"表示），它对现代粮食安全不仅无甚裨益，反而会削弱粮食安全的保障基础，变成现代粮食生产力发展的约束性障碍，如过量施肥、乱施农药造成的土壤污染、农产品安全问题和农业面源污染等①。这同时说明，现代粮食生产力系统不仅呈现出多因素化趋势，而且因素内部的性质关系也显得复杂起来（见图3－3）。

## 3.1.3 中国农业现代化道路进程中的粮食生产力系统演化

新中国成立后，农业现代化的追求成为我国现代化战略的一部分，也是确保我国基本粮食保障的重要步骤。家庭联产承包经营之后，我国粮食生产与经营的商品化、市场化态势逐渐呈现，现代农业发展与20世纪60～70年代大有不同。21世纪以来，我国工农、城乡的交换关系发生了根本性的变革，由以前的抽取农业剩余转变为免除农业中的税费，并对种粮农民进行直接补贴的体制，现代农业建设进入了一个全面、综合发展的新阶段。从粮食生产力要素提升与演变的角度对我国农业现代化进程进行一次大致的梳理，可以看出我国现代粮食生产力系统全要素结构的演化规律。

---

① 根据《南方日报》2013年2月27日的报道：自2009年以来，深粮集团为了打开湖南大米在广东的市场，先后在湘潭、益阳、长沙等直属库调出质量上好的稻谷，加工成大米向广东市场销售，但在此期间的大米质量检查中，依据我国已于2005年10月实施的《食品污染物限量》强制性国家标准，这些批次的大米中镉的含量均显超标，高的超过国标线的两倍以上。但这些大米没有被召回，一直在广东销售3～4年，流入了百姓的餐桌。湖南省粮食部门有关人员坦承：湖南普遍存在大米镉超标的情况。长沙地区最严重，这是由气候、土壤、水源等多重因素引起，"哪怕质量最好的大米，重金属也有问题。"湖南省政协的一份议案显示，近年来，湖南省出口（外销）农产品因有毒有害物质超标，被拒的次数逐渐增多。大米中的镉污染主要跟农作物的种植地污染有关，植物吸收了土壤中的镉，从而使农作物中镉含量增高。金属镉被国际癌症研究机构列为强致癌物质，人体长期摄入镉会导致癌症，低剂量摄入也对健康有害。镉在人体积蓄潜伏可长达10～30年，可以导致肾脏等器官发生病变，引发骨痛病，还有可能影响下一代的健康。

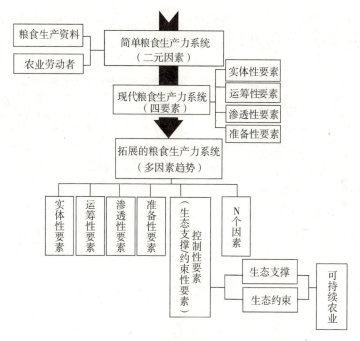

**图3-3 粮食生产力结构多因素趋势示意图**

3.1.3.1 新中国成立（1949～1953年），以机械化提升农业生产力思路的提出

1953年在《过渡时期总路线提纲》中，我国第一次提出以农业机械化实现农业现代化的具体设想。然而由于过频的生产关系变革，农业机械化的设想根本无暇实施。从生产力发展的角度上看，20世纪50年代的现代农业发展仅停留在政策规划层面，而真正的现代农业（农业现代化）建设则始于20世纪60年代。

3.1.3.2 20世纪60～70年代，农业"四化"全面铺开，强力推进粮食生产力

1964年中国正式提出"四个现代化建设"，并主张用机械化、化学化、水利化、电力化为重点，推进农业现代化建设。农业现代化的重点也放在粮食生产上，并提出了"农业以粮为纲"的战略主张。据此，20世纪60～70年代以来，农业开始了以机械化、化学化、水利化、电力化（简称"农业四

化")为重点的建设步伐，特别是农机、化肥、农药等机械、化学投入物的投入与增长在粮食生产上成为一个普遍的现象（见表3-2）。

表3-2　20世纪60~70年代我国粮食生产物质装备变化情况表*

| 类别及内容 | | 1957年 | 1962年 | 1965年 | 1970年 |
|---|---|---|---|---|---|
| 机械化（Ⅰ） | 农机总动力（亿瓦） | 12.1 | 75.7（526%） | 109.9（45.2%） | 216.5（97%） |
| | 大型拖拉机（台） | 14764 | 54983（272%） | 72599（32%） | 125498（72.9%） |
| | 联合收割机（台） | 1789 | 5906（230%） | 6704（13.5%） | 8002（19.4%） |
| 电气化（Ⅱ） | 农村用电量（亿度） | 1.4 | 16.1（1050%） | 37.1（130.4%） | 176.7（376.3%） |
| 水利化（Ⅲ） | 有效灌溉面积（亿亩） | 4.100 | 4.582（11.7%） | 5.607（22.4%） | 6.071（8.27%） |
| 化学化（Ⅳ） | 化肥施用量（万吨） | 37.3 | 63.0（68.9%） | 194.2（208.3%） | 351.2（80.8%） |

注：表中（）内的百分比表示当列年度比上一列年度的增长水平，如（526%）表示1962年比1957年的农机总动力增长了526%。

资料来源：《中国农村统计年鉴》、《农业统计年鉴》、朱兆良等（2006）。

表3-2可见，1962年我国农机总动力达到75.7亿瓦，比50年代末（1957年）增长了526%，1965年达到109.9亿瓦，又比1962年增加45.2%，1970年又比1965年增加97%；这些均说明了20世纪60~70年代我国粮食生产中机械化的发展情况。同样，对表3-2中（Ⅱ）（Ⅲ）（Ⅳ）各行数字的分析可见60~70年代我国粮食生产中电气化、水利化、化学化等的发展情况。

从粮食生产力发展的角度考察（见图3-4），这一时期的机械化、电气化、水利化均属于对实体性要素中劳动资料部分中生产工具、运输工具、灌溉系统、动力系统的提升；化学化则是对实体性要素中的劳动对象——土地施以化学添加物，改变土壤的肥力结构，增加粮食产量。而系统中的运筹性要素、渗透性要素、准备性要素等均没有被涉及。同时农业资源、环境的约束性障碍开始出现，"这个阶段农业现代化事业得到了较快的发展，取得了较大的成就，但也走了不少弯路，造成了一定程度的浪费和生态环境破坏"（李燕，2011）。

总之，大集体时期，我国对农业现代化和粮食生产力提升的理解和政策设计更多地体现在对以生产工具为代表的劳动资料的提升，和对土地肥力、水利条件为代表的劳动对象的优化上。现代粮食生产力推进重在对实体性要素的改良与干预，重在改善农业生产手段和农业生产条件，而对农业内部的组织化水平、粮食市场体系建设、农业产业化经营等为代表的运筹性要素的关注，对以农民教育为代表的准备性要素的投入与优化，以及避免粮食生态环境恶化、资源退化的约束性要素的规制则显得相对不足（见图3-4）。这个年代现代农业建设在生产力体系上是不全面、不均衡的，"这与当时社会历史条件和实践水平有内在的、必然的联系"（李燕，2011）。

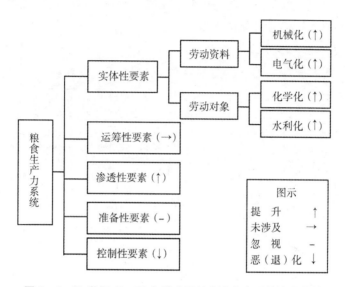

**图3-4 20世纪60~70年代中国粮食生产力系统演进结构**

3.1.3.3 20世纪80~90年代，以制度变迁为起点，生产力系统的丰富与拓展

这个时期家庭联产承包经营全面铺开，农业经营制度的变革、农业组织形式的创新是其最显著的标志。"以家庭为单位的农业生产经营方式初步解决了农业生产劳动大集体的组织协作协调难度大，交易成本高，搭便车现象普遍性问题"（林毅夫，1994），大大提高了农业生产的劳动效率，使得人与土地、劳动者与生产资料的配置在较优的状态下发挥作用，直接推动了农业生产力的发展。制度效应的结果，是我国从1978~1984年粮食生产的逐年提高，并历史性的跃上了4亿吨的大关。同时，现代农业开始加大对粮食生产物质装备之外的科技创新以及现代生产要素的引入。20世纪80年代初，邓小平（1993）指出，"农业现代化不单是机械化，还包括应用和发展科学技术"，"农业问题的出路，最终要由生物工程来解决，要靠尖端技术"。20世纪后20年，我国粮食作物、主要经济作物良种覆盖水平不断提高，许多品种，例如水稻的良种已经进化了3~5个品系，种子的品质不断优化，粮食产

量日趋稳定与提高。此外，宽松的农业政策环境下，一大批涉农企业发展起来，如"公司＋农户"、"农户＋专业合作社"、农业村社股份合作制等生产组织方式、产业化经营方式得以创新，形成了粮食生产产前、产中、产后的分工合作，粮食生产、运输、加工、销售等市场化网络，产业化的经营管理，市场导向及科学化的决策预测等均开始形成。这些均是运筹性要素在现代粮食生产中的引入与提升（见图3－5）。

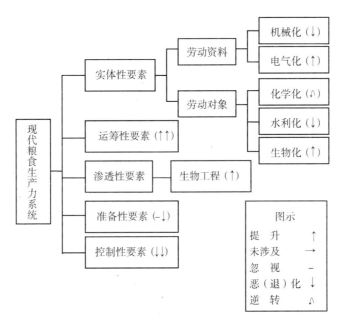

图3－5　20世纪80～90年代中国现代粮食生产力系统演进结构

综上所述，这一时期现代粮食生产力提升的突出表现是作为渗透性要素的科技水平的提高和作为运筹性要素的政策环境的放宽，粮食生产分工合作的优化，粮食经营管理层次的提高，农业产业化的发展，粮食产品市场化进程的推进。但是现代粮食生产力系统中的准备性要素——农业教育遭到忽视，加上非农化进程下大量农村青壮年脱离农业生产，粮食生产的主体有弱化的趋势，因此从1985年之后的农民卖粮难、粮食生产多年徘徊、粮食产量忽高忽低、粮农增产不增收等现象相继出现。同时大量农业机械被废弃，机械化水平徘徊不前；许多落后的耕作、灌溉方式、简陋的农业生产工具重新出现；基本农田建设遭到忽视，农村中小水利设施年久失修，沟渠塘堰壅塞，农业防洪抗旱等毛细水利单元遭到破坏。尽管粮食产量先后登上新的台阶，但很大程度上是依赖于化学添加物的不断增多来维持，粮食增产的基础和综合生产能力并未有效地增强。从以上这些方面上讲，粮食生产力有退化的现象。另外，由于化肥、农药的大量施用，农业面源污染加剧，造成对江河水体和自然生态系统的破坏。这些都是 20 世纪 80 年代以来先后呈现并日趋加重的问题，说明粮食生产力系统约束性的张力在加大，粮食可持续发展的压力增大（见图 3 - 5）。

### 3.1.3.4 21 世纪，粮食生产力全要素系统下的现代农业建设及粮食安全保障

进入 21 世纪，随着中国政府对现代农业发展规律性认识的进一步深化及中国粮食安全问题逐渐突出，相继出台了一系列解决"三农"问题，确保粮食安全的政策措施，特别是 2007 年中央一号文件提出了《建设现代农业，扎实推进社会主义新农村建设的战略决策》，届此，我国现代粮食生产力系统的建设目标进一步明确，内容进一步完善。

（1）粮食安全物质保障水平的提升

自从 2003 年开始实施对农村中小农机具补贴及开辟大型联合收割机跨区作业绿色通道以来，我国农业机械化的水平大大提高，各类型农业机械数量、农机总动力、机耕面积、农业机械化和自动化程度大幅度提高，"农业的有机构成发生了巨大的变化，农业资本越来越多地替代了劳动力"（张晓山，2011），改变了人地资源的配置关系，直接构成了粮食生产力发展的一个环节。2011 年中央农村工作会议提出强化农业发展的基础支撑，尤其要加强农田基础设施建设，重修农村中小水利设施，必将大大改善我国现代粮食生产的水利条件。其他加强农村基础设施建设，如改造升级农村道路、电力、通信网络，开辟专用机耕道等，为粮食的高产、稳产奠定物质基础。这些都是从实体性要素方面提升粮食生产力的重要举措，也是对家庭联产承包经营以来我国农业发展中对实体性要素建设忽视的一种校正。

（2）运筹性要素的强化

以推动土地要素的流转为动力，以市场要素引入为纽带，强化农民的组织化进程，为现代粮食产业发展提供组织基础。通过对土地、农村人力资源等农业基本生产要素的优化组合，发展壮大了一大批粮食生产规模化和专业化组织，完善了粮食流通市场化体系，提升了粮食生产的社会服务化水平，一些诸如"土地保姆"、粮食代耕代种等农户粮食生产合作形式得以创新。同时，以对种粮农民的直接补贴为契机，为粮食安全保障而构筑的"反哺"

与政策补贴体系开始建设。

（3）准备性要素的提供

为现代粮食产业发展提供像农民教育、农业保险、农机推广等公共产品、准公共产品服务，为现代粮食安全奠定了社会基础。

（4）对控制性要素的调节

力争变粮食生产的生态约束障碍为支撑性推动，包括加强高效农业示范区建设，推动生态农业发展，实施保护性耕作和生态退耕，保护农业可持续发展的能力，防止粮食过度生产开发而造成的资源短缺和环境恶化。

（5）以科技创新为核心，打造现代粮食生产力系统的渗透性要素

"十一五"期间，我国农业科技贡献率已经由"十五"期间的28.7%发展至46.4%，科技已经成为我国粮食生产力提升的最大引擎。

## 3.1.4 小结

在从传统农业向现代农业转型过程中，粮食安全的内涵、目的与要求在发生着改变，同时粮食生产力系统的内涵日益丰富，形成了现代粮食生产独立的实体性要素、运筹性的综合要素、渗透性的智力要素、人力资本的准备性要素、控制性的生态要素等复杂的全要素系统结构。在这个系统中，独立的实体性要素仍然作为前置性要素，居于系统的核心地位。

从动态上看，现代粮食生产力系统结构演化的一个过程，从传统的二因素构成到全要素系统的演变，实体性要素之外的运筹性要素、渗透性要素、准备性要素、控制性要素在系统中的作用逐渐由隐性向显性化发展，现代粮食生产力系统的多因素趋势日渐明显，尤其是控制性的生态因素，成为现代粮食产业发展的向量因素，既可以对粮食安全起支撑作用，也可以成为约束性障碍，现代粮食生产力要素内部的性质与关系显得复杂起来。

中国60多年农业现代化道路既从动态上印证了粮食生产力要素构成的不断丰富，也从静态上为当前我国全要素粮食生产力系统构建提出了新的要求，得出如下政策含义：①现代粮食产业发展是一个向综合要素全面演进的过程，不能单独通过粮食产量的某一个方面而达到保证全面粮食安全的目的。要求我们在全要素粮食生产力系统的大范畴内通盘考虑粮食安全的问题，避免粮食安全保障的不平衡现象。②粮食安全是一个长期的工程，一直伴随着我国发展中的人口大国发展的全过程，是一个非间断的、时代性的课题。③现代粮食发展生产力系统不应该成为"大而全"和整齐划一的粮食产业发展模式，而只能是现代农业发展的参照性指标的一个方面。

# 3.2　粮食安全生态性约束研究的分析范式

## 3.2.1　整合性研究范式

对粮食生产生态性约束的研究中，对粮食生产中的自然物理现象、宏观的社会制度现象、农户自身的行为方式等都要进行分析。但是对这三种现象的研究与分析又不是简单的对这三个方面进行堆砌。本书借鉴了环境社会学研究的一种新的范式——整合性研究范式（Integrated Research Paradigm，IRP）。IRP 是布伦科特等人在 2004 年提出的环境社会学研究的最新视角。该研究范式涉及生态子系统、宏观社会子系统、微观社会子系统三个方面，并充分体现三者之间的互动关系（Hannah Brenkert、Julie L. Gailus、Aaron Johnson、Megan Mruphy，2004）（见表 3 - 3）。

整合性研究范式的最大特点和最大贡献就是将生物物理层面和社会层面放在一起来研究，将个体、社会、环境纳入一个系统来研究。在这个系统中，三个子系统之间既相互独立又相互联系。但是怎样确定三者的界限，怎样描述三个子系统，还是取决于具体研究的切入点。这些子系统也并不能仅仅看作是对具体现象的分类，不管分得多么精确，它们都是实际研究需要的产物而已（江莹，2006）。

## 3.2.2　整合性范式分析中的系统互动关系

从动态考察，整合性研究范式在子系统的互动中，存在九种关系组合（见表 3 - 3）：这九种互动关系是由作为子系统的三项始因素（Input）和同样也可以作为终因素（Output）的三项子系统分别发生作用而形成的。其中互动关系①②③是同一个始终因素在同一个子系统内部作用同一个终因素而形成的，这一互动关系称作连环反弹现象（Bounce - back Phenomenon）。

表3-3 整合性范式研究的系统和系统互动

| 整合性范式研究的系统互动 | | 终因素 | | |
|---|---|---|---|---|
| | | 生态子系统 | 宏观社会子系统 | 微观社会子系统 |
| 始因素 | 生态子系统 | 互动关系① (反弹现象) | 互动关系⑥ | 互动关系⑧ |
| | 宏观社会子系统 | 互动关系④ | 互动关系② (反弹现象) | 互动关系⑨ |
| | 微观社会子系统 | 互动关系⑤ | 互动关系⑦ | 互动关系③ (反弹现象) |

资料来源：Hannah Brenkert，Julie L. Gailus，Aaron Johnson，Megan Mruphy. Integrated Research Paradigm：A Neorealist Model for Environmental Sociology. Institute of Behavioral Science. Working Paper 2004.

互动关系①是在生态子系统内部的反弹现象，例如在黄土高原区，土壤疏松雨水集中且以暴雨为主导致土壤易遭侵蚀，水土流失又导致土壤养分不足，进而影响粮食产量。在这个环境子系统的内部互动的关系中，土壤疏松与雨水集中是始因素，水土流失、土壤贫瘠、粮食产量低是终因素。

互动关系②是指各个宏观结构之间以及内部的反弹现象及动态过程。例如，20世纪80年代家庭联产承包责任制初期，土地承包权归农户家庭，而某些地区林地的经营权仍然归集体所有这么一种社区林地产权制度，导致农户对林地收益权的丧失。在这个以制度为框架的宏观社会子系统内部的互动关系中，林地的集体经营权是始因素；农户对林地没有收益权则是终因素。

互动关系③是指多个微观社会层面的互动过程及反弹关系。例如，农户的非农化就业越来越明显，导致粮食生产中农户大量施用化肥而农家肥用量逐渐减少甚至弃用。在这个以农户行为为框架的微观社会子系统内部的互动关系中，农户非农兼业行为是始因素；农户的施肥行为与选择则是终因素。

互动关系④是指宏观社会过程对环境的影响。例如，人民公社时期靠行政命令的方式改变耕作方式，随意改变粮食种植结构，扩大复种指数，导致土壤肥力下降、土壤侵蚀、水土流失。在这个互动关系中，行政命令对粮食生产的干涉属于宏观社会子系统，是始因素；而导致的土壤破坏就属于生态子系统，是终因素。

互动关系⑤是微观社会过程对环境的影响。例如，粮食生产中农户大量施用化肥，少用甚至弃用农家肥造成土地板结，农业面源污染的加剧。在这个互动关系中，化肥的过量施用及弃用农家肥是微观的农户行为，属于微观的社会子系统的范畴，是始因素；土地板结及农业面源污染加剧发生在生态子系统的范围内，是终因素。

互动关系⑥是生态子系统对宏观层面的影响。例如，粮食生产中水土流失与农业面源污染使政府出台退耕还林及小流域治理政策。在这个互动关系中，水土流失及农业面源污染是环境层面的生态子系统，是始因素；而退耕还林、小流域治理政策是宏观的社会子系统，属于终因素。

互动关系⑦是微观社会过程对宏观社会过程的影响。例如，粮食生产中农户施用价廉高效的高毒、高残留农药导致农业生态环境恶化，而不愿使用价格昂贵的低毒、低残留的生物农药。政府为了推广生物农药的使用，采取加强对高毒农药的市场管理、对使用生物农药的农户进行补贴等措施。在这个互动关系中，农户对高毒、高残留、价格低廉农药的施用偏好是微观的农户行为，属于微观的社会子系统的范畴，是始因素；政府出台对高毒、高残留农药的市场管理及对生物农药进行补贴属于宏观的社会子系统，是终因素。

互动关系⑧是环境对微观社会过程的影响。是生态子系统塑造个体层面上的观念、态度、信念以及其他微观层面的现象。例如，大量地方性疾病的出现迫使农户对自己大量施用化肥、农药的生产行为造成农产品安全威胁的现象进行朴素地反思，并逐渐矫正对化学投入物的过度使用行为。在这个互动关系中，地方性疾病频发是农业环境带来的不利的环境影响，属于生态子系统的范畴，是始因素；农户对粮食生产行为的反思与矫正，是农户的微观行为子系统，属于终因素。

互动关系⑨是宏观社会过程对微观社会行为（农户的行为取向）的影响，宏观层面塑造个体层面的观念、态度、信念以及其他微观层面的现象。例如，近几年，中国支持与推进土地流转，以支持粮食生产的规模化经营。而规模化经营状况下，农户愿意对粮食生产进行长期投资、细心经营，对保证我国粮食安全起到了积极的作用。在这个互动关系中，加速土地流转，推进粮食生产的规模化是宏观的社会子系统，属于始因素；而农户加大对粮食生产的经营与投资行为则是微观行为子系统，是终因素。

### 3.2.3　小结

当某一种互动关系对农业生态产生有利影响时，这种互动关系就是积极的；当某一种互动关系对农业生态产生不利影响时，这种互动关系就是消极的。在以上具体的互动关系事例中，①②③④⑤是消极的互动关系；而⑥⑦⑧⑨则是积极的互动关系。在一个局域的农业生态范围内，粮食生产的生态性约束正是由消极的互动关系产生与表现出来的。

　　整合性研究范式通过对生物物理、宏观社会、微观社会三个子系统之间组合的九种互动关系的分析，对围绕粮食生产自然环境、农户、国家农业环境管理产生的粮食安全生态性问题有很强的解释与分析功效。尽管任何一个研究项目都不可能面面俱到，都不可能涵盖九个关系，然而这种整合性的研究视野对于环境社会学的研究显然是不可或缺的（江莹，2006）。

　　关于每个现象或事件中子系统的界限，从大的方面来说是确定的，但是怎么确定三者的界限，怎样描述三个子系统，还是取决于研究的具体切入点，而这是可以根据需要调整的。这些子系统也并不能仅仅被看作是对具体现象的分类，不管分得多么精确，它们都只是实际研究需要的产物而已（江莹，2006）。分析子系统的互动关系的目的，是为了将粮食生产中的生态性因素进行分类，并区分它们之间的因果关系，这样在分析粮食生产生态性的复杂关系中，使问题的分析与显示更加明朗清晰。

# 4 粮食生产之基：耕地——过度耕作与生态性约束的生成

## 4.1 河岸的公地资源

### 4.1.1 公地的概念

关于公地的概念，较早的描述应该是哈定 1968 年在《科学》杂志上发表的 *The Tragedy of the Commons* 中的解释，是指对所有人开放的牧场。"在这个相信公共资源可以自由使用的社会里，人们都涌向那里，追求他们自己的最大利益"（G. Hardin，1968）。后来不同的学者出于对公地不同的研究宗旨，进行了不同的意义界定。奥斯特罗姆（2000）将"the commons"宽泛地界定为与公共相关的事物，即除了私人物品之外的所有物品，如公益物品、公共池塘资源、收费物品（俱乐部物品）等。有的研究者将公地界定为一种特殊的公共产品：在环境资源中，我们还能看到一些永远都不能为私人、社区所独占的价值。一片森林调节气候的价值就是这样，地球上的任何人都可以从中受益。因而，这样的利益属于公共利益的范畴，我们称之为"环境公益"。环境资源的公益既不是私人物品，又不是准公共物品，而是纯公共用品。它具有两个特征：①使用上的不可排他性；②非竞争性（陶传进，2005）。

根据笔者的研究，公地是指在粮食生产中不是用来作为粮食经济产出的农村环境资源，即农村社区中以提供环境公益为主的牧场、草地、林地及水体等。在时间上，公地资源的存续具有纯自然性，而不受农业生产时令的限制。例如农田旁边的草地，生长状况受大自然气候的调节，而不像粮食作物那样受农民的生产活动调节而春种秋收；在空间上，这些公地通常分布在特殊地形上，例如山区、河湖畔的林地、草地，以及受土壤母基缺失作用下的河湖水面，等等。按照联合国粮农组织的报告（Ljungman Martin 和 White-man，1999），公地的综合环境公益主要体现为：①碳的存储场所，防止大气温室效应；②生物多样性和栖息场所；③休闲、娱乐，颐养视觉；④水资源质与量的改善与防止水土流失；⑤社会与文化意义等。

俞村属于平原地形，特殊的地理条件使得俞村公地的类型主要为河流畔的林地与草地。该地区属亚热带季风性湿润、半湿润气候，年均降水量1027.6毫米。区域内流经河流3条，水网密度较大，沿河公地有相当面积的分布。俞村的公地资源主要分布在这三条河流的沿岸（见图4-1）。受流域冲积作用的影响，沿河两岸200米的宽度为透水性好的沙质土，再远离河岸逐渐过渡成保水性较好的水稻土，按照潢河流经该区的西岸长度0.8公里、新河流经该区域西岸2公里、小河流经该区域0.7公里，两岸共1.4公里计算，计有4.2公里长的公地，按100米的离岸公地宽度计算，共0.42平方公里（计630亩）的公地面积。

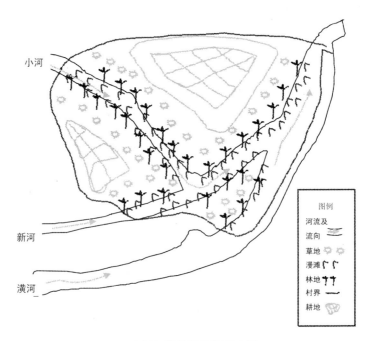

**图4-1　俞村河岸公地资源示意图**

该区域雨水充沛，夏季雨水冲刷及河水暴涨极易引起水土流失，特别是

630 亩的沿河地带更容易遭受冲击，所以这一地带的土地利用应该以环境公益为主，通过适度耕作，种植林草隔离与缓冲带，水生植物保护带等环境保护措施，以保持径流水源的质量及防止水土流失。

### 4.1.2 公地的资源

三条河流主要流经该区域的晓庄、扈厂、乌宋店、俞村、桥西、河西店6 个自然村，其中晓庄在潢河、新河的汇流处，扈厂、乌宋店靠近新河沿岸，俞村在新河与小河的汇流处，桥西靠近小河东岸，河西店坐落于新河北岸。大集体化时代之前沿河的公地资源已经留在了当地老人的记忆中，那个时期主要的公地资源有：

①漫滩。漫滩是河流洪水期和枯水期的缓冲地带，每值夏季雨水季节，河水漫过滩涂，直逼树林的脚下，有时甚至侵过树林，漫进草地。这时的潢河的河面一般有 800 米宽，小河、新河也有 200～300 米宽。一到秋冬枯水期河道被缩至 30～50 米的宽度，宽阔的漫滩便露出来了。淤泥沉积下来，丛草茂盛，成了芦苇的天下。按照漫滩平均 50 米计算，沿河地带有大约 350 亩的芦苇丛。

②林地。林地在邻近河道的地带上。因为河岸脚土水分含量大，空气足够潮湿，树种多是一些速生的落叶林，如杨树、柳树、刺槐等，不同河段生长的密度不等。杨树一般是由人工栽种，而柳树、刺槐多是自然生长，在有些地带，这些树种混生，树林中间也有草本和藤本生长。像这种林地，不同河段宽度不一，大致在 10～30 米，按照平均 20 米计算，河沿地带的林地总面积应该在 90 亩左右。

③草地。河边坡地中林地往上就是草地，该区域的草地在沿河的坡地上生长，形成一个个长条地带的草坡，主要是附地生的藤类草品，当地百姓称之为"爬藤草"，另外在草地疏松地带间或有蒲公英、野紫云英、荠菜等一些展叶植物。这些藤草就像一张张大网，将地面的泥土编织成一个整体。草地再往上就是农业生产用耕地，草地就成为保护农田的最临近的屏障。像这种草坡地，沿河地带可达 20 米的宽度，总面积可以达 120 亩左右，草坡地的坡度在 15～20 度。

### 4.1.3 公地的形成

关于河边公地的形成原因及时间，通过相关文献资料得知，清康熙二十四年（1685 年），光州洪祸，沿潢百里之去，丢岸之两三里，农田十之余二尽畚，庶民亡逃罔为数计，田垄空置。为避河神，乃弦城东门口城东镇塔一座，曰虹水塔，是为龙目珠，下余百里为龙身摆，勿得居住与耕秒。此去经年，树木葱郁，密茂也！官氏古称"弦城"[1]。由此可见，到新中国成立，河边公地已经存在了 260 多年，河岸公地是当地政府"造龙型，避水祸"的产物。

### 4.1.4　公地的作用

包括漫滩、林地、草地在内的沿河农业环境公地资源的形成与续存是古代社会应对自然灾害的神秘文化的产物，在早期，人地矛盾尚不尖锐，无须开垦这块地带，河边的公地经过时代的传承得以保留。但河岸公地对防治沿河两岸水土流失，维持社区的农业生态环境确实起了很大的作用。

漫滩地带是芦苇丛的天下，芦苇丛及其中的植物品种都是自然生长的，是季节性速生植物品种，能够减缓河水的流速；树木地带能够抵御洪水的冲击；草地能够保持农家田地的水土，不至于产生耕地的水土流失，同时草地将林地与耕地隔开，防止林地对耕地在通风、透光等方面的遮蔽效应，使林地对作物的生长影响减至最小。因此在集体化之前，因为公地资源得以很好保护和传承，河床没有变化，流域的土地所遭受的侵蚀也是很有限的。同时公地资源为社区居民提供了一个自然休闲场所，农民们农间休息多在树林中庇荫，草地也是牧童们的乐园。这个地带动植物物种异常丰富，农事的生活符号表现浓郁，是农户们纳凉与交流的场所，也是人们理解自然的一个窗口，是人与自然和谐相处的最佳场合。

但是公地的存在多少给居民们带来一些麻烦，借助公地环境生存繁衍的野生禽兽经常糟践农民的庄稼，危害村民及家畜的安全。每年都有豺狼盗走村民家畜的事件发生，林间的小鸟也经常啄食农民庄稼地的种子和果实。每当兽害与鸟害发生时，村民们目光的焦点都集中在这片鸟兽最大栖息地的河边地带，驱赶、捕捉、猎杀行动也成了每年对公地清理行动的一部分。"可见人与野兽之间是一种'你退我进'的关系。对于袭击人们饲养和放牧的家畜、毁坏作物的害兽……农民应予驱逐或清除。实际上，这种问题是世界上任何一个地方的农业生产都会遇到的问题。"（〔日〕祖田修，2003）

---

[1]　引自《官氏县志》。

按照世界粮农组织对公地环境效益外部性价值形式的表述，结合当地环境资源的来源状况，河边公地的直接作用是"水资源质与量的改善与防止水土流失"。间接作用是提供"生物多样性和栖息场所"，为村民提供"休闲、娱乐，颐养视觉"，传承农耕生活等"社会与文化意义"。同时公地的存在也对当地的农业生产与居民生活产生了相应的灾害，但从生态性与环境价值来讲，公地的作用与效益是巨大的。

陶传进（2005）的研究认为，公地属于公共事物，但是它在一定条件下又能够划分到私人的名下，这时它们就可以体现三个层次的价值：①全社会范围内的公益；②一个社区范围内的私益；③私人范围内的私益。俞村沿河公地资源的价值也可以进行几个层次的划分，首先，公地资源的环境成为社区居民的私益，但是在一个方圆 2~3 公里范围内能够对村民的农业生态进行无形的保护和为全体农户提供开放的休闲、娱乐空间，可以称做社区公益了；其次，全社会范围内的公益，即公地资源能够净化空气、防止大气温室效应等，这是俞村居民无法体会与感受到但是客观存在着的环境公共产品性；最后，公地中的灌木与林木的产出就涉及社区范围内的家庭私益了，对其进行有效的分配则事关公地资源的可持续性。

## 4.1.5  公地的权属与管理

### 4.1.5.1  公地资源的权属

（1）俞村土地所有制关系

费孝通（2005）在《江村经济》中记载了华东以不在地主土地所有权为主的土地所有制中，农田的田底所有权有 2/3 为不在地主所有，1/3 为村民所有。但是不在地主自己不耕种土地，对田面的耕种仍主要在该村村民手中，因为如果由外村人来挤掉本村人的位置，那么这些外村人也不会受到本社区的欢迎，即使住在村里的外来户也难以成为田面所有者。这反映了华东土地所有制的"永佃"特点。与此相比，俞村的农田所有关系中，永佃制并不发达，不在地主数量并不多，这与当时当地的城市经济不发达，很少有城镇金融进入乡村置地投资是一致的。相比之下，俞村当地的土地完全所有制则要发达得多，如果一个农户在完全所有制下要占有比一般自耕农多得多的土地（这个标准只有在 20 世纪 50 年代初的"土改"中才明确），则这个农户就会被划定为"地主"。这种"地主"与不在地主的区别是，他既是田底所有者，也是田面所有者，既亲自耕种土地，也出租土地，还有可能是雇主，有时候出于经济耕种土地的考虑，他还可能佃种别人的土地。不在地主一般居住在城镇，直接收租的方式限于少量的小地主，大多数地主通过他们的代理人收租，家产大的地主建立自己的收租局（费孝通，2005）。而俞村当地的地主则主要居住在村里，在生活中也是农民的一员，与其佃户及雇户可能就是邻里关系，但新中国成立后仍被划成"土地主"。

（2）俞村河边公地权属关系

河边公地的所有权则呈现与耕地所有权不同的特征。据《官氏县志》记载，1952 年当时俞村进行"土改"时登记的是 15 个自然村，938 口人，耕地面积 4693 石 6 斗 5 升（合约 3129 亩）；到了 1981 年田地承包到户时，变成了 13 个自然村，2806 口人，耕地面积 3330 亩。根据新中国成立前后的状况，农户的人均耕地面积达到 3.33 亩，还是相对充裕的，对像河边公地一类的土地资源的耕种还是不太注意的，公地与耕地呈现不同的所有权特征。

俞村的公地资源属于一种社区公地环境资源，即公地属于社区居民共同所有，公地的所有权大多是掌握在以自然村为单位的村社手中。具体来讲，公地被分成了 8 个相连的区域，归 8 个沿河自然村分别所有。公地是集环境、物质、土地资源于一体的权属复合体，其中，土地层次上的公共性是因为公地土地的利用价值不是农户们所必需的，公地的环境价值则是农户们所共同需要的，公地的物质价值主要表现为其能够在农户之间进行很好的分配而私有化。公地稳定的产权关系就是在这么一种多层次复合的权属关系下维持着。

### 4.1.5.2 公地的管理

（1）公地管理的基本观点与思想

由于环境资源的多层次价值以及价值受益主体的分割性与隔离性，公地的治理问题由此产生。在对发展中国家公共资源管理中存在的问题进行分析后，Carruthers 和 Stoner（1981）指出："如果经济效率来自公共资源的开发，那就要求对公共财产资源实行公共控制"，即类似 Hardin（1978）主张对牧场、森林和渔场等公共池塘资源进行集中控制和管理的"利维坦"方案。而Smith R. J.（1981）则认为："在自然资源和野生动植物问题上避免公共池塘资源悲剧的唯一方法，是通过创立一种私有产权制度来终止公共财产制度"，这是一种完全与"利维坦"相对立的观点。而奥斯特罗姆（2000）则认为"极少有制度不是私有的就是公共的。许多成功的公共池塘资源制度，冲破了僵化的分类，成为'有私有特征'的制度和'有公有特征'的制度的各种混合"。"公共池塘资源的使用者可以通过自筹资金来制定并实施有效使用公共池塘资源的合约"。以奥斯特罗姆为代表的这种对公地资源进行管理的模式，被称作社区自我治理方案。

（2）俞村公地的社区自我管理方案

如果按照以上三种公地资源管理模式分类的话，这个时期俞村河边公地的管理大多带有浓厚的社区自我管理的色彩。公地的管理主要体现在规则与行动上。以当时的扈厂自然村为例，扈厂村当时有人口110多人，主要有陆、周、王三大姓，加上涂、刘、赵等若干小姓氏，当时的公地就按照人口均衡分作三份进行管理。首先在规则上，一般要求田地所有权与公地所有权相分离，这样就将本村在外租地耕种的佃户包括在内，而将外村在本村的佃农排除在外，从而保证了公地产权的稳定性。在那个土地产权变动非常频繁的时代下，通过限定股份数量，同时利用乡村宗族的集聚性实现对公地的管理确实是一个好的合作机制，"当一个社区能够通过合作机制而自成一体时，他们便可以一个统一的拥有者的身份而使公地资源产权明晰"（陶传进，2005）。其次在行动上，每个姓氏各出一个成年人，三个人组成一个小组看护公地，防止树木被盗是常年看护行动的主要部分，当然还要防止猪、羊对树木的破坏，秋冬季节主要防止有人铲除草皮和在公地上使用明火；每年还有一次社区公地资源分配活动，主要是当年间伐的林木在社区各家的分配；春季则要组织补栽树苗。

（3）俞村公地社区自我管理的有效性

以上对公地的管理还是相当有效的，主要是基于这么两个前提：第一是公地资源与村民主要耕地资源的共存性。当时的人地关系并不是特别的紧张，公地及公地资源没有必要纳入稀缺的土地资源范畴作为农户生存的必需。同时公地及其资源也是保护耕地的重要屏障，农地和公地的开发使用是均衡的、互补的。第二是社区长期形成的共享文化价值及本土知识的存在。对于社区性质而言，对环境公益资源保护的文化信仰是高度同质性的，至少在一个村庄范围的宗族（当地称作"户族"）身上高度一致，由此造就了共享价值观的社区。而关于公地资源管理的本土知识，例如，草地、林地、苇荡的带状分布，家族化管理、资源有限度的采伐与管理，表明那些符合现代科学知识原理的本土知识是如何基于社区的传统一代一代的传承下来。这种积累足以使得它们有理由优越于现代科学技术给出的答案（Banuri 和 Apffel - Marglin，1993）。

# 4.2 公地向集体地的变化

新中国成立后的土地改革中，公地的去留一直处在争议中，直到20世纪80年代，公地最终消失，政府及其行政决策也起了巨大的作用。

1950年6月中央人民政府颁布的《中华人民共和国土地改革法》中对林地等社区共有地的规定是"乡村中一切地主的土地及公地，由乡村农会接收，连同乡村中其他一切土地，进行公平合理分配，在原耕地的基础上按土地数量、质量及位置远近，用抽补调整方法按人口统一分配之"。"大林地等分配不利于经营者，得由当地人民政府根据原有习惯，予以民主管理，并合理经营之"（《中华人民共和国土地改革法》，1950）。当年，官氏县人民政府根据《中华人民共和国土地改革法》的规定，"将林、坡、牧、墓等村社共有地收归乡村所有，但是对其新中国成立前的使用权、管理权限保持不变"。到了1955年，开始进行农业社会主义改造，公地的权属关系又一次面临考验，官氏县是将林地的处理参照菜地的处理方式进行，即统一管理，平均分配。所以解放初的前几年，从"土改"到农业的社会主义改造，公地的权属性质也出现很多变化，但是公地的存在状况一直没有受到冲击，而真正对公地构成重大影响的还是1958年的"大跃进"和随后进行的人民公社化运动。

## 4.2.1 造田"大跃进"

1958年，是中国社会主义经济建设中不平凡的一年，对于俞村的农民来说也有两件事轰轰烈烈地走入了他们平静的生活。一件是大炼钢铁，另一件是造田运动。俞村地处三河交错地带，"水源"十分丰富，但俞村当时的耕地是3129亩，以水稻种植为主的水田1127亩，只占所有耕地面积的37%左右，以小麦、杂粮等种植为主的旱地2002亩，占63%。在当地，水稻的产量明显高于小麦等的产量，这是不争的事实，所以俞村当时是这个县"旱地改水田"（以下简称"造田"）的重点村之一。上面的指标已经下来了，必须在三年内再造1500亩左右的水稻田来。1500亩的指标又被细化到各个组（当时的组也以自然村为单位划分）。水稻田的种植是需要水的，当时没有大型的农田水利设施，沿河村庄的造田条件要好得多，所以造田运动的任务沿河村就重得多，分配方案如下（见表4-1）：

表4-1 俞村造田项目分配方案

| 组 | 造田任务（亩） | 村庄类型 | 计划投劳（劳动日） | 本村投劳（劳动力） | 调配劳力（人） | 计划完成时间（年） | 计划增收（稻谷·斤） |
|---|---|---|---|---|---|---|---|
| 俞 村 | 180 | 沿河村 | 1800 | 60 | 40 | 3 | 36000 |
| 乌宋店 | 180 | 沿河村 | 1800 | 60 | 40 | 3 | 36000 |
| 汪 店 | 50 | 非沿河村 | 500 | 50 | 0 | 3 | 10000 |
| 桥 西 | 180 | 沿河村 | 1800 | 60 | 40 | 3 | 36000 |
| 路 北 | 50 | 非沿河村 | 500 | 50 | 0 | 3 | 10000 |
| 河西店 | 180 | 沿河村 | 1800 | 60 | 40 | 3 | 36000 |
| 王 坊 | 50 | 非沿河村 | 500 | 50 | 0 | 3 | 10000 |
| 周 庄 | 50 | 非沿河村 | 500 | 50 | 0 | 3 | 10000 |
| 陈 村 | 50 | 非沿河村 | 500 | 50 | 0 | 3 | 10000 |
| 扈 厂* | 180 | 沿河村 | 1800 | 60 | 40 | 3 | 36000 |
| 晓 庄 | 180 | 沿河村 | 1800 | 60 | 40 | 3 | 36000 |
| 鹿 店* | 85 | 沿河村 | 1800 | 40 | 30 | 3 | 17000 |
| 曹菜园* | 85 | 沿河村 | 1800 | 60 | 30 | 3 | 17000 |
| 总 计 | 1500 | — | 16900 | 710 | 300 | — | 300000 |

注：*当时扈厂分为前扈厂和后扈厂两个村，后来被合并。鹿店后来被合并至邻近的晓庄与扈厂，曹菜园后来被合并至邻近的乌宋店。

资料来源：官氏县虹水区党委宣传部资料保管员处资料。

  当时的造田运动已经带有很浓的行政色彩。在新中国成立前及"土改"、合作化时期，尽管农户之间有一定的合作关系，但涉及经济及生产上的合作还是很有限，即使有，也是发生在家族内部。而这次造田运动，基层的乡村政府开始了一定程度的介入，并出现了在乡村范围内进行动员的农业发展计划。从这份造田计划来看，还是充分考虑了村内各个组（自然村）的具体状况。有5个自然村属于非沿河村，在兴办大水利（集体水利设施，如跨村的排灌站输水渠、县乡级水库及水渠）之前，本村的小水利（本村对池塘的疏浚、筑坝等）不能满足原有稻田灌溉的需求，更遑论进行旱地改水田了，所以每一个自然村只给了50亩的"造田"指标。而其他沿河村大村都给了180亩的造田任务，只有两个稍小的村庄给了85亩的任务。按照原来计划3年内完成"造田计划"，也就是要将俞村的旱地的3/4改成水田，按照"旱改水"后造田每亩增产200斤稻谷计算，整个村庄将要增产30万斤粮食。当时人口是1141人，比1952年增加203人，平均每人增加262斤，这可是一个不小的数字，因为当时当地人均拥有粮食也不过 500 斤左右，也就是说要通过三年奋斗，将粮食产量提高 50% 以上。

非沿河村的造田重点是靠近沟渠地势较高的旱地。首先将旱地的表层土揭掉，收集起来，然后将下层的土掘起挑走，再将表层肥土复原；用下层的掘土筑起一条由主渠道通往田地的支渠，造田即算完成，工程量也不是太大。至于来年是否有充足的水源，就不管了，只要完成当年的造田任务，通过乡村组织的验收即行。最艰巨的还是沿河村的造田任务。这些村的造田重点都放在沿河的旱地上，这样才能保证来年能够取到河水。河边地都有一定的坡度，造田要将地势高处的土壤取出垫到地势较低的地方，以使田地能够平整。如果是地块较大的旱地，"取高垫低"劳动量太大，就将旱地按照地势从高到低一分为二或三个阶梯，类似现在的"坡改梯"。这样最靠近旱地的公地中的草地首先被毁掉了，与临近的旱地一起被改造成为水稻田的一部分，或者被新建造的灌溉渠所占用。1958 年的整个冬天，俞村的农民一直忙于"造田"，基本上没有闲下来，到年关上级验收时，非沿河村的造田任务按计划完成，沿河村平均每个村造田 80 亩左右，鹿店、曹菜园完成造田计划，其他沿河村大约完成一半。但是不管怎样，算是"超额完成了造田任务"。到了1959 年，人民公社化运动又给"造田"运动提速，同时人民公社化运动也增加了更大范围内的社会动员能力。1959 年春季的"大食堂"刚刚建起来不久，人民公社从其他生产大队调集了上千名劳动力帮助俞村进行剩下的"造田"任务，不到 10 天就将余下的 600 亩"造田"任务完成。

按照稻田的蓄水规律，这些"人造"的稻田当年是不能种植水稻的。一是大队的机灌站仍在建设中，当年不能使用，而每个村的新建的灌溉渠还需要筑土加固，培青固土，所造之田的田埂还没有经受雨水的检验。但是当时已经顾不上这么多了，因为在阴历四月份，各个生产小队的"大食堂"仓库中的米面都已经所剩不多了，为了秋季不再缺粮，各个生产小队将改造后不久的水田全部插上了秧。但是问题很快就来了，因为这些人造稻田原来大多是沙土地，保水性很差，一般稻田的一畦饱水可以保证一个月之内不干裂。而这些田地的秧苗插上不到半个月就全部干涸了，急需浇水。于是农民们就被组织起来用新修好的灌溉渠从河中用水车车水，用水桶从河中戽水。用水车为高出水面 1 米的稻田车水，一亩地约得半天的时间（5～10 位女性劳动力，或者 3～5 位男性青壮年劳动力）。而戽水则是一种更原始的方式了，就是将一支桶两边拴上绳，两人引绳，提桶汲水。各个村的第一次稻田浇水总算勉强完成了，但是到了阴历六月中旬，第二次稻田浇水就进行不下去了。天气太热，蒸发量太大，加上沙地的保水性又不好，取水方式太落后，取水的速度跟不上蒸发与渗漏的速度。到阴历七月上旬，有的村已经开始放弃为新造稻田浇水，而保证对原来保水性好的稻田的浇灌，新造稻田的水稻开始缺水枯萎。阴历七月十九日夜晚，大雨整整下了一夜。青壮年社员大多被动员起来打好堰塘的堤坝、看护好稻田的田埂，以便蓄水。一场透雨驱除了社员们连日来抗旱的疲劳，同时对秋季丰收的期望也缓解了业已存在的饥馑和蔓延在民间的悲观情绪。但是暴雨背后潜藏的一场灾难也接踵而至。阴历七月二十日，大雨继续浇灌下来，新造稻田的疏松的土壤经受不了暴雨的冲刷，田埂最终决堤。新造的田埂和灌溉渠全部被冲垮，蓬松的新土汇成一条条浑浊的沧流，流向小河、大河。农民们将近一年的造田"成果"几乎损失殆尽。损失最惨重的是鹿店和曹菜园两个生产小队。"造田"运动时，这两个村的旱地悉数被造成了"水田"，整个村秋季将要颗粒无收，这两个村靠近河边的、失去草坡林地卫护的20多亩土地直接被冲进了河流，河岸线也向村庄推进了10多米，村民的生命安全及财产安全受到威胁，到20世纪60年代和80年代，这两个自然村继续受水土流失侵蚀，农田几乎损失殆尽，被迫分散搬迁到附近的晓庄、扈厂、乌宋店等自然村，鹿店和曹菜园的村庄建制取消。

## 4.2.2 造田"大跃进"的遗产

经过造田"大跃进"和这场暴雨，原来旱地、草地、林地和谐共生的公地生态遭到了极大的破坏。平整的稻田变成了千沟百壑，绿色生态景观变成了黄沙遍地。之后，经过多年的改造，随着俞村大队提灌站的建成，这些人造水田最终被种上了水稻。但从生态环境上来看，这些造出来的稻田由于土质为沙土，保水性差，产量比传统的水稻田要低，且每个稻作季要多好几次农田浇水，这些土地种植水稻的效率要比传统稻田低。最严重的是，由于缺少草地的保护，在夏季雨水的冲刷下，这些新造的水稻田的沙土一直在向河道流失，一方面导致河道的抬升与堵塞，使河水变得浑浊起来；另一方面水土流失使河边耕地的高度持续降低。最明显的参照是，原来这些旱地田间池塘的地势与旱地基本上保持同一个高度，但是，50多年后，有些池塘的地势要平均高于周边田地20多公分，旱地上有上百年的、有青草护卫的坟头也在相对地长高，也可以说明其所在旱地的水土流失情况的严重性。这样，政治因素骚动下的开发行为导致的粮食种植生态约束就形成了，这种生态约束的负面效应有时是难以估算的，而且从某种意义上说，还是不可逆转的外部效应。有的研究者认为，砍林造田对生态系统的破坏，从长期来看，说成是趋向负无穷大的福利是一点也不过分的（杨壬飞、吴方卫，2003）。

# 4.3 公地被瓜分

## 4.3.1 公地的产权与管理被悬置

尽管在造田"大跃进"中，俞村大队的沿河草地全部被破坏，部分林地也被毁，但是大部分林地仍然被保存下来了。一部分林地被生产大队接收过去，统一管理，成了大队林场。其他的仍然在大队的监管下，由各个小队进行具体管理。各个生产小队一般都是委派一些老人进行昼夜看护，主要是防止夜晚被盗，对管理者的看护按工时折算记入相应的工分。其间20多年，大队统一对树林进行了两次大的间伐，一部分分给各小队的社员，一部分大的树木被指定上交给了公社林业站。其间小树苗也被补栽了两次，基本上能够保证林木的更新与连片成林。到该地区推行家庭联产承包经营的时候，俞村的林地保有量仍然达80亩左右。

1981年当地开始推行家庭联产承包经营，对林地的处理引起了村民的许多争论。按照当时《家庭联产承包责任制条例》，林地等属于公地的范畴，但是俞村又不属于林区，对于非林区林地的处置，国家没有具体细化的方案，官氏县也不置可否，林地的权属关系被悬置，管理也处于空缺状态。原来每个生产小队有专人管理林地，生产小队可以对其计工分。家庭联产承包经营之后，生产小队变成了村民小组，丧失了原来作为独立经营核算单位的地位，村民小组包括行政村不再有任何可控制的资源对林地的管理工作进行补贴，所以也就根本不能组织起对林地的管理。当再也没有人管理时，对林地的破坏就呈现出了加速的趋势。

## 4.3.2 家庭联产承包经营时的人地矛盾

家庭联产承包经营初始，人地之间的矛盾已经很激烈了。1981年分田登记人口时，俞村的人口为2933人，是1960年的3.22倍。人均土地面积由1960年的4.09亩变成了1981年的1.14亩。在当年分配土地时，村民就参与分配土地的人口问题发生了激烈的冲突。最后妥协的结果是，当年超生的近

30个新生儿没能够分得土地。家庭联产承包经营大大地激发了农户生产经营的积极性，结果1982年的小麦产量一下子突破历史最高水平，亩产近300公斤，与1981年的水稻产量持平，而当地通常年份水稻产量是小麦产量的两倍以上。作物产量的增加本身是体制创新的结果，但是进一步激发了农户农业生产的积极性，加上当时我国乡镇企业尚未起步，乡村人口尚未出现去乡镇企业务工和进城务工现象，大量劳动力沉积在农村，就有劳动力对农业生产进行大量的投入，脱离了体制束缚的农民对农业生产的开发达到了前所未有的高度，几乎能改造的旱地都变成了水田。原来"大跃进"造田运动时所造的水田，到这个时候真正变成了水田。

### 4.3.3 公地最终被毁

有些人多地少的农户开始尝试着将林地中失去管理的树木砍掉，种上了庄稼。这起了极大的"示范"效应，到了1982年春节后，首先从扈厂开始，村民们大规模地砍伐树木，几乎是以哄抢的形式一天之内将树木全部砍伐掉。俞村村委进行了一些干预，但是显得非常孱弱无力。只是当时家住该村的"治保主任"到现场训斥了两句，根本没有人听。治保主任看约束无力，自己也加入了伐树的行列。到了第二天，其他所有沿河村都发生了哄伐树木的现象，几乎一两天之内，河边林地的树木全部被伐，村民们全家老少一齐上阵，大人砍树，小孩捡树枝，几家合作伐树等现象相继出现，表现出惊人的效率。原来被浓郁树林覆盖的河道变得清爽许多，一下子展现在人们的视野中。到了第三天，乡林管站才得知此事，下来检查，除了对几位仍在向家运送残枝剩根的村民进行处罚外，看到既成的事实，也拿不出什么好的办法。村民是大快人心，大家都认为，这是祖上留下的树，人民公社时期由农民们管理，而树木每年还要上交到公社林业站，这下可好，谁也别想得到。砍下树、腾出田地我们还可以种庄稼。当时乡、村也拿出了意见，准备补种小树苗。村干部的意见是，大树老百姓就敢砍，那么小树苗根本长不起来。乡里说，那么就由各村指派专人管理。村里说专人管理得出管理费，乡林管站得出这个钱。林管站向乡政府打报告，建议重新补栽树苗，再造公地资源，并建议组织当地村民看护管理，由乡里面免去管理树苗村民家的农业税、农业特产税及义务工作为看护工资。由于该乡（乃至全县范围内）其他地方也发生了类似的村民砍伐公地林木的现象，补种及组织重新管理耗费很大，地方财政根本无力承担。这样在重新造林上，乡、村一直在协调，也没有拿出一个好的方案。乡、村互相推诿的时候，村民们将原来树木的树根都刨起来了，平整好土地，已经种上了庄稼，有的甚至将稻田开垦到了河边。每个村民小组为了防止村民们种植中产生矛盾，专门组织了对公地的分配，每家一小块，像其他耕地一样均分下去，村民们相安无事地耕种，世代延续下来的公地就这样彻底地消失了。

### 4.3.4　公地被毁的后果

到了 1985 年，不到三年的时间，在夏季雨水的冲刷下，公地上的土壤基本上被流水冲蚀殆尽，留下被冲刷和切割的千沟百壑，大小河流的主河道加宽了一倍以上的宽度，河床被抬高，具体的数目谁也不知，但是枯水季节出现的将河道分割成一个个积水湾的沙丘在河中出现则是不争的事实。当然，这些现象的发生不是某一个区域农户的生产就能造成的，整个流域的树林大多数遭到破坏，上游的水土流入中游，中游的水土流入下游，造成了整个河床的抬高和水质的恶化。如果河流的一岸能够保留环境公地，另一岸树林遭到破坏，则水土保持的非均衡性还会导致河床的滚动。晓庄村民小组的沿潢河岸的树木遭到毁坏，而对岸的大片树林得以保存。从 20 世纪 80 年代初至今，河岸已经向晓庄这边摆动有 40 多米，原来属于鹿店的土地已经有大半被潢河吞没。

粮食生产、农业开发与河流的侵蚀形成一对互相推动的关系。由于腾地种粮，大量的草地、林地被毁用作耕地，导致水土流失、河流的侵蚀作用加强。而水土流失、河流的侵蚀作用又导致对农田的毁坏，1958 年的"造田"、"大跃进"毁坏了公地中的草地，1981 年家庭联产承包经营又将沿河岸的林地毁掉，这样俞村的公地损失有 600 多亩。水土流失加上河流的侵蚀，又使河边的耕地被河流吞噬，仅存的受到侵蚀的土地的土壤肥力也严重下降。20世纪 80 年代初，原来所造水田的水稻产量能够达到亩产 700 斤左右，而到了20 世纪 90 年代末，在水稻品种提升的同时，只能达到亩产 600 多斤。而由于水土流失需要保土多施肥、多浇水等原因，种植水稻的成本又要高出许多。所以有些农户认为这些土地种植水稻是最不经济的，于是在这些土地上，撂荒、改种旱作物又开始出现了，这就是公地悲剧造成的恶果。

# 4.4　整合性范式分析

## 4.4.1　事件发生过程的子系统

河沿的变迁过程是一个公地事件，反映了粮食生产、农业开发过程中生态性约束不断生成的一个方面。在这个过程中既有发生于生态子系统、宏观社会子系统、微观社会子系统内部的现象，也有这些子系统互动的结果。其中的子系统有：

### 4.4.1.1　生态子系统

这里的农业生态子系统是指粮食种植的基础——雨水、光热、土壤、空气、植被、生态等自然环境条件，以及人类农业生产、乡村生活对自然环境的改造与影响，即自然的环境与人文的环境。

俞村属亚热带季风性湿润、半湿润气候，雨量充沛，降雨集中在夏季，且夏季多暴雨，这是当地普适性的气候。俞村沿河岸的土壤是沙质潮土。根据《官氏县志·经济》（一）卷（1984）描述："潮土的成土母质以近代河流沉积为主，成土时间短，发育层次不明显。其主要特征是：土层深厚，砂壤质，地下水矿化程度低，适宜种植花生、小麦、瓜菜、棉花等农作物。"这种沙壤土质，由于土层疏松，保水性较差，不适宜大型乔木及大叶草类生长，而适合杨树、水渠柳等浅根系、速生树木及藤茎类、伏生类草种的生长。当然河边的林、草、地的自然生物群落，包括动植物的栖住与生长，以及公地资源的纯自然性等都可以构成生态子系统的组成部分。

### 4.4.1.2　宏观社会子系统

与生态子系统的相对稳定性相比，宏观社会子系统的变动是很频繁的，特别是与国家宏观政策紧密相关的农村土地产权、农业生产组织以及农业生产技术变迁等。与公地资源变化相关的宏观社会子系统在不同的历史时期呈现出不同的表现形式。

新中国成立前，俞村的农业基础设施不完善，河边耕地以旱地为主，属于宏观社会子系统的农业耕作制度的范畴；社区人口压力较小，对河沿公地的开发并未成为生存所需，属于宏观社会子系统中人地关系的范畴；林地的社区共同所有特征则是宏观社会子系统中的林地产权制度；河岸公地以家族为单位共同管辖则属于公地管理的组织形式。"土改"及合作化时期，林地的产权改成按人口由村社共同所有。人民公社化时期，公地及资源归人民公社所有，产权关系具有浓重的行政色彩。人民公社可以组织进行"造田"运动，在最大的公社范围内进行社会动员，集体劳动成为农业生产的基本组织形式。机灌的引进，农田水利及排灌系统的完善，标志着农业开发技术体系的进步。家庭联产承包责任制时期，集体所有的土地产权制度、家庭联产承包的生产组织与经营制度使人地关系逐渐成为这一时期人地关系的主要特征。

### 4.4.1.3 微观社会子系统

微观的社会子系统主要是指与农业生产密切相关的农户行为。农户行为受宏观社会子系统变化的影响，也体现出不同的时代特色。在人民公社化之前的历史时期，农民对待农业生态环境及公地的态度，具有浓厚的自然色彩，是典型的传统行为。在社区农户中形成的与自然和谐相处的共享文化价值及本土知识（如对公地资源的家族化管理、资源有限度的间伐制度），都是在当地文化传统中长期形成的。人民公社化时期，农户生产的微观行为也成为国家经济社会发展调控计划的一部分，导致农民生产活动自主权的丧失。农户行为被动地纳入国家意识对农业的开发过程，国家政策的盲目性决定了农户行为的盲目性，从而导致了农户行为的反自然、反生态，甚至对环境的破坏行为。家庭联产承包经营初期，单纯的农业就业使农户对农业的开发热情达到前所未有的高度，市场经济的逐步发展，也使农户的行为越来越趋向经济理性化，对农业的过度开发最终导致了公地悲剧的发生，以林地的彻底毁坏而告终。

## 4.4.2 整合性范式的分析

公地的变迁过程不是某一种因素作用的结果，而是各种因素共同作用的结果。整合性范式分析的优势就是能够全面、综合地考察各种因素（或系统）及其互动在粮食生产生态性约束形成中的影响或作用。在公地资源的消失过程中，可以有如下关系分析：

（1）关系一：生态子系统内部的反弹关系（-）

俞村公地区域降水充沛，雨量集中且以暴雨为主，加上区域内土质疏松，且以砂壤土质为主，沿河公地的地势有一定的起伏，导致土壤易受侵蚀，形成水土流失。这种互动关系是在生态子系统内部的反弹现象。在这个环境子系统的内部互动的关系中，土壤疏松与雨水集中是始因素，水土流失是终因素。这是一种消极的互动关系。

（2）关系二：宏观社会子系统对生态子系统的关系（＋）

"大跃进"之前的很长的历史时期，俞村当地的人地关系不是太紧张，加上公地社区共有，以家族为单位的共同管理，在区域范围内形成了漫滩、林地、草坡、旱作四个共生互养的生态交错地带，有效地防止了雨水侵蚀与水土流失。这是发生在宏观社会子系统与生态子系统之间的互动现象。其中人地关系、社区共有、以家族为基础的共管是宏观的社会子系统，是始因素；而四个生态带的形成及对水土流失的遏制是生态子系统，是终因素。这明显是一种积极的互动关系，是对"关系一"消极性的一种矫正，对实现农业生态系统内部的生态平衡起了很大的作用。

（3）关系三：宏观社会、微观农户行为、生态子系统的系列互动（－）

到了"大跃进"、人民公社化时期，受行政命令的控制，开始推行"造田"运动，实施"旱改水"、"坡改梯"。这些导致了草地资源被毁，林地遭破坏，旱地的生态植被被强行改变，最后暴雨冲洗，稻田溃埂，流失的水土阻塞河道。这一关系涉及生态子系统、宏观社会子系统、微观社会子系统等一系列的互动。其中"大跃进"激进的政策、人民公社自上而下的组织控制及超村落、大范围的社会动员体制是宏观社会子系统，是始因素；而社员在行政命令控制下的"造田"运动是被动性的微观社会子系统，属于传递因素；草地被毁、林地遭破坏，水土流失，河道阻塞等是生态子系统，是终因素。这是一种明显的消极的互动关系，使农业自然生态向恶性的方向发展。

（4）关系四：宏观社会、微观社会、生态子系统的系列互动（－）

家庭联产承包经营前期，林地产权的悬置，管理的无主状态，以及人地矛盾的日趋激烈，夹杂着由农户生产积极性转变而来的开发冲动，导致俞村河边林地最终被毁，公地失去了对耕地和农业生态环境的最后保护作用，导致区域内雨水季节泥沙俱下，田地内千沟万壑，土层下切，河床被抬高。这一关系也涉及三个子系统的系列互动。其中林地产权的缺失、林地管理的悬置以及人地矛盾在以单个农户家庭生产为生产要素配置的生产收支状况下被清晰地显示出来，这些都是宏观社会子系统。而农户的开发积极性则属于微观社会子系统，这两者构成互动关系的始因素。农户的毁林及在附近的土地进行普遍的稻田耕作则属于微观社会子系统，是传递因素。最后导致的水土流失、土地侵蚀、河流阻塞等农业生态恶化现象则是生态子系统，属于终因素。这也是一种消极的互动关系，是在"关系三"的基础上的恶性发展。

# 4.5 本章小结

存续 260 多年的俞村环境公地，在 30 多年的时间内彻底被毁，体现了粮食生产中过度开发对环境造成的巨大生态约束。在这个过程中，不同制度安排下的农业开发行为对公地资源的存废起着决定性的作用：传统时期，环境公地的村社共有，家族化共管培养了农户与公地环境和谐相处的共享文化价值，对公地资源的续存起着重要作用；人民公社化前后，公地资源也纳入国家农业开发的范围，在"大而公"的土地所有制结构下，农户行为被纳入国家意识对农业的开发过程，导致农民生产活动自主权的丧失。国家政策的盲目性决定了农户行为的盲目性，从而导致了对公地资源的强制性破坏行为；家庭联产承包经营时期，单纯的农业就业使农户对农业的开发热情达到前所未有的高度，市场经济的逐步发展，也使农户的行为越来越趋向经济理性化，诱致农户将农业耕种的界限延伸至集体化时所剩不多的公益林地，导致了公地最终被毁。

# 5 粮食生产之血液：水——微水利衰落与生态性约束的形成

家庭联产承包经营以来，我国农村水利呈现出衰退的趋势。据统计，全国小型农田水利设施的平均完好率不足50%，末级渠系损毁严重，使得农业灌溉水利用系数只有0.48，远远低于发达国家0.7~0.8的水平（张岩松、朱山涛，2011）。南方有些稻作区河道、塘库淤积，蓄水能力下降30%~40%，农业灌溉用泵站老化，总体装置运行效率低于50%，灌区末级渠道水利用效率只有30%左右（任文、周虎成，2006；墨语，2010）。农村水利的衰退，直接导致农田系统的涵蓄水、排灌能力的下降，这容易造成我国水旱灾害的交替发生，使得一些地方重新出现了"种粮食靠天收"的严重倒退现象（丁德彰，2011；郭亮，2011），直接威胁到我国农业生产、粮食安全、农村居民生活与农村生态。

21世纪以来，随着农村水利对我国粮食安全约束性的趋紧，关于农村水利状况及重修的理论研究及实践探索再一次成为现代农业建设的焦点。特别是2011年1月《中共中央国务院关于加快水利改革发展的决定》（中发〔2011〕1号）文件下达与实施以来，农村水利成为国内外学术界研究的又一热点。关于农村水利的研究，大多数将农村水利的研究对象界定在农村大中型水库、渠系及跨区域的灌溉设施上，对基本农田，即田间涵蓄水的毛细水利的研究较少；对农村水利衰退的原因的分析多数仅仅囿于研究家庭联产承包经营之后国家体系对农村水利建设的退出机制上，或者局限于2004年国家农村税费改革后国家水利财政投入的差异性分析上，而对农业生产组织形式、农村社会生活、农民生活面向、农村劳动力投入等一系列社会要素的变迁等因素的研究较少。为了深入探究农村水利衰退及相关因素，迫切需要对与农村社区和农户"家门口"的末梢水利系统——农村微水利进行相关调查和实证研究，这既能拓展农村水利研究的学术视野，也能为农村水利建设与发展提供实证依据。为此，笔者2009~2011年再次回到调研地，对农村微水利现象进行调查。为了进行对比调查，在选择调查对象时，特选定45岁以上、当前为纯农业或兼业生产的农户，而将年轻、外出务工农户或者长期不在农村居住的农户排除在外。调查内容涉及农田微水利的历史变化、基本状况，还包括对微水利衰退的影响因素分析、对策建议等。关于微水利的分析与探讨可以充实关于粮食安全生态性约束的研究。

# 5.1　农村微水利的概念、对象及范围界定

## 5.1.1　农村水利及农村微水利

一般来说，农村水利可以分为大中型水利设施和小型农田水利设施与系统。大中型水利主要包括以农业灌溉为主的大中型水库、江河枢纽、库坝、大型涵闸、干支渠系等设施、网络与系统；小型农村水利是指辐射较窄、规模较小、建设投资额度少、受益对象有限的农业生产水利设施。本书界定的微水利是相对于小型农田水利更微观的农村水利系统，主要散布于村落田野的河湖堰塘，连接池塘与耕地的沟渠堤坝，汲水排灌的小型泵站等水利设施，以及村组范围内或农户自发进行的清淤肥田、末级渠系的疏护、院落农田的水土流失整治、农水自然景观的优化等。如果将农业水利比喻成人体的循环系统的话，大中型水利是农业灌溉的大动脉，小型水利则是农业灌溉的支动脉，而微水利则可以称作是农业灌溉的毛细血管。

## 5.1.2　农村微水利的特征

微水利是我国农业水利的最末端形态，微水利设施的建设与维护对我国农业生产、粮食安全、农村社区生活与生态优化起着重要的作用。微水利设施分散在村庄周边和广大农田耕地之中，直接与广大农田耕地相联系，涉及国土领域最广，且避免了水库灌溉的不足（丁德彰，2011）。同时，微水利活动根植于我国农耕文化传统，投入与建设主要来自农民的投工投劳与自组织行为，可以大大弥补国家无暇顾及或无力投入的水利空缺，是我国农村水利结构不可避免的重要组成，以往的农村水利建设政策与实践层面，要么将农村微水利忽视掉，要么把这部分水利建设（微水利）放到（小型）农田水利建设之中，虽然也对，但没能突出其重要性，其结果是重视了农田，淡化了水利（丁德彰，2011），因此笔者在此专门就农村微水利建设进行研究。

# 5.2  中国农村微水利的状况与衰退

## 5.2.1  农村生产、生活、生态中的微水利

农村微水利在中国具有悠久的历史，农户进行微水利建设具有很强的本土化知识（local knowledge）特征，农村微水利与农村居民传统的农业生产及社会生活密切相关。对调研地 347 户农户的调查显示，认为定期疏浚池塘、培固沟渠能够取污泥肥田的为 326 户，占总户数的 93.9%；清淤增容、确保春季育秧用水的为 330 户，占 95.1%；净化池塘水体水质、保证农村居民洗衣洗菜的为 291 户，占 83.8%；保证大牲畜饮水需求的为 301 户，占 86.7%（见表5-1）。

表5-1  微水利与农村居民的生产、生活联系

| 内　容 | 生产联系 | | 生活联系 | |
| --- | --- | --- | --- | --- |
| | 取污肥田 | 增加蓄水 | 保证洗衣或做饭 | 大牲畜饮水 |
| 农户数（户） | 326 | 330 | 291 | 301 |
| 比例（%） | 93.9% | 95.1% | 83.8% | 86.7% |

资料来源：根据调研问卷整理。

## 5.2.2  农村微水利建设变迁、现状及衰落

家庭联产承包经营以来，农村微水利呈现出衰退的趋势。通过表5-2可见，对以上 347 户农户的调研显示：在大集体时期，平均生产小队每 1.2 年左右就要组织社员对农村生活用池塘①进行一次清淤，而"大包干"之后，

---

①　调查区域均属于湿润地区，雨水充沛，水网密布，村庄、田野分布着许多塘湖沟堰，其中分布在农村居民点周围的池塘属于生活用池塘，传统时期村民多在池塘中洗衣、洗菜、淘米做饭，作为牛羊等大牲畜的饮水源，因此归为生活用池塘，当地称作"湾塘"。生活用池塘优先保证村民生活用水，但在干旱年份也被用作灌溉。对生活用池塘的清淤一是增加塘容，确保生活用水量；二是挖出污泥，保证生活水源卫生；三是池塘紧邻居民点，水土流失严重，通过清淤回填村民院落，能够保持水土。因此，在池塘清淤中，生活用池塘通常优先，且次数频繁。

多数变成 5 ~ 6 年才清淤一次，30 多年来一次未清淤的村庄总数达到 27.5%，在大集体时代每 2.3 年左右就要对生产用池塘①进行一次清淤扩容，而"大包干"之后，则变成 12 年左右清淤一次，30 多年来一次未清淤的村庄占村庄总数的 64.7%。对生产用渠道的修整由大集体时代的冬休统一修整变成了春忙时节的临时修整，即整即用，是一种典型的应付式的修整，整修间隔也由每年 1 次变成 3 年左右一次。

表 5 - 2　农村微水利建设变迁

| 内　容 | 每几年一次（单位：年） | |
| --- | --- | --- |
| | 大集体 | 大包干 |
| 生活用池塘清淤 | 1.22 | 5.74 |
| 生产用池塘清淤 | 2.31 | 12.13 |
| 渠道修整 | 1.15 | 3.21 |

资料来源：根据调研问卷整理。

农户疏于微水利建设的结果是农业生产、粮食安全之基遭到破坏（见表 5 - 3）。在俞村的 12 个自然村中，较之大集体时期，塘堰容量平均减少五成及以上的村庄有 4 个，占村庄总数的 33.3%，三至五成的有 6 个，占 50%。大集体时期，生活用池塘的断水期在半年及三个月的村庄分别占总数的 5% 和 8%，而目前则分别增加到 41.7% 和 58.3%，许多池塘几乎被淤平，成了旱季村民堆放垃圾的"大坑"和雨季行洪的"过水道"，完全失去了其灌溉稻田和村民生活水源的支持功能。

表 5 - 3　农村微水利的衰落

| 内　容 | 村庄数（户） | 比例（%） |
| --- | --- | --- |
| 池塘塘容减少五成及以上 | 4 | 33.3 |
| 池塘塘容减少三至五成 | 6 | 50 |
| 池塘塘容增加 | 2 | 17.7 |
| 生活用池塘断水期半年以上 | 5 | 41.7 |
| 生活用池塘断水期 3 ~ 6 个月 | 7 | 58.3 |

资料来源：根据调研问卷整理。

---

①　生产用池塘指的是不毗邻农村居民点，散布在田间野外，主要进行农业生产用于灌溉的池塘。当地称作"畈塘"，或"野塘"。

### 5.2.3 农村微水利衰落的农户感受

由于农村微水利衰落，农户普遍感到基本农田"下雨有水盛不住，有水灌不进，无雨池塘底朝天"，农田系统的抗旱防涝功能同时衰退（见表5-4），对347户农户的调查显示，较之大集体时期，有249户认为池塘洪水漫溢增加，占农户总数的71.7%；认为池塘干旱速度变快的有297户，占农户总数的85.6%。传统时期，村民自发性组织池塘清淤活动，将污泥清至田间或填衬至村落庭院，不但达到肥田、整治村落、治理水土流失的效果，还增加了池塘容量，美化了农村景观。如今，村民们普遍感到，池塘里的污泥没人清，垃圾变多了，塘水也变臭了，景观普遍变差了，"蛙鸣不再，鱼虾变赖，水草绝代"，水乡美景离他们渐行渐远。

表5-4 农村微水利系统衰退后的蓄排水状况

| 内 容 | 农户数（户）* | 比例（%） |
|---|---|---|
| 池塘洪水漫溢增加 | 249 | 71.7 |
| 池塘洪水漫溢减少 | 30 | 9.3 |
| 不知道 | 66 | 19 |
| 池塘干旱速度变快 | 297 | 85.6 |
| 池塘干旱速度变慢 | 26 | 7.5 |
| 不知道 | 24 | 6.9 |

注：*表示由于某些农户某些内容填写缺失，导致表中某些分类型农户的户数总和与总农户数有差别。

资料来源：根据调研问卷整理。

### 5.2.4 农村微水利衰落的农户反应机制与应对之道

农业水系还是农田营养循环的重要介质，通过清淤可以使水体养分重新回到农田系统中来。农村微水利的衰落，中断了这种养分回归的通道，农户们只有更多地依赖于化肥的施用；同时"大包干"的土地细分，农户对公共微水利设施的集体调配的行动能力降低，许多公共灌渠遭废弃，农田灌溉越来越依赖一家一户的小型水泵加大卷水龙带的长输灌溉。对347户农户的调查显示，66.4%的农民从江河塘堰中取水灌溉需要长输灌溉，每到春插和夏季秋苗返青时节，乡村田野中的纵横交错的水龙带比比皆是，几乎90%的农户家均有潜水泵和 2~3 卷水龙带等灌溉设备，每家农户的水龙带可伸展长度平均为 317 米；农户每块田间地头的自凿井灌溉已经成为一个普遍现象（平均每户凿有灌溉用小型田头井 3.17 眼），稻作区的井耕化趋势明显（见表5-5）。生活方面，由于微水利系统的衰退，传统时期公共水域提供给居民的大部分活动（像洗衣、洗菜、淘米做饭、大牲畜饮水）退回到村民的庭院系统（由家庭水井担当），农村居民的公共水域空间被大大挤压。传统时期除了在公共池塘中洗衣、洗菜、淘米之外，每个村庄还有 1~2 口居民公共饮用水井，如今公共水井几乎被全部废弃，取而代之的是几乎每家每户都在院落中自凿了一口压水井，有些家庭还配备了动力抽水装置。

表 5-5　微水利衰落后的农户灌溉

| 内　　容 | 单位或比例 | 数值或数量 |
|---|---|---|
| 井灌发生率 | % | 94.6 |
| 长输灌溉发生率 | % | 66.4 |
| 户均田头井数量 | 口 | 3.17 |
| 户均潜水泵数量 | 台 | 1.23 |
| 户均水龙带长度 | 米 | 317 |

资料来源：根据调研问卷整理。

# 5.3　农村微水利衰落影响因素的描述性分析

## 5.3.1　研究假设的提出

在归纳相关文献及在对调研社区实地研究的基础上，以调研农村社区近 5 年来（2007~2011 年）有无组织农民对池塘清淤或对沟渠堤坝进行加固这个事件调查为中心，对影响农村微水利衰落的相关因素提出如下假设：

假设 I：农村微水利建设状况与各级政府的财政支持状况密切相关。"两免一补"及新农村建设以来，各级财政先后出台了相关惠农政策，包括农业水利在内的各项项目资助纷纷展开。当政府的支持力度加大时，就有可能对农村微水利建设产生积极的影响。

假设Ⅱ：农村微水利建设状况与农村经济发展水平有一定的关系。当村庄的总体经济发展水平较高时，农民越有投入农田水利建设的资金、物质条件，因而越可能会对农村微水利建设产生积极的推动作用；反之则反。

假设Ⅲ：农村微水利建设与农民的就业取向、生活面向有很大的相关性。就业取向通过非农就业比例显示出来，而生活面向则通过农户及其子女在大中城市、中小城镇是否购房显示出来。农户就业取向的非农化比例越高、生活面向的农户背向越强，说明农户将逐渐将其生产、生活的重心转移出农村，则其不会关注农村水利建设；反之则反。

假设Ⅳ：农村微水利建设与村庄社会资源网络的相关性。社会资源网络的强弱可以通过村庄有无在社会上有一定影响力的政界精英、商界精英、社会文化精英等显示出来。精英资源多的村庄可以通过政界精英拉项目、商界精英的资金援助、文化教育精英的宣传推动与带头召集帮助村庄进行微水利建设；反之则反。

### 5.3.2　统计分析

通过对影响农村微水利建设相关因素进行统计分析，描述如下（见表5-6）：

第一，农村微水利建设与政府财政支持状况的相关度不大。统计数据表明，进行过微水利建设的村庄2007~2011年农民年均转移性收入为137.65元，而没有进行微水利建设的村庄2007~2011年农民年均转移性收入为141.74元，二者相差不大，且t值为-0.12，并不显著，与假设Ⅰ不符。

这可能与微水利建设是传统的农民自组织行为有关。有些农户认为农田系统的水利是农民自己的事，不需要政府支持，政府也不可能事无巨细地支持农业水利。政府的财政金融支持主要是大中型水库、灌区体系、干渠、重要支渠等；大集体时代的微水利建设就是生产队组织社员自发建设的，没有国家资助照样进行；而2006年以来的各类财政支农项目一般是下达到行政村一级，各自然村无权决定资金用途与使用方向；行政村在决定这些财政支持项目时，90%以上优先安排村（行政村）级公路改造与硬化，其次是农电改造、农村饮用水工程、农村通信改善。调查的自然村中，只有6个被安排有微水利建设项目，这还是因为当地申报有省级农田水利示范工程项目的原因。

第二，农村微水利建设与农村经济状况之间的负相关性，这与假设Ⅱ正好相反。在分析中发现，按照农村常住居民收入统计，进行过微水利建设与改造的（自然）村庄，农民5年间的人均纯收入为3876元，而没有进行过的则为4335元，负相关性明显（t值为－1.03）。这可能与农村劳动力资源配置、农民城镇化的生活预期有关，即农民收入构成中，较高的收入主要体现为非农经营性收入及务工性收入；农民收入越高，其非农就业与非农居住的可能性越大，则其对农业生产、农村生活的关注度越低，反而缺乏投入微水利建设与改造的热情。

表5－6　微水利建设相关影响因素的统计分析及计量估计

| 因　素 | 是否进行过微水利建设 | | t 值 | 估计结果 |
|---|---|---|---|---|
| | 进行过 | 没有 | | |
| 政府财政资助状况 | | | | |
| 　农民人均转移性收入（元/年） | 137.65 | 141.74 | －0.12 | 0.0034 |
| 当地经济状况 | | | | |
| 　农民人均纯收入（元/年） | 3876 | 4335 | －1.03* | 0.051 |
| 当地农村劳动力非农投入取向 | | | | |
| 　外出就业率（%） | 21.5 | 32.6 | | |
| 　非农兼业比例（%） | 18.7 | 29.5 | | |
| 　小计（%） | 40.2 | 62.1 | －1.68 | －1.15** |
| 当地农民生活面向 | | | | |
| 　大中城市购房率（%） | 2.7 | 5.8 | | |
| 　中小城镇购房率（%） | 22.6 | 37.4 | | |
| 　小计（%） | 28.3 | 43.2 | －2.44 | －1.96** |
| 村庄社会资本结构 | | | | |
| 　政治精英（个） | 2.2 | 4.2 | | |
| 　经济精英（个） | 2.8 | 6.9 | | |
| 　文化、教育、社会精英（个） | 4.7 | 6.1 | | |
| 　小计（个） | 9.7 | 17.2 | 1.17 | 1.08** |
| 其他控制变量 | | | | |
| 　村庄距中心城镇距离（千米） | | | | －1.08* |
| 　纯农业劳动力比例（%） | | | | 1.14* |
| 　截距 | | | | －2.31 |
| 　观测值 | | | | 82 |
| 　Pseudo R$^2$ | | | | 0.35 |

注：*和**分别代表统计检验显著水平为10%和5%。估计系数为弹性值。

　　第三，农民就业的非农化趋势越强，其从事微水利建设状况与农民就业取向、生活面向具有越大的相关性，这与假设Ⅲ是一致的。非农就业由外出务工比例、就地兼业比两项指标显示出来。统计发现，在进行过微水利建设的村庄，外出务工比例、就地兼业比例分别为21.6%和18.7%，而没有进行微水利建设的村庄，外出务工比例、就地兼业比例则分别为32.6%和29.5%，这与我们的假设基本一致。从生活面向上看，在进行过微水利建设的村庄，农民或其子女在村庄以外购房的比例为28.3%，他们中有90%以上在农村仍然有住房，或保留有宅基地，原住房有老人居住或亲属邻居看护的占79.7%，而没有进行过微水利建设的村庄，农民或子女在村庄以外购房的比例为43.2%。由此可见，农民的"居"、"业"与农村、农业的关联性越强，则其进行农村微水利建设的热情越高，反之越低。

　　第四，微水利建设与村庄的社区资源的丰寡有关联性，这与研究假设具有一致性。统计表明，进行过微水利建设的村庄，其三类精英的平均个数为17.2个，而没有进行的村庄其三类精英的平均个数则为9.7个，这可能与精英群体对微水利建设的"鼓与呼"、"赞与助"有一定的关系。

# 5.4　对影响微水利建设相关因素的计量分析

　　以上统计学意义上的分析只是对影响农村微水利建设与改造的相关可能性因素进行描述式的推断，但只是逐一进行的或然式描述：其一，缺乏综合性，因为微水利建设是多个因素共同作用的结果；其二，缺乏交互性，因为多个因素中，因素之间还有一个相互影响的过程。为了全面、准确地掌握微水利建设的影响因素及影响状况，在调查数据的基础上建立如下计量模型，进行深入的分析：

$$M_i = \alpha + \beta_1 A_i + \beta_2 I_i + \beta_3 E_i + \beta_4 H_i + \beta_5 Sc_i + \beta_6 R_i + \rho$$

　　以上模型中，$M_i$为因变量，表示任一自然村2007年以来是否进行过微水利建设的状况，是一个二值虚拟变量，即进行过微水利建设或改造等于1，反之等于0。而$A_i$、$I_i$、$E_i$、$H_i$、$Sc_i$则是对微水利建设产生影响（作用）的自变量，分别代表政府财政资助、当地农民收入水平、非农就业、非农居住、村庄社会资本等的水平、比例或状况，每个自变量的反映项及具体化指标如表5-6所示，$R_i$则表示其他控制变量，包括村庄距中心城镇距离、村庄大中型水利拥有状况、纯农业劳动力比例等。

模型运行良好，Pseudo $R^2$ 的值为 0.35，模型估计结果与描述性分析基本一致，结论如下：

第一，农村微水利建设与政府财政支持的关联性没有建立起来。从模型估计结果来看，其他因素不变时，财政支农的转移支付每提高 1 个百分点，村庄进行微水利建设的可能性仅为 0.0034 个百分点（见表 5 - 6），相关性不大。这说明微水利建设与国家的关系不能按照大中型水利与国家财政支持状况那样推定。

多数学者的研究均认为，人民公社时期，农村水利建设多为国家投资、农民投劳的结果（吕德文，2007；马培衢，2007），这可以用来描述农村大型水利设施建设的投资状况。其实农村的小微水利设施更多的是众多单个农户行为选择的结果（易棉阳，2011），乡村水利设施只能由乡村居民自我供给，这种状况在中国延续了数千年，直到现在仍然没有实质性的改变（王易萍，2012），因此，农村微水利建设与政府的财政支农体系之间没有直接的、具体的关系；加上涉农财政的转移支付具有额度小、普惠制、非定向性、福利化的特点，趋向"原子化"的具有投资决策自主权的农户不可能将涓涓细流的财政资金定向用于农村微水利建设上，这是农村微水利建设与政府财政支持的关联性没有建立起来的微观机理。

第二，经济状况较好的村庄，农民进行微水利建设的积极性不高反低。从模型估计结果来看，当其他自变量恒定时，农民人均纯收入每增加 1%，进行微水利建设的可能性反而会降低 1.03%（见表 5 - 6），不仅与收入水平变量之间呈反向变化，而且达到了较高的显著水平。这说明，农民收入构成中的非农收入比例越高，则农民越轻视农业及农业收入，对进行微水利建设的热情越低。

第三，农民就业的非农化趋势越强，其从事微水利建设投入的可能性降低。模型估计结果显示，在其他条件不变的情况下，农民非农业就业比每高出 1%，则该村庄进行微水利建设与改造的可能性就会降低 1.68%。这说明，随着非农化就业的加剧，农民越可能将农业生产看做"副业"，对农业产出的期望与依赖降低，对微水利建设重要性的认识变得相对模糊。微水利建设是一个经济属性隐含、社会属性明显带有外部性的公共池塘产品，传统时期主要由农民在农闲时共同兴建（李泉，2012）。家庭联产承包经营以来，随着农民就业多元化、市场化格局的形成，农民越发变成一个理性的经济人，在对成本—收益分析的基础上，多数农民开始到城市务工或者会将自己的劳动、资金投入非农产业，而不是投入回报较低的农村水利建设中（刘石成，2011）。传统时期，农民没有职业的概念，在计算农业生产的投入产出时，一般也没有计算人工投入成本的习惯（冯肃伟、戴星翼，2007），这使得生产小队农闲时间组织农户进行微水利建设有了可能。家庭联产承包经营以来，农民就业的多元化、市场化趋势日趋加强，也打破了农业劳作的季节性时令状态，农民的时间，包括农闲时间，在务工经济的理性计算下也纳入了收入、价值、工资的尺度，以这种农户理性计算为基础，他们根本无法达成冬春进行农田水利建设的自愿合作（王昕、陆迁，2012）。

第四，农民非农化居住趋势越强，其从事微水利建设的可能性越低。计量结果显示，在其他条件不变的情况下，农户在村庄外购房的比例每增加1%，则该村庄进行微水利建设与改造的可能性就会降低2.44%，显示出很强的负关联性。根据贺雪峰"生活面向"的观点，当农民将他们本人或者后代的生活预期调整出农村之外的时候，就是他们面向城市生活的起点，或者背向农村的开始。这个时候，农村发生的一些事情就与他们的关系不大了，他们仅仅是与农村有一定亲缘联系，或者在农村暂时的、不连续的居住者，他们对农村生产、生活方面事情的敏感度逐渐降低（贺雪峰，2003）。有些家庭联产承包经营以来从未进行过微水利建设的村庄的村民说，"很多农户已经在外面买有房子，他们在乡村的老房子已经破旧，他们都不愿意修整，更不用说去修田间地头的小水利了"。

第五，农村社区关联的社会资本成为农村微水利建设的两条重要渠道之一。模型计量发现，在其他条件一定的情况下，村庄各类社区精英个数每增加1%，则该村庄进行微水利建设与改造的可能性就增加2.35%，呈现出强正向关联。在当前农户原子化日趋明显，村落公共意识消退、农民修建水利集体行动困难的情况下（罗兴佐，2006），通过调动与社区有关联的外部社会资本是增加农村社区公共产品提供的一个好的办法，"经济精英"有实力为家乡办好事，"政治精英"有社会网络可资使用，"文化社会精英"则有争取资源的意识、渠道与信息。

# 5.5 整合性范式分析

## 5.5.1 事件发生过程的子系统

农村微水利的衰落，反映了粮食生产、农业开发过程中水资源约束不断生成的过程。在这个过程中既有发生于生态子系统、宏观社会子系统、微观社会子系统内部的现象，也有这些子系统互动的结果。

### 5.5.1.1 生态子系统

这里的农业生态子系统是指粮食生产的基础——降水、水土流失等自然环境条件，以及粮食生产、乡村生活对水资源环境的改造与影响，即自然的环境与人为的环境。

俞村属亚热带季风性气候，雨量充沛，雨热同期，雨水集中。这种气候状况加上当地沙土的土壤状况，土质疏松，极易造成水土流失，这些都是当地的自然生态系统。

### 5.5.1.2 宏观社会子系统

传统时期，俞村的种植业结构很单一，即农业以种植业为主，种植业以粮食生产为主，粮食生产以水稻种植为主，这属于宏观社会子系统的农业耕作制度的范畴；在长期的精耕细作农业生产方式中，农户自建沟渠、修塘挖堰、清淤扩容及填衬乡村院落等农事生产活动，使得农村微水利建设在自发状况下得以维持，属于宏观社会子系统中人地关系的范畴；大集体时期，人民公社及其行政管辖下的生产大队又对农村微水利产生了极大的动员能力，农村水利化大大往前推进，生产小队的自建微水利有时也被纳入这个大的农田系统的建设之中；家庭联产承包经营之后，基层村社管理与动员体制发生解组，基层水利建设被细化到以家庭为单元的分散农户名下，这些均是与农村微水利建设相关的宏观社会子系统。

### 5.5.1.3 微观社会子系统

微观的社会子系统主要是指与农村微水利建设密切相关的农户行为。农户行为受宏观社会子系统变化的影响，也体现出不同的时代特色。在人民公社化之前的历史时期，农民自建农村微水利及在微水利建设的自发合作，具有浓厚的自然色彩，是典型的传统行为。在社区农户中形成的对农村微水利建设及本土知识认知，成为当地传统文化的组成部分。人民公社化时期，生产小队组织农民进行自发的微水利建设既与农村传统的微水利文化相吻合，也与国家"以粮为纲"、"水利是农业的命脉"的政策相吻合；同时也有积压在乡村的大量剩余劳动力为人力资本基础，农村微水利的建设自然成为农民生产活动的一部分；家庭联产承包经营之后，农业生产下降到农户单元之后，微水利建设的合作开始出现困境，农业剩余劳动力的向外转移，农民非农化就业的快速发展，农户非农化居住的变化，农户生产与生活的外向化色彩越来越浓，农村微水利的衰落则成为一种必然。

### 5.5.2 整合性范式的分析

农村微水利的衰落不是某一种因素作用的结果，而是各种因素共同作用的结果。通过整合性范式分析，可以全面、综合地考察各种因素（或系统）及其互动在粮食生产生态性约束形成中的影响或作用。在农村微水利衰落过程中，可以有如下关系分析：

（1）关系一：生态子系统内部的反弹关系（－）

当地降水充沛，雨量集中，加上区域内土质疏松，导致区域内农田系统及居住村落范围内均有水土流失现象。这种互动关系是在生态子系统内部的反弹现象。在这个环境子系统的内部互动的关系中，土壤疏松与雨水集中是始因素，水土流失是终因素。这是一种消极的互动关系。

（2）关系二：宏观社会子系统对微观农户行为的关系（＋）

传统社会，俞村当地粮食生产、社区生活对水利的依赖性很强，农村水利利用方式较为原始，微水利的建设对基本的粮食安全保障及农民生计至关重要，形成了较为浓厚的社区水文化涵养与较丰富的微水利建设资源，微水利建设的农户自发机制形成了。这是发生在宏观社会子系统与微观农户行为之间的互动现象。其中，水利对粮食安全的控制性意义、水利文化、社区水利建设合作机制是宏观的社会子系统，是始因素；而农户达成的微水利建设行动是农户行为子系统，是终因素。这明显是一种积极的互动关系，对实现粮食安全的水资源支撑起了很大的作用。

（3）关系三：宏观社会、微观农户行为、生态子系统的系列互动（＋）

到了大集体时期，农业生产的组织形式，使得生产小队对包括农村微水利建设等行动有了决策的权力和一致行动的能力，加上农民单纯地在农业范围的就业约束和农民在农村社区的封闭性生活安排，使得农村微水利建设对农民生产、生活显得尤为重要；乡村达成合作进行农村微水利建设也有了体制、组织基础，农村微水利建设得以顺利进行。这一关系涉及生态子系统、宏观社会子系统、微观社会子系统等一系列的互动。其中单纯农业就业的制度安排是宏观社会子系统，是始因素；而生产小队的合适的社区组织单元微观社会子系统，属于传递因素；农民社区生产与粮食生产中微水利设施的建设与维护等是生态子系统，是终因素。这是一种明显的积极的互动关系，使得粮食生态与农村社区生活向生态性支撑方向发展。

（4）关系四：宏观社会、微观社会、生态子系统的系列互动（-）

家庭联产承包经营之后，国家对农村水利建设的弱化甚至退出，农村微水利设施的管理重归"原子化"状态，加上大量农村劳动力以各种形式向非农领域转移，相当比例的农村家庭的生计、生活重心开始背向农村，导致农村原来的微水利设施遭到废弃，农村微水利建设衰退。其结果就是农村的池塘被淤积，沟渠失去排水灌溉的作用，农田系统的防洪抗旱功能同时减弱，农业自然灾害的发生频率大幅度提高，对粮食安全的威胁与日俱增。这一关系也涉及三个子系统的系列互动。其中国家对农村水利建设的弱化甚至退出是宏观社会子系统，而农户对粮食生产的资源配置改变及在农村生活方面的背向则属于微观社会子系统，这两者构成互动关系的始因素。农户的疏于进行农村微水利建设属于微观社会子系统，是传递因素。最后导致的水土流失、池塘淤积、农业自然灾害频发，粮食生产的"靠天收"现象回归等水利约束现象则是生态子系统，属于终因素。这是一种消极的互动关系。

# 5.6  本章小结

通过对调研社区 347 户农户后续的调查表明，家庭联产承包经营以来，大多数村庄开始抛弃了建设"家门口"微水利的传统。微水利建设的削弱不仅对农业生产产生影响，使村庄系统的农业用水呈现出"有水保不住、有涝排不出"、"小晴则干，小雨则淹"的状况；同时农村微水利衰落还导致农村的公共水域生活空间的压缩、村容不整、水域景观退化、公共卫生恶化、生物多样性减少等状况，重建农村微水利，保障农村的"生命之源、生产之要、生态之基"的急迫性与重要性越发突出。

农村微水利衰落的原因更多的是源于乡村家庭社会组织、乡村社会结构、乡村生产生活方式等的变迁。描述性分析与计量分析结果均表明，微水利的建设（或衰落）与来自国家的工农业交换关系的变化、农村经济发展状况的关系不大。从模型估计结果来看，财政支农的转移支付每提高 1 个百分点，村庄进行微水利建设的可能性仅为 0.0034 个百分点，相关性不大；而农民人均纯收入每增加 1%，进行微水利建设的可能性反而会降低 1.03%。真正与微水利建设关联度高的因素则是农民就业结构多样化、生活面向外向化、农村社会资本结构的变化等。计量数据表明，非农化就业、非农化居住、村庄社会资本的丰裕度与微水利建设的负关联度分别达到 -1.68、-2.44、1.17，均达到了显著的水平。

可见农村微水利的衰落主要源于农村社会生活的衰落，是农村社会组织整合落后于微水利建设结构的结果，是农村生活价值、农业职业意义遭到抛弃的产物。因此对农村微水利的重建要跳出纯经济层面的局限，打破"就农业谈水利"的窠臼，将农村社会生活的重建、重构农村社会资本作为夯实微水利建设的基础，政策含义如下：①国家财政支农体系的触角继续下延，将微水利建设也纳入财政支农范畴，实行"由微到支，由支到干，由干到库"的逆向农村水利建设构架，防止农村水利的"最后一公里不通"的状况；②整合农村各类劳动力资源，培育商业化的农村公共池塘疏浚队伍，通过各级补贴使他们的施工效益达到或超过务工收益或社会平均利润水平，以体制创新加强农村微水利人力资本蓄积；③构建农村社会资本网络，创新农民生产、生活组织，重建农民水利合作机制，通过新农村建设、农村国土整治、耕地流转、水权改革等措施吸引农村经营回流，打造农村微水利建设的良好平台与环境。

# 6 粮食生产之营养：肥料——从生态支撑到约束的拐点

粮食生产是人类通过技术、集体力量改造自然，并使人类社会得以存续的第一步。近代以来，工业化的成果也开始应用于粮食生产过程，在粮食安全保障度不断提高的同时，人类对于自然的"取予"影响进一步加强。无论是传统粮食生产中的肥田技术，还是现代化学肥料的施用，都是要素投入对粮食生产自然环境的干预。由于化肥的大量施用而引起的土壤和水质污染，甚至会导致某些野生动植物的灭绝，造成对自然生态系统的破坏，这是农业生产所具有的外部不经济的重要表现之一（〔日〕祖田修，2003）。本章就分析具体化肥施用过程对农业自然环境和生态系统所产生的生态性约束。

## 6.1 传统的肥料施用

明代之前，我国的人地矛盾相对缓和，劳动力的生产率相应较高，粮食生产中肥料的施用不是普遍现象。而明清以来，人地矛盾开始凸显，土地相对于劳动力而言变得成本较高（Robert Brenner、Christopher Isett，2003），肥料的施用与普及也成为农业资源配置变迁的一个重要内容。

### 6.1.1 农业生产中传统肥料的施用

就世界而言，化肥的施用几乎与工业革命同时出现，而在中国，化肥的施用则是 20 世纪 40 年代前后才出现的现象。费孝通（2005）在考察 20 世纪 30 年代我国东部发达农耕地区粮食生产中，记录了粪肥与饼肥施用的具体过程，也考证了现代灌溉工具——水泵的使用情况，但是没有关于化肥使用的文字。国内第一家化肥厂 1935 年才在上海建成，到 1949 年，中国的化肥施用量只有 7.8 万吨，主要是沿海地区从国外进口的化肥。从 20 世纪 60 年代开始，我国粮食短缺问题进一步凸显，化肥的施用量开始增加。20 世纪 70 年代中期之后，我国引进十几套大型化肥成套设备装备起了若干大中型化肥企业，大大提升了我国化肥的供应水平；加上随后的家庭联产承包经营的推行，农户对化肥需求量的急剧增加，我国化肥的施用开始占据肥料施用的大部分。所以，化肥在我国农业生产上的大规模施用不到 40 年的时间，20 世纪 70 年代之前的很长一段时间，我国粮食生产中肥料施用以有机肥料为主。

俞村化肥的施用相应地又晚了几年。1974 年，官氏县化肥厂建成投产，该村的农民才第一次接触到氨水这种化学肥料。俞村在此前的长时期内对土地的养分投入都是靠传统的肥料，就是在大集体的后期和家庭联产承包经营初期，传统的肥田技术仍在不同程度上发挥着作用。

### 6.1.2　传统肥料的种类与来源

俞村开始施用化肥是在 1975 年，主要施用的是氨水。官氏县化肥厂是 1974 年建成投产，受当时技术水平的限制，只能生产液态碳酸氢铵，称作氨水。由于浓度标准不统一，加上氨水的挥发性强，施用量无法推算。1978 年之后，粉剂态碳酸氢铵开始取代氨水的施用，施用量就可以推算了。俞村是在 1981 年推行的家庭联产承包经营，在 1977～1981 年，按照公社供销社的计划，俞村每年平均 500 袋左右的碳酸氢铵，计 20 吨左右，按照俞村当时耕地面积 3344 亩计算，平均施肥量在 86 公斤/公顷，低于当时全国化肥的使用水平 110 公斤/公顷（国家统计局农村社会经济调查司，2007）。粮食生产肥料的主要来源仍然是传统的肥料，种类及来源如下：

①人粪尿肥。在当地，人粪尿肥主要作为水稻育秧和返青的冬小麦追肥之用，但是一般不在水田中施用。"文革"期间的"爱国卫生活动"中，农村各家各户的厕所曾被认为是孳生病菌、传播疾病的一个"毒源"，当地的卫生部门曾经组织过改造，但是，由于农民的不认可最终导致改造失败。乡村厕所不仅构成了农民社会生活的一部分，而且还是农业生产肥料的一个重要来源。农民的生活方式与农业生产方式决定了大部分乡村土厕还将长期存在。

②坑肥。坑肥是农户家庭生活垃圾与畜禽粪便、家庭畜禽养殖下脚料的混合肥料。那个年代，一个五口之家，一年产上万斤坑肥是绰绰有余的。只是这种肥料的肥力不高，必须经过"沤制"才能有较高的肥力。农民们将坑肥称作"生肥"，生肥的团粒性不好、肥力不高，不方便施用，还很不卫生，沤制后才能成为团粒性好、卫生、腐殖质丰富的"熟肥"。

③集体堆肥。人民公社时期，以生产小队为单位进行集体积肥，是农业生产中的一项重要活动。集体"闭"的"生肥"来源于每家每户的坑肥、集体役力的牛栏粪等，这些原料肥堆积起来浇上人粪尿，经过一段时间的发酵，即制成肥力相当不错的"熟肥"。集体堆肥是水稻、小麦等大田作物的主要基肥。集体堆肥制成后，农民们用篮筐等挑至田地中，然后均匀地散开，耕作前翻耕一遍，就成为底肥了。一个 200 人左右的生产小队，每年集体堆肥平均高达 150 ~ 200 方，共计 220 ~ 240 吨，田地平均施肥大约为 13000 公斤/公顷。将生肥运至生产队集中堆肥的场地"闭肥"，将"闭"好的"熟肥"挑至田间以及将肥料均匀分散至田头地角是一项非常费时费力的活计，交通的不便加上缺乏运输机械，这些活计大多靠农民挑担来完成。整个冬天和"歇伏"（指插秧结束到秋收之间的夏秋时节），村中相当一部分劳力都是在挑粪中度过的。

④污泥肥。污泥肥是生产队肥料的一个重要来源，特别对于水稻田的养分补给来说。俞村这个区域属于湿润地区，降水充沛，农村居住社区和农田区域环境内有一定的水土流失现象。一般都是从村庄和田地流向旁边的池塘和河湖水体，形成淤泥。使用污泥肥就是通过疏浚池塘和河道，将池塘、河、湖中的淤泥挖出，用作育秧或水稻返青的底肥之一。污泥肥主要用在作为来年秧底的冬季晒白田中。俞村这个区域晒白田的面积大约占耕地总面积的 12% ~ 15%。

⑤绿肥。当地有种植绿肥的传统，主要是紫云英。紫云英的种植面积占当地总面积的 1/5 ~ 1/6。一个 200 人左右的生产小队种植在 40 亩左右，每亩产绿肥 60 吨左右，共计 2400 吨左右。紫云英是一种积肥和经济收成备俱的作物，茎叶可以沃田，荚籽收获上来可以作为一种经济作物。公社、大队供销社专门收购草籽（紫云英籽），出售草籽是生产小队每年为数不多的一笔收入。每年的春耕大忙季节，生产小队还专门组织妇女打秧草，割下田野、河边的青草挑至田间，也作为绿肥，以充工分，但是具体数目不详。

⑥饼肥。关于饼肥，根据 Robert Brenner 和 Christopher Isett 等（2003）的考证，在 18 世纪我国长江三角洲地区开始出现的"新型肥料"——饼肥是由外地输入的黄豆榨油后取渣制成的。而费孝通的研究也描述了 20 世纪 30 年代江村农业生产中是如何使用饼肥的。俞村在 20 世纪 70 年代之前饼肥的种类主要为棉籽饼、菜饼和香饼（芝麻油饼）。作为肥料，饼肥主要使用在经济作物的催花坐果期，而水稻、小麦等粮食作物的种植是不会使用的。施用时，一般是将饼肥敲碎，每颗植株根部施上一勺即可。相对较高的价格使得对饼肥的使用格外吝啬与仔细。每年每个生产队购买的饼肥也就是 100

多饼、500 公斤左右。

⑦其他肥料。费孝通在《江村经济》中提到的藻肥在俞村也有使用。俞村的藻类是生长在池塘沟堰等静水域中的浮萍类植物，俗称"水莞"。这个物种的繁殖与再生能力很强，农民们用篮子将池塘中的浮萍托起转投至邻近的稻田中，不出半月，就能繁殖蔓延至整块稻田的水面。待到秋季收割，稻田洇干，浮萍落下，枯叶烂在稻田中，就可成为下季庄稼的肥料。《官氏县志》中有记载在该县其他区域使用菌肥的情况，1969 年俞村养殖场曾经从官氏县外贸局引进过"大平 2 号"巨型蚯蚓品种，可以用作微生物肥料，但是没有被推广，这些都没有进入肥料的使用范围。

### 6.1.3 传统肥料施用中的乡土知识

20 世纪 70 年代之前，传统肥料的使用带有集体经济体制的色彩。合作社，特别是人民公社的生产组织形式实施之后，社队生产产出面临着两个方面的压力。第一是乡村人口剧增的压力，1960 年俞村人口为 912 人，而到了 1981 年达到 2933 人，人均耕地面积由 4.09 亩下降为 1.14 亩。第二个是来自面向国家上缴的压力。从 1960～1981 年，俞村平均余粮的上缴率一般占粮食总产量的 32%～36%。为了能够保证日益增多的人口基本生存口粮的有效供应，土地的耕种强度呈逐年上升趋势。按照 1981 年俞村全部耕地面积计算，1957 年当地的垦殖指数为 90%～95%，而到了 1981 年则达 140%～160%[①]。垦殖指数的急剧提高加剧了土壤肥力的折损，传统肥料的使用成为培肥地力的重要举措。同时，人民公社的生产组织形式也为生产队集体积肥提供了组织上的保障。肥料的使用成为生产队范围内部的事情，带有很大的内生性和自发性。

集体肥料制作和施用中的乡土知识也是农民长期生产经验和探索的结果。例如，在家庭庭院附近的粪坑旁"闭肥"是这一带农民长期摸索出的传统工艺；大集体的生产劳动组织形式，使农民将这种乡土知识运用于更大规模的集体积肥生产活动中。在生产队的堆肥过程中，乡土知识得到了充分的利用。"闭肥"其实就是将"生肥"置于一个密封的容器（肥堆）中，使原料在缺氧的状态下通过微生物、细菌等的作用产生一个高温的环境，达到杀灭病菌、

---

① 根据"垦殖指数变化率计算公式"：$V_i = [(A_it_0 - A_it_1)/S] \times (1/T) \times 100\%$。$V_i$ 为区域内 i 类土地利用的变化强度；$A_it_0$、$A_it_1$ 分别为基期和末期 i 类土地面积；S 为该区域总面积；T 为基期至末期的间隔时间（年）（傅伯杰、陈利顶等，1997）。

催化腐殖质形成的效果。尽管农民不知道其中的原理，不清楚传统堆肥实践经验的关键机理，但是农民们在无意识的状况下，确实在精妙地制造着有机肥。这和德国"综合农业"发展中对于粪水肥、畜禽粪肥、污泥肥的管理几乎有异曲同工之妙（张占耕，2002）。

农民在使用传统有机肥料过程中，基于对肥料的朴素而直观的认识，也形成了使用肥料的乡土文化。例如，俞村当地农民都认为，人畜粪便、污泥等从感观上是不卫生的、肮脏的，是人与自然浊气的聚集体，对它们的肥田利用必须遵从一定的规范，必须经过特殊的沤制、密封、半密封置放，直至其外形消失、气味减少之后才能使用。并且对违规使用者形成了类似道德评判的舆论。当地如果有哪位农民使用生粪尿浇灌菜地、自留地，导致臭气熏天或者污水流至公共水域。全村人就会说这是"兆罪"行为，将肥料滥用上升至类似宗教的诅咒层次，对肥料滥用者造成了一定舆论压力，将（肥料使用行为）内部化为当地乡土文化中的习俗规范和道德标准（朱方长、李红琼，2005）。后来这种乡村道德标准评判又通过某种形式上升为行政的评判标准，使乡村的非正式制度上升为正式制度建设。20 世纪 80 年代在官氏县文明办评选的"十星级文明农户"的关于"农户卫生星"的评比细则中，"是否使用人畜原粪液，影响邻里生活，恶化乡村生活环境"就是一项重要内容。

# 6.2 化肥的施用

## 6.2.1 工业化与化肥

工业化不仅催生了一个新的产业部门，而且对农业的发展也是划时代的。张培刚（1984）认为，工业化是提供农业改造所必需的各种现代生产要素的前提，这些要素包括现代生产技术、机械、肥料、动力、储藏设施和运输工具等。Pomeranz 和 Kenneth（2000）认为，"工业革命的决定性成就即在于以煤、蒸汽能源及最终为农业而生产的化肥确保了向无机经济的转换"。靠现代工业和现代科学武装，大量物质和能量投入农业领域。植物生理学和化学的发展，导致化肥工业的产生（《农业哲学基础》写作组，1991）。而化肥的出现与应用则是近现代以来世界粮食生产大幅度提高的原因，联合国粮农组织（FAO）（1994）的研究表明，1964~1994年世界粮食产量的增加，其中50%的增加是由于化肥的施用。中国农业发展的过程，也没有摆脱粮食增加过程中对技术依赖的西方路径，即化肥的增加是农业生产要素组合的重要因素。1952年新中国成立后我国第一家化肥厂建成投产，当年化肥施用量在10万吨；20世纪60年代末已经达230万吨左右；1978年又增至884.0万吨（《中国农村统计年鉴》，2009）。之后化肥施用量呈加速度发展，1979年超过1000万吨，1988年超过2000万吨，1992年超过3000万吨，1998年超过4000万吨，2005达到4766.2万吨，2008年达到5329万吨。据《官氏县志（1984）》记载，官氏县的化肥使用则从1952年开始，到1981年的施用量如下（见表6-1）：

**表6-1　1952~1981年官氏县化肥施用年际变化**

| 年　份 | 1952 | 1953~1958 | 1959~1964 | 1965~1970 | 1971~1974 | 1975 | 1976~1981 |
|---|---|---|---|---|---|---|---|
| 化肥施用总量（吨）(a) | 256 | 921 | 1530 | 7387 | 9752 | 29384 | 32575 |
| 化肥施用总量（吨）(b) | 45 | 178 | 313 | 1567 | 2060 | 6975 | 7680 |
| 氮肥施用总量（吨）(b) | 256 | 152 | 262 | 1243 | 1643 | 5535 | 5781 |
| 化肥来源(c) | 进口 | 进口、外地 | 外地 | 外地 | 进口、外地 | 进口、本地 | 进口、本地 |
| 播种面积（万亩） | 106 | 128 | 155 | 132 | 136 | 138 | 133 |
| 化肥施用强度（公斤/公顷）(d) | 0.64 | 2.09 | 3.03 | 18 | 22.8 | 75.8 | 86.7 |

注：(a)指化肥施用的实物量。1953~1958年化肥施用总量是指这6年的年平均施用总量；(b)指化肥施用的折纯量；(c)化肥来源包括三类：国外进口，外地指从官氏县以外的省地县按照计划调配的，本地是指官氏县化肥厂生产的；(d)施用强度为每公顷播种面积施用的化肥折纯量。

资料来源：根据对官氏县供销社、化肥厂、农业局进行的调研资料整理。

　　1975年是官氏县化肥施用的一个分水岭,在这之前的20多年间,官氏县化肥的施用量很小,每公顷施用量一般不超过20公斤(折纯量)。主要是在官氏县南部的土地贫瘠的山区公社和县城周边专为商品粮居民提供蔬菜的菜队施用,化肥的来源主要是从国外进口或外地输入。化肥的输入、分配、使用完全受国家计划调配,一般来说由人民公社作为科学试验或作为奖励无偿划拨给某些"生产先进大队"使用,没有市场因素的作用。随着 1975 年官氏县化肥厂建成投产,官氏县各生产大队化肥的施用则成为普遍的现象。1975 年当年全县化肥每公顷施用量一下增至 75.8 公斤,主要由官氏县化肥厂供应,而进口和外地调入只是弥补一些不足,到 20 世纪 80 年代初,当地施肥强度一直维持在每公顷 80~100 公斤的水平。

## 6.2.2　化肥的推广过程

化肥的供应、施用与推广在计划经济时期是人民公社向生产队进行强制性技术变迁的结果,根据速水(Yujiro Hayami)和拉坦(Rattan,V. W. )(2000)的理论,向传统农业引入新技术和新要素,会带来增加的风险和不确定性,影响农民对新技术的接受程度。舒尔茨(1999)也认为,在传统农业实现改造的初期,农民并不具有能力和知识来承受这种(使用新技术)风险,只有当这种技术的使用实现有利性时,技术的扩散才有可能实现。

化肥在推广施用过程中,农民对其能效的认识有一个从"怀疑"、"拒斥"到"肯定"、"欢迎"的过程。当化肥第一次走入农民的"视野"中时,农民们对它既好奇又怀疑,认为这种"白面"不能够肥田,导致很多生产队将化肥运回之后直接倒在地下,甚至埋在坑里而废弃不用。当他们无意识发现或者通过其他成功的经验发现,化肥确实对提高作物产量有很大作用时,渐渐地就接受了对化肥的施用。

俞村农民对于化肥施用却没有出现明显的排斥。技术扩散有两个前提条件,即技术的可得性和有利性(舒尔茨,1999)。起初,化肥施用主要是氨水,氨水的获取是政府无偿提供的,农民们就尝试着使用氨水,主要在每个生产小队划定的试验田中使用。其中农民接受化肥施用最关键的因素是氨水的使用相对简单,一般是生产队在对稻田进行浇水时,直接将氨水倾倒至抽水机的出水口附近,氨水溶进渠水,直接流入稻田即可。可见,农业技术的推广与扩散,除了技术本身的有效性以外,技术的使用成本和简约性也是一个重要的制约因素。1975 年,俞村大队施用的氨水量为 120 袋,每袋为 80 公斤,氮有效含量为 5%~8%,氮肥施用的折纯量为 670 公斤左右,当年在每个生产小队的试验田中的水稻生长情况与产量如下(见表 6-2):

表6-2　俞村1975年施用氨水的稻田生长情况及产量统计

| 自然村 | 施用强度公斤/亩(a) | 试验田面积(亩) | 水稻品种(b) | 对比稻田生长情况(c) | | 试验田生长情况 | | 对比稻田亩产(公斤) | 试验田亩产(公斤) |
|---|---|---|---|---|---|---|---|---|---|
| | | | | 植株高度(厘米) | 倒伏比(%)(d) | 植株高度(厘米) | 倒伏比(%)(d) | | |
| 大队农科队(e) | 11 | 23 | 科6 | 92 | 2 | 96 | 6 | 340 | 420 |
| 俞村小队 | 16 | 4.3 | 科6 | 94 | 4 | 99 | 19 | 320 | 380 |
| 乌宋店小队 | 9 | 5.2 | 科6 | 89 | 2 | 93 | 6 | 330 | 420 |
| 汪店小队 | 18 | 3.7 | 科7 | 89 | 2 | 92 | 18 | 320 | 360 |
| 桥西小队 | 17 | 4.0 | 科6 | 95 | 4 | 99 | 20 | 325 | 355 |
| 河西店小队 | 8 | 5.5 | 科6 | 92 | 2 | 94 | 4 | 330 | 415 |
| 路北小队 | 6 | 7.3 | 科7 | 89 | 5 | 90 | 7 | 340 | 415 |
| 王坊小队 | 15 | 4.4 | 科7 | 90 | 3 | 94 | 14 | 320 | 380 |
| 周庄小队 | 18 | 3.6 | 科6 | 93 | 4 | 97 | 15 | 325 | 390 |
| 陈村小队 | 14 | 5.5 | 科6 | 91 | 4 | 95 | 18 | 320 | 395 |
| 扈厂小队 | 8 | 6.1 | 科7 | 87 | 6 | 89 | 6 | 325 | 415 |
| 晓庄小队 | 17 | 3.9 | 科7 | 90 | 4 | 93 | 16 | 315 | 395 |

注:(a)是指氨水施用的折纯量,氨水的氮效度按照6%折算;(b)水稻品种"科学6号"简称"科6","科学7号"简称"科7";(c)对比稻田是指不施用任何化肥的稻田,而其他田间管理是都与试验田同样对待的稻田;(d)倒伏比为倒伏水稻植株占种植水稻的大致比例,倒伏比为每个生产小队上报大队农科队的数字,或农科队下去察看、统计的数字;(e)大队农科队的氨水供应由公社农科站负责,不在向各个生产小队供应计划之列。

资料来源:根据在俞村的调研和俞村大队农科队的生产记录。

　　俞村大队在农科队的水稻试验田里首先尝试施用氨水,同时大队要求各个生产小队也划出一定的田地作为试验地块。当年施用化肥尝试的结果是,施用氨水确实能够增产。其中试验田面积76.5亩,施肥折纯670公斤左右,每亩施肥约12.5公斤。施肥效果是氨水施用能够使植株增高及水稻增产,增产幅度在10%~30%。这样打消了各个生产小队对"刺人鼻眼的氨水能够肥田?"的疑虑。但是从当年施用效果来看,有些小队由于没有施肥经验,氨水大都一次性施用,导致植株旺长,出现了一定比例的倒伏。1976年,随着官氏县化肥厂产能的提高,俞村大队分配到400袋左右的氨水,施肥面积由原来试验田的50多亩扩大至近300亩。每亩施肥8公斤左右,增产20%左右,每亩增加产量65

公斤。1977年，官氏县化肥厂建成了碳化车间，开始生产粉剂状的碳酸氢铵。碳酸氢铵的氮素含量大幅提升，易运输，挥发小，方便施用，大大解决了化肥的运输、储藏问题，化肥生产量与使用量大大增加。当年俞村大队分配到碳酸氢铵2000余袋，共计80余吨，化肥在小麦种植上也开始施用，所有作物平均施肥55公斤/公顷，粮食增产平均15%，每亩增产45～50公斤，俞村大队1977年相对于1974年增产粮食13.4吨。到1981年，俞村大队分配到碳酸氢铵3500余袋，共计140余吨，平均施肥111公斤/公顷，相对于1974年粮食增产在15%左右（见表6-3）。

表6-3 俞村大队1975～1981年化肥施用统计一览表

| 年份 | 化肥品种 | 化肥实物量（吨） | 化肥折纯量（吨）(a) | 施用土地及作物类型 | 施用强度（公斤/公顷）(b) |
|------|----------|------------------|----------------------|---------------------|------------------------|
| 1975 | 氨水 | 4.8 | 0.288 | 试验田、水稻 | 81 |
| 1976 | 氨水 | 12 | 0.72 | 水稻 | 36 |
| 1977 | 碳酸氢铵 | 80 | 14.3 | 水稻、小麦 | 65 |
| 1978 | 碳酸氢铵 | 90 | 15.8 | 水稻、小麦 | 71 |
| 1979 | 碳酸氢铵 | 110 | 19.4 | 所有作物 | 87 |
| 1980 | 碳酸氢铵 | 130 | 22.9 | 所有作物 | 102 |
| 1981 | 碳酸氢铵 | 140 | 24.6 | 所有作物 | 111 |

注：(a)氨水的氮素含量在出厂时一般是7%，但考虑到其在运输与施用过程中易挥发的特征，我们将其按照6%折算，碳酸氢铵的氮素含量按照17.6%进行折算；(b)是指化肥施用的折纯量。

资料来源：根据俞村大队农科队生产记录及调研资料。

可见，1975～1981年，俞村大队化肥施用仍然具有计划经济的某些特点。化肥施用与供应受国家计划的控制，施用什么品种的化肥、能够得到多少化肥都是由国家计划调配。不存在农户行为对化肥施用产生影响的因素，只有生产队的生产指挥对化肥施用产生影响的因素。由于化肥的取得是无偿的国家分配，分配的标准一般与化肥厂的生产计划及生产大队向国家缴售"爱国粮"有关，无须生产大队向国家购买。通过两年的施用发现，化肥确实可以提高水稻和其他作物的产量，所以在当地很快受到了欢迎，每年到从大队领取"化肥票"的时候，每个生产小队都想多要些。从1974年到1981年期间，俞村大队人口由2650人增长至2933人。1974年，俞村大队粮食总产量为917吨，农民分配到的粮食只有人均270公斤；到1981年，在俞村大队人口增长了287人，耕地面积几乎没有变化的情况下，粮食总产量达到了1090吨，农民分配的粮食达到了 282 公斤。在农村基本的土地制度和生产组织制度没有变化的情况下,化肥施用对粮食增产及养活更多的人口所起的作用是巨大的。金继运等(2006)的研究通过离散分析证明,以 1978 年为界,之前我国化肥呈缓慢增长,农作物单产和总产的增长也较缓慢,自 1978 年起化肥用量快速上升,农作物单产和总量也大幅度提高,两者的增幅基本吻合。

### 6.2.3 化肥的使用结构

我国早期化肥的施用无一没有摆脱对氮肥的单纯依赖,其他元素,尤其是钾素的施用量偏少(见表 6-4)。

表 6-4　1981 年前我国化肥施用的氮/磷/钾素构成

| 年　份 | 化肥施用总量(万吨)(a) | 氮肥量万吨(%)(b) | 磷肥量万吨(%) | 钾肥量万吨(%) | 复合肥万吨(%) |
|---|---|---|---|---|---|
| 1955 | 24.4 | 22.22(91.06) | 2.1(8.6) | 0.1(0.34) | 0 |
| 1960 | 66.2 | 46.5(70.24) | 15.6(23.56) | 4.1(6.20) | 0 |
| 1965 | 194.2 | 133.1(68.54) | 60.8(31.31) | 0.3 | 0 |
| 1970 | 351.2 | 249.7(71.10) | 99.1(28.22) | 2.4(0.68) | 0 |
| 1975 | 536.9 | 364.3(67.85) | 159.5(29.70) | 13.1(4.45) | 0 |
| 1980 | 1269.4 | 934.2(73.60) | 273.3(21.53) | 34.6(2.73) | 27.3(2.15) |
| 1981 | 1334.9 | 1008.7(75.56) | 268.0(20.07) | 25.7(1.92) | 32.8(2.46) |

注:(a)是指化肥施用的折纯量;(b)是指氮肥施用的折纯量,以及氮肥在化肥施用中所占的比例,以下磷、钾、复合肥的施用量和百分比单位相同。

资料来源:《中国统计年鉴》(国家统计局,1956~1982)。

1981 年之前,大多数年份的氮肥施用都占化肥施用量的 70% 以上,磷肥施用从 20 世纪 60 年代以后开始逐步上升,在 20%~30% 变动;而钾肥的施用大多数年份都在 5% 以下,复合肥的施用从 80 年代开始出现,但所占比例较小。而俞村在整个 20 世纪 80 年代以前的施肥年度化肥的施用则更加单一,几乎全部为氮肥,氮素的肥料品种也很单一,1975 年、1976 年两年施用的是氨水,1977~1981 五年施用的是 17.6% 的碳酸氢铵,磷肥的施用很少,钾肥、复合肥根本没有施用。

## 6.2.4　化肥施用与传统肥料施用的关系

关于化肥施用初期化肥施用与农家肥施用的关系,或者化肥的施用是否对农家肥构成替代的问题,在对1981年时任生产小队队长(副队长、会计)的13位村民的调查及访谈,得出如下结果(见表6-5)。

表6-5　化肥施用初期化肥与农家肥的施用关系

单位:户

| 问题项* | 现象(化肥使用减少农家肥用量了么?) | | |
|---|---|---|---|
| | 一点没有减少 | 略有减少 | 减少很多 |
| 结果项 | 10 | 3 | 0 |

注:调研对象为1981年时任生产小队的13位队长(副队长、会计)。*问题项中的现象为单选项,而原因项可多选或另外列举。

资料来源:根据在俞村的调研资料整理。

调查结果是,13个小队长(副队长、会计)中10个人回答化肥施用之后,土家肥或绿肥的使用没有减少,3个回答略有减少。问不减少或略有减少的原因时,大家回答的主要是:开始对化肥肥效不相信;其他生产小队没有减少使用土家肥或绿肥,自己的生产小队也不减少;大家使用土家肥或绿肥习惯了,多少年就是这么做的,不会轻易放弃的;夏、冬农闲季节,社员没有事做,积肥也是搞生产;化肥和土家肥或绿肥是两码事,土家肥或绿肥是作为基肥施用的,一般是庄稼种之前施上;化肥主要是用来作为追肥施用的,一般是庄稼成长中期或后期成熟时使用。

由此可见,化肥的施用对生产小队施用传统肥料并没有带来太大的影响,化肥的使用并没有形成对传统肥料的替代关系。其中的原因,从技术角度上看,农民们摸索发现传统肥料与化肥肥效的差异性,继续坚持对传统肥料的使用。从习惯角度上看,对传统肥料的制作与使用已经成为农民生产上的习惯,这在制度经济学上可以称作路径依赖,即传统的技术具有自我增强性并能造成后期技术发展的轨迹依存(D. North,1994)。从制度上看,无论是当今的农户生产单元还是集体经济时期的小队生产单位,农业生产的技术选择都有许多非理性的色彩,即在技术选择的因素中,习惯、从众等非正式制度起着非常重要的作用。从农业生产的投入要素上讲,农业劳动力的富余与否,对生产小队的传统肥料的制作与施用影响极大。在集体经济时期,源源不断的劳动力大量积淀在乡村社会,而传统肥料的制作与施用正好需要大量劳动力的投入,农业劳动力的充盈也决定了传统肥料施用不会减少。

# 6.3　家庭联产承包经营与化肥的大量施用

## 6.3.1　中国化肥的生产量与施用量

我国化肥施用快速发展期是在家庭联产承包经营之后。从化肥供给上讲,20 世纪 70 ~ 80 年代之后,通过引进化肥生产的成套技术设备,提高化肥生产的技术水平,扩大了产量,使我国化肥生产能力处于世界前列(李大胜、王广深,2005)。1980 年我国化肥产量为 1200 万吨(折纯量计算),到 1996 年产量为 2400 万吨,超过美国成为世界化肥第一生产大国。从化肥施用的需求来看,家庭联产承包经营的实施,使得农户生产经营积极性大大提高。1980 年我国化肥施用量为 1269.4 万吨,到 1986 年达到 1930.6 万吨,超过美国成为世界上消费化肥最多的国家。化肥施用强度也呈逐年加大的趋势,1980 年中国化肥的施用强度为 85 公斤/公顷,到 2005 年达到 320 公斤/公顷(见表 6 - 6)。

表 6 - 6　1980 ~ 2005 年中国化肥使用量表

| 内 容* | 单 位 | 1980 ~ 1985 年 | 1986 ~ 1990 年 | 1991 ~ 1995 年 | 1996 ~ 2000 年 | 2001 ~ 2005 年 |
|---|---|---|---|---|---|---|
| 化肥生产总量 | 1000 万吨/年 | 1.29 | 1.71 | 2.22 | 2.99 | 3.61 |
| 化肥施用总量 | 1000 万吨/年 | 1.55 | 2.24 | 3.23 | 4.06 | 4.48 |
| 氮肥施用总量 | 1000 万吨/年 | 1.09 | 1.42 | 1.79 | 2.21 | 2.32 |
| 化肥施用强度 | 公斤/公顷 | 109 | 151 | 212 | 260 | 288 |

注: * 关于化肥的量都是按照折纯量计算,时间段的化肥产量、施用量、氮肥施用量和化肥施用强度是根据各年数据的平均数计算的。

资料来源:《中国统计年鉴》(国家统计局 1981 ~ 2006)。

## 6.3.2　两种意义的化肥最优施用量与化肥过量施用

### 6.3.2.1　化肥的过量施用问题

根据世界粮农组织的资料,2003 年,世界化肥平均施用量为 104.7 公斤/公顷,而当年中国的化肥施用量则达到了 296.8 公斤/公顷,世界平均水平的 2.84 倍,美国的 2.88 倍,法国的 4.85 倍,英国的 1.51 倍(FAO,2004)。张林秀、黄季焜等在对 20 世纪 80～90 年代江苏、河北、辽宁三省农民种植水稻、小麦、玉米等作物中的施肥量计算后,指出"无论我们在分析化肥使用效率中采用什么样的数据、什么时期、作物或者估计方法,化肥都是过量施用的","过量施肥程度达到 50%"(朱兆良、David Norse 等,2006)。

但是这些都是宏观或中观层面上的化肥施用数据,中国农村社区的差异性很大,具体到每一个社区微观层次的化肥施用是否过量,对不同区域的研究应该能够得出不同的结论。为了考察俞村化肥施用是否过量,笔者引入了"最优施肥量"的概念。

### 6.3.2.2　两种意义上的最优化肥施用量

（1）关于化肥施用收益率

根据崔玉亭、李季、靳乐山(2000)的研究,当其他条件一定时,化肥施用量越高,粮食产量越高;当到达一定的施肥强度后,化肥使用不再增产;不仅如此,在化肥施用增产的过程中,不同的施肥阶段与施肥强度产生的粮食产量收益率还是不同的,化肥施用的粮食产量收益率被称作"化肥报酬率"。如图 6-1 所示,在考察地块中,在施肥曲线 $L_{(f)}$ 内,化肥施用量越高(也表示化肥施用强度越大),则化肥的效益越大(也表示作物的产量越高)。当施肥量达到 $M_{(f)}$ 的施肥点,即 Q 的施肥量时,粮食开始减产,Q 就是化肥施用的极限值,$M_{(f)}$ 为化肥施用强度的极限。

（2）关于农学意义上的最优施肥量

在 Q 施用量范围内,化肥施用的收益率是不同的,在曲线斜率最大点 $M_{(a)}$,化肥的施用效率是最高的,即每单位化肥增施,产生的水稻产量增加效果最明显。那么 $M_{(a)}$ 点的化肥施用量 $Q_{(a)}$ 即是农学意义上的最优施肥量。农学意义上的化肥最优施用量也可以用图 6-2 表示。关于 $Q_{(a)}$ 的数值,可以通过考察特定地块中,施肥变化比率相对于作物产出比率的峰值来确定,即通过化肥施用的边际数量与作物产出的边际量的比率来确定(Putterman L. , Chiacu

A. F. ,1994）。

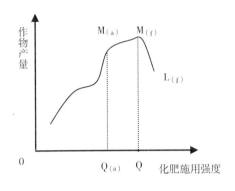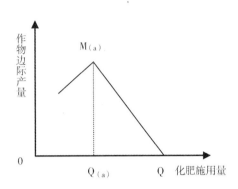

图 6 - 1　化肥施用效益示意图　　图 6 - 2　农学意义上最优施肥量示意图

资料来源：崔玉亭,李季,靳乐山(副主编). 化肥与生态环境保护. 北京:化学工业出版社,
2000:204.

（3）经济学意义上的最优施肥量

在市场型农业中,化肥等农业生产资料以及水稻等粮食作物产出受市场价格影响很大,市场价格的变化是影响农户化肥施用量的一个重要因素。一定化肥施用量下的最高水稻产出未必在市场上取得最好的经济效益,所以农学意义上的最优施肥量未必是市场效益最好的农业产出,这样我们又需要引进一个经济学意义上的最优施肥量的概念。经济学意义上的最优施肥量是在综合考察化肥的施用效益与化肥价格的基础上形成的。如图 6 - 3 所示,MR 为化肥的收益率曲线,其中的 $M_{(a)}$ 点为农学意义上的最优施肥点,$Q_{(a)}$ 为农学意义上的最优施肥量。FP 为化肥的成本曲线,经济学意义上的最优施肥就是由 MR 和 FP 两条曲线的交会点决定的,在此情况下,经济学意义上的最优施肥点在 $M_{(e)}$,经济学意义上的最优施肥量为 $Q_{(e)}$。关于 $Q_{(e)}$ 的数值,可以通过考察一个施肥计量段内,施肥费用变化比率相对于粮食作物产出价格比率的峰值来确定,即通过化肥的边际产值与化肥价格来确定(Huang 等,1994)。

### 6.3.2.3　对 62 户农户的调查说明

俞村化肥施用是否过量? 过量多少? 判断的尺度是什么? 为了对这些问题有一个大致的了解,2007 年 12 月、2008 年 10 月,笔者专门就当地化肥施用情况进行了两次调研。取得了 2001 年以来俞村若干农户化肥施用及施用效果变化的相关数据。在对 62 户农户化肥施用进行相关调查中,除了调查农户近

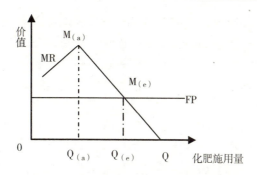

**图 6 - 3　经济学意义上最优施肥量示意图**

资料来源：崔玉亭，李季，靳乐山（副主编）．化肥与生态环境保护．北京：化学工业出版社，2000：205．

7 年来化肥施用投入与水稻产出等相关因素的变动外，还对农户进行了关于化肥、农药使用对农业生态环境、农产品安全影响、化肥农药施用具体方法、化肥农药施用的主观态度等方面的问卷调查和半结构访谈。62 户农户调查成为本书调查资料的重要来源，后面研究的若干数据和访谈案例有相当一部分就是在 62 户农户调查的基础上进行数据处理与整理的（关于 62 户农户的调查数据和农户两种意义上最优施肥标准的数据处理，详见附录二）。

### 6.3.2.4　调查数据分析

（1）关于农学意义上的最优施肥量

通过使用 Eviews 对 62 户农户水稻产量年际变化增量对化肥施用增量的回归分析（见附录二之五）发现，2003～2004 年，俞村农户的化肥施用强度为农学意义上的最优水平。当地农学意义上的最优施肥强度为 230.09 公斤/公顷，2004 年，俞村化肥施用强度为 232.5 公斤/公顷，2008 年俞村的化肥施用量达到 309 公斤/公顷，过量施肥百分比为 34.3%。

（2）关于经济学意义的最优施肥量

同样通过使用 Eviews 对 62 户农户水稻产量年际变化增量对化肥施用增量的回归分析（见附录二之五）发现，2003～2004 年，俞村农户的化肥施用也为经济学意义上的最优水平，最优施肥强度为 224.59 公斤/公顷，而今俞村的化肥施用强度达到 309 公斤/公顷，过量施肥百分比为 37.8%。

### 6.3.2.5　化肥过量施用的推论

从直观数字上来看，从 2001 年到 2008 年的这 7 年间，这 62 户农户涉及调研田块的水稻产量共计增长了 1530 公斤左右,平均每亩增长 14.7 公斤,增幅为 3.82%,化肥施用量也由每亩 12.3 公斤增长至每亩 19.6 公斤,平均每亩增长 7.3 公斤,增幅为 58%。从农户水稻种植的施肥结构上看,主要以施用氮肥为主,氮肥施用中,碳酸氢铵、尿素占绝大多数,另外还有少量的复合肥,而复合肥中氮素的比例也占 1/3 左右,所以对水稻氮肥的调查基本上能够反映其施肥水平。从调查农户的作物种植比例来看,当地的作物种植日趋单一,在 20 世纪 80 年代初期,除了水稻、小麦等大田作物以外,杂粮作物、经济作物也有一定面积的种植。进入 21 世纪以来,当地主要种植水稻、油菜籽等,其中水稻的种植率达 75% 左右,油菜籽达到 30% ~ 50%,棉花、花生、黄豆、芝麻等共计为 10% 左右,蔬菜种植为 20% 左右。在各种作物对化肥的依赖中,蔬菜是最高的,棉花次之,再次是水稻、小麦等大田作物,油菜籽、黄豆、芝麻、花生等最少。水稻的种植占绝对优势,且水稻的化肥施用强度中等,所以我们对水稻种植中化肥施用量的考察和计算能够大体代表当地的施肥水平。从总体上讲,当地化肥的施用是过量的,过量施用比例在 35% 左右,低于朱兆良等(2006)研究所推定的全国化肥过量施用总体上 50% 的比例。

# 6.4 化肥施用负外部性形成的机制

20 世纪 80 年代以来,化肥施用强度急剧增加,很快超过最佳施用水平。有趣的是,农户在开始了解使用化肥会产生一些负面影响的情形(如土壤板结)下,并未主动减少使用,这说明减少化肥过量施用是有障碍的,化肥施用产生的负外部性有一个复杂的机制。化肥施用也是农户行为的一个重要组成部分,在化肥过量施用中农户的行为要受到三种机制的制约。

## 6.4.1 三种行为对农业生态意义的背离

### 6.4.1.1 自给性小农的行为机制

农户行为有一个基本的层次追求,就是通过粮食作物种植满足家庭对食物的基本需求,这是一种家庭生存动机。郑宝华(1997)的研究表明,在农户为家庭基本需求而进行生产的层次上面临着生活风险,如粮食产量的变异性。马小勇(2006)认为这种变异性导致农户在农业生产上的保守行为,在其他条件不变的情况下,在粮食生产过程中对生产要素投入的变动持谨慎态度。马骥(2007)认为,这种保守行为在施肥上就表现为往往不愿意降低对化肥的施用,从而导致化肥施用过量。这种为家计为基本农户行为动机在施肥过程中宁愿多施一些,而不宁愿少施一些。渐进性的积累导致化肥的过量施用,就与农户规避风险,追求家庭基本农产品的保障有很大关系。

### 6.4.1.2 理性小农的行为机制

美国经济学家舒尔茨认为小农是传统农业技术下有进取精神并已最大限度地利用有利可图地生产机会和资源的"经济人"。作为"经济人",小农对利润的追求并不逊色于资本家和企业家,他们对要素配置中的边际成本和边际报酬反应敏感(舒尔茨,1999)。经济学家波普金又进一步阐明了舒尔茨的分析,认为小农是权衡了长短期利益及风险因素之后,为追求最大生产利益而作出合理抉择的人,是"理性的小农"。理性小农理论强调的是农户追求市场利润最大化的行为。此时农户在经营过程中注重的是边际成本投入与边际产品产出的最大化,化肥施用也可以作为农业投入要素之一。但是在粮食生产中,化肥与传统的劳动力、劳动资料投入明显的不同是,传统的农业投入其物质与能量的释放边界是清晰的,而化肥作为化学农业生产资料的物质及能量的释放边际是模糊的,极易产生外部性问题。

### 6.4.1.3 社会性小农的行为机制

在当前我国农业及农户处于面向市场经济和农村社会转型时期,我国农户的行为也出现非常复杂的结构特征,呈现明显的过渡性、交叉性的"社会化小农"特征(徐勇等,2006)。在化肥施用过程中,有些农户大量施用化肥更多的是获得一种心理上的安慰,有的农户在认识到化肥的过量施用并对自身、环境与社会产生有一定危害的前提下,仍然不愿减量施用化肥,农户这些偏施化肥、弃用有机肥等不合理行为都是社会性小农的行为体现。

## 6.4.2 三种机制与生态性约束的生成

在我国各种农业经济发展水平和农业经济形态交替混杂的情况下,在我国粮食安全保障出现层次性分化的情况下,农户分化也日趋加剧,农户行为具有多个层次的内涵,而不能用哪一种具体的形态来概括。在化肥施用过程中,农户的三种行为机制都有所反映,即农户的生存性自给行为、面向市场的效益最大化行为和面向社会的利益比较行为都对化肥施用产生影响。但是这三种行为都是与化肥施用的生态性相背离的,最终导致化肥的过量施用,产生对环境、社会的负向外部效应(见图6-4)。

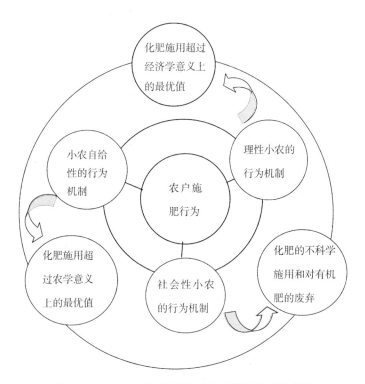

**图6-4 农户行为与化肥施用负外部性形成示意图**

### 6.4.2.1 小农自给性行为与粮食生产生态性约束

小农自给性的行为机制以农户保证家庭基本生存需求为中心。改革开放以来,农户的生产行为日趋走向市场化,但是农户的生产经营行为有一个基本的前提是满足自家粮食的需求与消费。农户一般不是将生产的粮食全部在市场上出售,然后再在市场上购得粮食满足自家消费。面向市场的农户生产仍然保留有自给性的特征。从出于最基本粮食的消费上,农户的粮食生产投入必须保证这个目标的实现,特别是在我国日趋紧张的土地资源配置情况下,必须要保证农业物质资料投入的充足性,化肥的过量投入就是农户物质投入"充足性"的一个重要体现(见案例6-1~案例6-3及表6-7、表6-8)。

案例6-1 62-7[1]，男，55岁，扈厂村民小组人，兼业农户。"我不知道我家的施肥到底过量不过量，也不想知道；反正施肥也没有一个标准，一块田多施个三五斤也没有问题，我们种田很少出现多施肥将庄稼'烧'死的现象；让比往年少施30%~40%？不成！假如减产怎么办！我们家的田地本身就不多，以现在的种法，我家的粮食刚刚够吃，一旦少施化肥减产，再让我们去籴粮食吃，人家才笑话我呢！"

案例6-2 62-19，男，47岁，桥西村民小组人，外出务工农户。"多施肥不一定增产，但是少施肥有时就容易减产；我不太知道是否过量施肥，但是现在谁家也不可能将施用化肥'抠'得那么细，打工一年也能挣个万儿八千的，就将化肥买充足一些；假如少施化肥减产了，粮食不够吃怎么办？我家也不指望农业发财，但是得保证口粮供应；庄稼人再籴粮食，窝囊！"

案例6-3 62-60，男，64岁，乌宋店村民小组人，纯农业劳动力。"具体哪块田施多少肥料，谁也说不清，就是县农业局的也说不清，你说我们的田地施肥过量，但是县农业局的还说我们县总体来说还是施肥不足的呢？有些化肥多施少施根本就看不出效果，所以我们能多撒一点就多撒一点。"

表6-7 62户农户关于化肥施用过量的相关回答（一）

单位：户

| 问题 / 回答 | 过量 | 不过量 | 不太清楚 |
|---|---|---|---|
| 你家化肥施用量是否太多？ | 6 | 8 | 48 |

资料来源：根据调研资料。

表6-8 62户农户关于化肥施用过量的相关回答（二）

单位：户

| 问题 / 回答 | 是否愿意减少施肥30%~40%？ |
|---|---|
| 愿意 | 11 |
| 不愿意 | 51 |

资料来源：根据调研资料。

---

[1] "62-7"为对62户农户中编号为7号的农户的调查或访谈，可见1.2.3.1节的说明，下同。

调研发现(见表6-7、表6-8),只有少量农户认为这几年化肥用得太多,绝大部分农户对化肥施用是否过量不清楚,也不感兴趣。对是否愿意减量化施用化肥,只有17.7%的农户愿意,而82.3%的农户不愿意,主要原因是担心减量化会导致粮食产出减少。

可见,从满足基本的粮食需求上看,农户在施肥过程中都倾向于多施。从田地本身讲,耕地养分本身的差异性使农户很难确定具体地块的农学意义上的最优施肥量;从化肥本身看,化肥质量的不可靠和粮食作物对化肥反应的不显著影响农户对农学意义上的最优化肥施用的判断;从农户主体上讲,在很多不确定的因素面前,农户只有多施化肥,从心理上得到一些安慰,同时农户施用更多化肥的目的经常是为了避免风险(Paudel,2000)。所以从满足家庭基本粮食需求方面上讲,农户倾向于多施用化肥。

### 6.4.2.2 理性小农的行为机制导致的化肥过量施用

理性小农的行为是指农户在生产过程中追求效益最大化的"经济人"行为。亚当·斯密(Adam Smith,2007)认为,处于市场交换中的"各个人都不断努力为他自己所能支配的资本找到最有利的用途。因此他所考虑的不是社会利益,而是他自身的利益"。当经济主体在这种道德准则下进行经济活动时,经济人的利己主义必然导致他们为了追求个人利益的最大化损害更大群体的社会利益、长远利益、整体利益。这恰好解释了我国当前为什么农户作为农业环境主要的经济主体,有时候知道过多的进行化肥等化学品的投入会破坏农业环境,但施用量不仅没有减少反而增加了。以经济效益为主要追求目标而忽视农业化学品的投入对环境的负面效应,这种"经济人"行为无疑具有充分的合理性,但其微观行为的合理性是以牺牲生态环境效果为代价的。

(1)化肥施用的私人成本与社会成本的差异性使农民更倾向于多施用化肥

粮食生产中,化肥施用导致的生态性约束可以表述为化肥施用的负外部性。负外部性是指:当农户施用化肥时,产生一定量的收益(I),这个收益全部为农户个人所得,表现为一定数量的粮食产量,但是为了获得这个收益(I),不光农户私人为之投入(PC),而且整个社会也为之投入(SC),即 I = PC + SC,并且 SC 的产生就是由于 PC 本身带来的。具体表现为化肥的施用不仅增加了粮食的产量,而且还导致了农业环境问题。在这里,粮食产量的增加是化肥施用产生的收益量(I),购买化肥的成本为私人成本(PC),化肥施用导致的环境问题为社会成本(SC)。社会成本具有很强的外部性,不是由粮食生产的主体承担,故而其生产成本相对较小。在这种情况下,该经济主体会尽力加大使用资源的力度,而不去理会社会成本的出现到底对环境产生何种影响。

(2)农家肥施用的正外部性被漠视,导致化肥施用对农家肥使用的替代

在20世纪80年代之前,粮食生产中化肥的施用并没有减少对农家肥或绿肥的使用,表明化肥的施用并没有形成对传统肥料的替代关系。在那个过程中,肥料的施用行为取决于生产小队的集体决策与生产安排。随着家庭联产承包的推行,肥料的施用掌握在有生产、投资自主权的分散农户手中,随着化肥施用的逐渐增多,农家肥的使用呈逐渐萎缩之势,日益呈现出化肥对农家肥的替代(见表6-9)。

表6-9　我国有机肥和化肥施用比例变化

单位:%

| 种类＼年份 | 1955 | 1965 | 1975 | 1985 | 1995 |
|---|---|---|---|---|---|
| 有机肥 | 95 | 80 | 65 | 45 | 10 |
| 化肥 | 5 | 20 | 35 | 55 | 90 |

资料来源:吴熙敬.中国近现代技术史(下卷).北京:科学出版社,2000;程序.中国农业与可持续发展.北京:科学出版社,2007:16.

张宏艳(2006)的分析指出,生产者施用化肥造成的空气和水体污染就是粮食生产中生态性约束的例子,而粮食生产者施用农家肥就是在为生态性支撑做贡献。生态性约束常常导致化肥的过量施用,而生态型支撑则常常造成农家肥供给不足。化肥对农家肥的替代实质上就是生态性约束由农户个人施肥行为造成而成本由社会承担导致的化肥过量使用,农家肥施用的生态性支撑创造由农户个人施肥行为提供而收益却为全体社会成员享用。支撑、约束的成本收益悖反,是引致农户群体对化肥追逐和对农家肥弃用的理性思考的基础(见案例6-4~案例6-6)。

案例6-4　62-31,男,47岁,王坊自然村人,兼业农户。"农家肥占地方、沉得很,农村道路又不好,除非夏收、秋收之后可以勉强用手扶拖拉机或架子车拉到田间地头,其他时间运到田里全靠肩挑;到田间再拨撒散开也是一项很累人的体力活。用农家肥是可以节约下一些化肥开支,但是费时费力与购买化肥的开支相比,还是得不偿失,一般人是根本看不中这种节省的。"

案例6-5　62-44,女,58岁,王坊自然村人,纯农业劳动力。"积肥挑粪这些活,像我们这些年纪大的除了种菜时还干上一些,指望像大集体那样往稻田、麦田里送已经不可能了;年纪大的干不动了,年轻人根本就不愿意干,现在

·131·

大多数年轻人家里连积肥挑粪的粪桶、粪筐都没有了。"

案例6-6 62-37,女,49岁,汪店自然村人,农闲帮助丈夫在集市上卖菜。"像水稻、小麦等水旱作物我们基本上不再使用农家肥了,使用农家肥的主要是蔬菜、棉地等的田地;用农家肥侍弄庄稼、种菜一般是老年人和我们这些妇女的活,估计以后农家肥就没有人用了,像乌宋店他们那些'菜农'种菜都是到县城去买农家肥,用四轮车拉回来,但也是专门上在菜地中。种水稻是舍不得的,一拖拉机肥料得100多块钱,种水稻用那得多费钱呀。"

62户农户中,有11户已经完全不再施用农家肥了,其余51户仍在施用,但是施用越来越少了,主要在种植蔬菜等时用上一些(见表6-10)。认为农家肥的施用比家庭联产承包经营之前减少100%的有11户,认为减少50%的有44户,认为减少30%的有7户(见表6-11)。由此可见,农家肥施用数量的锐减已经是一个普遍的现象。

表6-10 62户农户关于化肥施用对农家肥替代的相关回答(一)

单位:户

| 回答<br>问题 | 完全没再用 | 和以前一样施用 | 还在施用,但是用量少多了 |
|---|---|---|---|
| 你家是否还在施用农家肥? | 11 | 0 | 51 |

资料来源:根据调研资料整理。

表6-11 62户农户关于化肥施用对农家肥替代的相关回答(二)

单位:户

| 回答<br>问题 | 减少了<br>100% | 减少了<br>50% | 减少了<br>30% | 一点也<br>没减少 |
|---|---|---|---|---|
| 与家庭联产承包经营之初相比,农家肥施用减少了多少? | 11 | 44 | 7 | 0 |

资料来源:根据调研资料整理。

农家肥能够改善土壤的团粒性状况,促进土壤的养分平衡,生产出有机食品,减少农业面源污染,但是农家肥在增收方面效果不甚明显。如今的青壮年农民纷纷在非农产业和城市间游移,不再认为自己和他们的后代会长期以耕作为生,预期的改变会导致行为的短期化和权宜化。那种挑着大粪在田间艰难行走的传统农民形象对绝大多数人而言是不能接受的(冯肃伟、戴星翼,2007)。

（3）化肥施用方法中的农户理性

大量研究发现，化肥施用的经济效益以及化肥施用对环境、社会产生的生态性约束不仅与化肥的施用强度有关系，而且还与化肥的施用方法有极大的关系。化肥的施用方法有如下分类：根据化肥施撒面可以分为遍施和点施；根据施用深度可以分为深施、浅施和面施；根据施用时地面开挖的方式可以分为沟肥、坑肥和撒施。根据施用次数可以分为一次性施肥和多次施肥。另外随着现代施肥技术的发展和化肥品种的更新还出现了如注射施、叶面喷施、控施肥等现代化的施肥方式①。不同施肥方式下的肥效及对环境的负外部性影响也是不同的。在当前的施肥条件下，深施的效果要好于撒施，覆盖施肥的效果要好于露天施肥，植株定点施肥的效果要好于田面的普遍施肥，分次施肥的效果要好于一次性施肥，科技含量高的施肥效果要好于传统的施肥方式（见表6－12）。好的施肥方式不仅可以节约肥料的施用，而且可以减少肥料向空气、水体中的外溢，大大降低化肥施用对粮食生产生态性约束的形成。

表6－12 施肥方式效果比较表

| 分类标准 | 施肥效果之于不同施肥方式的比较 |
|---|---|
| 施肥深度 | 深施 > 浅施 > 撒施 |
| 覆盖与否 | 覆土施肥 > 露天施肥 |
| 施肥的针对性 | 普遍施肥 < 植株定点施肥 < 精准施肥 |
| 施肥次数 | 分次施肥 > 一次性投肥 |
| 科技含量 | 高科技施肥 > 传统施肥 |

20世纪80年代以来，化肥施用量越来越大，化肥施用逐渐成为粮食生产的普遍现象，农户也渐渐失去了对化肥施用说明的遵从感，越发喜欢根据习惯与感觉施肥了，施肥方式趋于粗放（见案例6－7、案例6－8）。同时由于化肥施用量过大，农户们根本无暇顾及施肥方式对施肥效果产生的影响，这样就形成了过量施肥与粗放施肥的恶性循环。

---

① 遍施是指将化肥施撒于整块田之中；点施是指针对具体的农作物植株投施肥料；深施是指将肥料埋至一定深度；浅施是指将肥料施放田间然后通过犁耙耖等方式覆盖；面施指直接将化肥用人工手扬的方式露天施于田间；沟肥是指开沟施肥，然后覆盖土壤的施肥方式；坑肥是指挖坑埋肥，然后覆盖土壤的施肥方式；撒施也是直接将化肥露天施撒的一种方式；注射施是将肥料液体用特制的器械直接注射至植株根系生长的土壤中的施肥方法；叶面喷施是指用特定的器械将液体及粉剂的肥料喷施到作物叶面的施肥方式；控施肥是指将特殊的肥料施埋在地，这种肥料慢慢地发挥自己的肥效。

案例6-7 62-55,男,57岁,晓庄自然村人,兼业农户。"深施肥、盖土施肥效果是好,我们在大集体时期也这样做;但是一个人刨坑,一人丢肥,一人回土这活干起来很费劲,而今再没有人愿意干,年轻人说那是出蛮力,节省不了多少化肥,一般都是将化肥撒在田里了事,肥力不行再多撒一些。"

案例6-8 62-35,女,52岁,俞村村民组人,纯农户。"化肥分几次施,既节约肥,又能赶上庄稼生长的点,像水稻一季子最好能将化肥分三次撒最好。但是这种施肥很麻烦,中间施肥的天气也难赶,就是能够赶上下雨的好天气,像我们妇女在家,深一脚浅一脚的也干不了。所以现在一般都是趁男人们在家一次撒上省事,有时怕肥料不够,就只能一次性多投些。"

关于施肥深度的调查,62户农户中,只有2户当前在某些地块上采用埋肥深施,采用过耖耕浅施的农户有19户,农户施肥主要采用撒肥面施的方式。在关于化肥施用次数的调研时,62户农户中,每季作物分3次施肥的有6户,分2次的有10户,其余46户都是一次性将肥料施到位(见表6-13、表6-14)。

**表6-13 62户农户关于化肥施用方式的相关回答(一)**

单位:户

| 回答 问题 | 3次施肥 | 2次施肥 | 1次施肥 |
|---|---|---|---|
| 你家在一个稻季中分几次施用化肥? | 6 | 10 | 46 |

资料来源:根据调研资料整理。

**表6-14 62户农户关于化肥施用方式的相关回答(二)**

单位:户

| 回答 问题 | 减少化肥施用 | 增加化肥施用 | 不清楚是否增减 |
|---|---|---|---|
| 一个稻季只一次施肥是否减少化肥施用总量? | 7 | 47 | 8 |

资料来源:根据调研资料整理。

农户施肥方式的粗放化趋势,既有技术推广对农户施肥行为的引导不力的原因,也有农户施肥行为越来越理性化的原因。调研发现,农户们大都知道科学的施肥方式的重要性,但是科学的施肥方式要求劳动力与物质要素投入大,而科学的施肥方式产生的物质收益不能够弥补农户在物质与人力上相应的耗费,当科学施肥方式产生的生态性约束降低所获取的环境收益又不能为农户所得的时候,农户们宁愿采用粗放的施肥方式而不愿采用科学的施肥方式,这也是理性小农"经济人"行为的表现之一。

### 6.4.2.3 社会性小农的行为机制导致的化肥过量施用

（1）社会性小农的行为机制

家庭联产承包经营之后,随着对农村剩余劳动力非农化就业限制的日益松绑,农村剩余劳动力向外转移成为一种普遍现象,即农户还要根据农业与非农业的比较效益来决定对粮食生产的物质与人力资本投入的量与结构,表现出一个社会化小农的行为机制。黄宗智(2000)在《华北的小农经济与社会变迁》中指出,我国小农经济在农业要素配置上表现出强烈的"过密性"或"内卷性",即在小农理性的安排下,即使在农业劳动力就业的边际效益相对于粮食产出日益下降的情况下,农户仍然源源不断地将劳动力配置在农业生产领域,这就导致了我国土地耕种单位越分越小,土地的耕种日趋细碎化,小农经济日益强化,经营性农场难以发育的状况。

传统时期我国农业劳动力配置过密化要么是农民的无奈选择,要么是国家强制推行城乡二元分割政策下的结果。改革开放以来,随着国家对农村人口流动控制的逐渐松动,农村剩余劳动力以各种形式向外转移。农户的收入来源也逐渐多样化,非农收入在农户收入中的比重逐渐提高,逐渐改变了农户对农业生产的要素投入的"过密化"和"内卷化"趋势,对农户的施肥行为产生了相应的影响。

（2）俞村的非农化趋势

家庭联产承包经营制度的实施,农户实现了两个大的自由,一是农户自己对土地及其他生产要素配置的自由;二是逐渐获取了对自己劳动力使用的自由,即逐渐获得自由迁徙权和就业权。非农化就是在这样的大背景下形成的,粮食生产的要素配置也发生了相应的改变。

当前,我国农村人口的非农化进程加快,逐渐改变了"过密化"的发展趋势。俞村1981年的人口为2933人,按照我国人口增长趋势,2007年俞村人口应该保持在3500～3600人的水平,但是2007年俞村实际在籍的总人口为2631人,造成与此之间巨大差距的主要原因就是俞村非农化发展水平。非农化主要由三种方式体现出来:第一是迁移化,指农户家庭与人口向城市、城镇的完全迁移。26年间,俞村共迁移出家庭149户,847人,这些家庭已经主动放弃了对农业土地的生产经营权,或者只保留有少量的土地(通常是保留家庭中的年龄偏高人口的土地,然后转包出去),完全脱离了农业生产。2007年,外迁人口占俞村预计总人口的23.52%,实际总人口的32.2%。第二是外出化,指以农业剩余劳动力为主体的进入大中城市的务工现象。2007年俞村外出务工劳动力人口 537 人,占当年俞村实际在籍人口总数的 20.4%,占当年劳动力总数的 36.8%。第三是兼业化,是指农村劳动力在农业生产与在附近城镇非农业就业之间的季节性变动现象。2007 年俞村兼业农村劳动力人口为 550 人,占当年俞村人口总数的 20.9%,占当年俞村劳动力总人口的 37.7%;而 2007 年俞村纯农业劳动力人口为 363 人,占当年劳动力人口的 24.9%,其中妇女劳动力人口为 310 人,占纯农业劳动人口的 83.1%,农业生产日益呈现出兼业化和女性化的趋势(见表 6 - 15)。

### 表 6 - 15　俞村人口非农化变动表

单位:户;人

| 自然村 | 举家迁出家庭数量(a) | 举家迁出人口(c) | 2007 年进城务工人口(d) | | 兼业人口(e) | 纯农业人口(f) | | |
| --- | --- | --- | --- | --- | --- | --- | --- | --- |
| | | | 进城务工家庭人口 | 进城务工劳动力 | | 农村非劳动力人口 | 纯农业劳动力 男 | 纯农业劳动力 女 |
| 俞村 | 22 | 128 | 66 | 48 | 42 | 121 | 6 | 29 |
| 乌宋店 | 12 | 74 | 59 | 42 | 63 | 89 | 8 | 22 |
| 汪店 | 17 | 89 | 70 | 53 | 51 | 85 | 4 | 31 |
| 桥西 | 8 | 52 | 53 | 44 | 39 | 71 | 6 | 25 |
| 河西店 | 10 | 50 | 49 | 38 | 41 | 86 | 5 | 28 |
| 路北 | 9 | 54 | 62 | 50 | 39 | 74 | 7 | 23 |
| 王坊 | 15 | 77 | 65 | 52 | 48 | 91 | 4 | 19 |
| 周庄 | 6 | 39 | 41 | 33 | 41 | 66 | 3 | 18 |
| 陈村 | 7 | 38 | 48 | 40 | 55 | 54 | 4 | 21 |
| 陈西店 | 13 | 72 | 55 | 41 | 36 | 83 | 6 | 24 |
| 崮厂 | 19 | 116 | 43 | 34 | 43 | 110 | 4 | 32 |
| 晓庄 | 11 | 58 | 77 | 62 | 52 | 101 | 5 | 38 |
| 总　计 | 149(b) | 847 | 688 | 537 | 550 | 1031 | 63 | 310 |

注:(a)举家迁出是指已婚的家庭成员夫妇双方均没有耕种农村土地达 3 年或 3 年以上,并且在迁居地已经购买了住房;或家中的劳动力脱离农业生产 3 年以上并且是在外地创业期间结婚,在外已经购买了住房的家庭外迁方式;(b)家庭户数仅仅指当时迁出原居村庄时的家庭状态,不是指当前该家庭在外地由于分家或子女成家单独立户的家庭增加数目;(c)举家迁出人口是指当前家庭在外地居住时的实际人口,包括在外地通过婚姻、生育行为而增加的人口,即指机械增加的人口和自然出生的人口;(d)进城务工家庭人口是指在 2007 年没有参加春耕和秋收两个季节的农业生产的劳动力人口及随他们在外的非劳动力人口,包括在外上学的孩子和随居的老人。进城务工劳动力包括已婚夫妇和 18 岁以上的未婚青年男女;(e)兼业人口是指农忙在家从事农业生产,农闲时节在官氏县城及附近乡镇从事工矿、建筑、个体、服务、运输、饮食等行业的人口;(f)纯农业人口主要包括在农村的儿童、老人、中小学学生和纯农业劳动力的总和。

资料来源:根据《官氏县虹水区派出所户口登记簿》和在俞村的调研资料整理。迁出家庭与人口数量截止到 2007 年底,其他人口统计指 2007 年的数字。

（3）非农化与化肥施用增长的关系

关于非农化进程与化肥施用增长的关系，何浩然等（2006）的研究表明，当调查区域的非农就业比为0%时，平均每亩的化肥施用为32.5公斤；非农就业比例为0%～50%时，化肥施用每亩为34公斤；非农就业比为50%时，每亩为36.5公斤；非农就业比达到100%时，每亩为46.5公斤（见图6-5）。可见非农就业的比例与化肥使用强度呈正相关的关系。

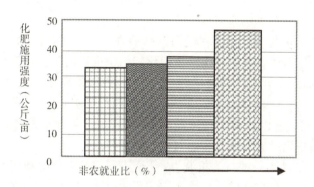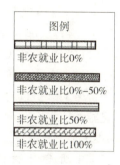

**图6-5 非农就业比与化肥施用强度相关图**

资料来源：何浩然等：《农民施肥行为及农业面源污染研究》，《农业技术经济》2006年第6期。

非农化水平的提高导致化肥施用增加的重要原因是非农化改变了化肥施用的农户成本计算。中国传统农业的一个重要特点是，农户在计算农业生产的投入产出时，一般有不计算人工投入成本的习惯（冯肃伟、戴星翼，2007）。但是随着非农化程度的加剧，以及粮食生产的比较收益相对于非农业收益的日益低下，农民的时间价值在逐渐增加，这种习惯被逐渐打破（见案例6-9～案例6-11）。

**案例6-9** 62-57，男，48岁，陈村村民小组人，外出务工农户。"我们农户家一年到头忙得很，没有以前那种大忙季节和农闲季节之分，一年到头几乎都是'大忙季节'了。农活一停下来，我们都想到县城工地上打工挣点钱，谁还愿意在家积肥、堆肥、挑肥呀！施农家肥种粮食是好，但是你将水稻种成一枝花又如何，还是挣不到多少钱，现在挣钱还是指望在外打工，种庄稼主要是敷个口粮吃。"

**案例6-10** 62-22，男，51岁，周庄村民小组人，兼业农户。"2000年的时候，官氏县县城建筑工地上大工的日报酬为30～40元，小工为20～25元，而当前为大工50～60元，小工为30～40元，上涨将近一倍。一家四口的田地，多施一遍肥,得占用一个劳动力三四天的时间,相当于打工少收入二三百元的,够全年买尿素的钱了。像你们(注:指调查人员)说那种搞覆土深施的话又多得两个劳动力,至少要误五六个工,少收入500元。你知道500元能买多少粮食么?只要打工能挣到钱,谁都不会去计算多'上'少'上'几斤化肥的。"

案例6-11　62-15,男,43岁,路北村民小组人,兼业农户。"是的,这两年化肥是涨价了。但是你想原来一家只有3亩地,上3袋碳酸氢铵,碳酸氢铵每袋40元左右,总共用100多元。现在就是多用1/2,也就是多花50多元钱,一般家庭也不在乎的,多打一天工就挣回来了。"

由此可见,非农化趋势的加强使得农民的时间价值在上升,进城打工的收益占农民收入的绝大部分,所以农民更倾向于施用化肥。也可能由于非农就业多引致的现金收入的增加而缓解农户购买化肥时的资金约束,从而多施肥,而化肥价格上涨引致的化肥成本增加对农户化肥施用量的约束机制非常弱,农户对化肥的依赖性有增无减。所以随着非农化的发展,农户加大了化肥的施用量,逐渐体现出化肥大量施用对非农就业时间与效益的置换。

综上所述,不管是自给性小农的行为机制,或是经济利益最大化的理性小农的行为机制,还是非农化趋势加强的社会性小农的行为机制,在粮食生产中,农户都有一种对化肥施用的偏好和过量施用化肥的倾向。至于化肥粗放施用、过量施用导致的生态性约束,农户或处于懵懂无知的状态,或处于认为与自己无关、不愿关心的状态,或处于想关心而又是无奈不作为的状态。所以,无论什么原因使中国农民施用那么多的化肥,他们的活动无疑具有一些微观理性。无论他们怎样计算,他们是不会去考虑外部性的(朱兆良,〔英〕David Norse,孙波,2006)。这些微观的农户行为使化肥的施用越来越粗放与过量,化肥施用导致的粮食生产的生态性约束就这样生成并日趋加重。

# 6.5　整合性范式分析

## 6.5.1　事件过程所发生的子系统

肥料的施用过程体现了由农家肥的施用到化肥对农家肥施用的逐步替代。在这个过程中,化肥施用量逐步加大并出现严重的过量现象,反映了化肥施用过程中生态性约束不断生成的过程。这个过程的子系统有:

（1）生态子系统

肥料施用中的生态子系统是指肥料与农田土壤、水体、空气等原生性无机要素之间，肥料与农田系统的动物、粮食作物之间的相互作用与相互影响而构成的体系。俞村属亚热带季风性湿润气候，雨量充沛，降雨集中，加上当地以水稻潮土和沙壤质土交错的土壤分布类型，导致村庄一定量的水土流失，使当地的塘泥肥使用成为传统肥料使用的一个特色。俞村有着类似南方的气候特点，使得紫云英的生长茂盛，绿肥的种植有效补充了土壤中钾素的不足。

（2）宏观社会子系统

肥料施用中的宏观社会子系统主要包括与国家宏观政策紧密相关的制度对肥料使用结构、使用量、使用方法产生的影响。与肥料施用有关的宏观社会子系统有：人地矛盾的逐渐尖锐化导致人畜粪肥、饼肥、绿肥等投入品进入粮食生产的物质投入要素中；工业革命的发展最终为农业生产化肥确保了（粮食生产）向无机经济的转换；人民公社时期集体劳动的组织形式为生产队的集体堆肥和污泥肥的使用提供了组织基础；我国计划的经济调控方式控制化肥的分配与使用，制约了化肥施用的数量，使我国化肥生产与使用处于相对短缺的水平；劳动力资源的配置对农家肥使用的作用与影响；非农化就业导致的化肥对农家肥施用的替代以及化肥的粗放使用与过量使用。

（3）微观社会子系统

无论什么原因使中国农民施用那么多的化肥，他们的活动无疑具有一些微观理性。这些微观理性的计算，使他们不会去考虑生态性约束的生成。由此可见，随着农户自主经济活动主体地位的加强，源于农户行为的微观社会子系统对农户的施肥行为产生越来越重要的影响。与化肥施用密切相关的农户行为主要有：农户对化肥施用造成环境污染的模糊认识；农户对公共环境资源耗费的主观心态；农户对化肥施用减量化的接受态度；农户的粮食自给行为及"风险规避"对农户施肥行为的影响；小农的理性行为对化肥过量施用的作用机制；农户的兼业行为导致的化肥对农家肥的替代及化肥的过量施用。

## 6.5.2 整合性范式的分析

农业生产中偏施化肥和化肥的过量施用不是某一种因素作用的结果，是各种因素共同作用的结果。通过整合性范式分析，能够全面、综合地分析各种因素（或系统）及其互动在化肥施用负外部性形成中的影响或作用。

（1）关系一：生物物理、宏观社会、微观农户行为三个子系统的互动

在集体化时期，土地的垦殖指数加大，使土壤肥力下降，必须补充土壤肥

力。俞村大队得到的化肥供应计划较少,集体对肥料的利用只能以农家肥为主。传统农家肥的施用,使农田养分维持在一个有机元素相对平衡的水平上,肥料施用对环境的影响是有利的、积极的。这是生态子系统、宏观社会子系统、微观农户行为子系统之间的互动关系。其中土壤肥力下降属于生态子系统的范畴,是始因素;我国工业化落后导致的化肥供应短缺属于宏观社会子系统中的技术发展范畴,是传递因素;而生产队只有靠大量施用农家肥属于农户行为子系统的范畴,是终因素。显然,这是一种积极的互动关系。

(2)关系二:宏观社会和微观的农户行为子系统的互动一

20世纪70年代初,我国大型化肥生产设备的引进,使我国化肥生产与供应能力大幅增加。家庭联产承包制下的土地经营制度变迁,农户取得生产的主体地位激发了农户的生产积极性,对包括化肥在内的粮食生产资料的需求大增,化肥的施用量急剧增加,但是对农家肥的施用逐渐减少。这是宏观社会子系统和微观的农户行为子系统之间的互动关系。其中,化肥产量的增加是宏观社会子系统中的工业化发展的因素,家庭联产承包经营制度的实行是宏观社会子系统中的土地经营制度变迁,家庭生产与农户作为农业生产的组织形式是宏观社会子系统中的农业生产组织形式,以上都是始因素。农户化肥需求量的增加与对农家肥使用的逐渐减少是农户行为子系统,是终因素。这种互动关系的发展逐渐导致化肥的大量施用,加大了生态性约束的张力,是一种消极的互动关系。

(3)关系三:宏观社会和微观的农户行为子系统的互动二

20世纪90年代之后,我国农业的比较效益逐渐降低,随着"谷贱伤农"、"卖粮难"等现象的出现,粮食生产几乎成为一种"赔本"行为。农户非农化兼业带动土地流转的加快,农户间的分化加剧,但是不管是农户为满足粮食自给的生计行为,或是农户为经济目标的利益最大化行为,还是农户偏向非农业的人力资源投入转向行为,农户都有偏施化肥、粗放施肥、过量施肥的倾向,导致化肥施用对农业生态环境的巨大影响,粮食生产的生态性约束逐渐加大。这是一种宏观社会子系统与微观农户行为子系统的互动关系。在这个关系中,农户之间的分化引起土地的流转加快和农户非农化趋势增强是宏观社会子系统,是始因素。而农户的兼业化以及劳动力对粮食生产投入减少导致对农家肥的弃用和化肥的过度施用是微观农户行为子系统,是终因素。很显然,这是一个消极的互动关系。

综上所述,采用传统的农家肥可以使农业具有可持续性,以上"关系一"说明了农家肥的施用对粮食生产的生态性支撑。只是这种需要精耕细作的粮食生产方式,需要大量的劳动力投入。化肥的施用是工业化生产线在农业领域的延伸。"工业式农业"最大的危害是生态性约束的加大,特别是化肥农药的使用对土壤产生严重破坏。"关系二"就是宏观的工业化发展及农业生产关系的变革对农户施肥行为的重大影响。化肥供给与农户需求的双向增加,使化肥施用量超过农学意义、经济学意义上的最优施用水平。"关系三"表明在我国非农化的过程中,原来我国相当均质化的乡村结构逐渐分化出不同经营类型的农户。但是这些农户经营的微观行为中,都没有选择农家肥施用、减少化肥用量的意愿,农家肥施用产生的可持续性粮食生态系统及生态性支撑逐渐缩小,化肥施用的生态性约束日益凸显,造成农业生态环境的恶化。

# 6.6　本章小结

俞村化肥施用的时间相应较晚,但是施用量增长很快,1981 年当地的施肥强度为 111 公斤/公顷,至 2008 年上升到 309 公斤/公顷。根据相关数据分析及推算,当地化肥施用强度在 2003～2004 年超过了农学意义上和经济学意义上的最优施用量,过量施用比在 35% 左右。

关于农户的施肥行为,可以细分为三种起作用的行为机制:规避风险、追求家庭基本农产品保障自给性的小农行为机制,面向市场的、效益最大化的理性小农行为机制和面向非农领域、保证基本货币需求的社会性小农行为机制。不管是从自给性小农的行为机制上讲,或是理性小农的行为机制,还是社会性小农的行为机制上讲,农户都有一种对化肥施用的偏好和过量施用化肥的倾向,而不去理会化肥施用产生的社会成本到底对社会产生何种影响。这三种行为都是与化肥施用的生态性相背离的,最终导致化肥的过量施用,产生对粮食生产环境的生态性约束,而且这种约束越来越大。

# 7　粮食生产之保育:农药——生态性约束的一步步加剧

农业中人与自然的关系极其复杂,大量的动物病虫害及植物杂害草经常会给粮食生产造成毁灭性的打击,甚至使人类生存陷于危机。消除农作物病虫草害,保障粮食安全、农产品的食用价值及商业价值,成为粮食生产活动的一个重要组成部分。从传统的病虫草害的防治到今天的大规模的化学防治,技术的进步使人类取得了对病虫草害的巨大胜利。但是农药在发挥巨大效用的同时,其作为有毒化学品,也给环境、健康和社会带来了巨大的负效应,这些负效应成为粮食安全生态性约束的重要组成部分。

## 7.1　传统病虫草害的防治

与化肥一样,农药也是工业化产品在粮食生产上的物化应用。西方化学农药的施用始于19世纪80年代,而中国农药的制造与使用则要相对落后。1949年,我国唯一的化学农药是沈阳化工厂生产的硫酸铜,原药产量只有0.1万～0.2万吨,1970年,我国原药生产量只有9.2万吨,20世纪80年代之前,受产量的限制,我国农药的施用量处于世界的较低水平,粮食生产中病虫草害防治处于传统防治与农药防治交错并用的发展阶段。

1956年,官氏县农场开始试验施用硫酸铜等防治稻麦黑穗病,这是官氏县施用农药的最早记录。1962年,官氏县境内爆发新中国成立以来最大规模的蝗虫灾害,农业植保技术建设步伐加快,1964年,官氏县农业局建立农作物病虫测报站,开始在全县推广使用各种无机农药和有机氯农药。俞村农药的施用无论是从《官氏县志》记载还是农户的记忆中都应该是从20世纪60年代后期开始的。但是到20世纪70年代之前,当地粮食生产中病虫草害的防治仍然是以传统方式为主。

### 7.1.1 粮食作物病虫害的防治

官氏县地处淮河以南,属于暖温带向亚热带过渡的气候类型,气候温和、降水充沛、雨热同期,粮食作物病虫害多发。水稻病害主要有纹枯病、白叶枯病、赤枯病等,虫害主要有青稞螟虫、青稞苞虫等;小麦病害主要有麦锈病,虫害主要有麦蚜虫、吸浆虫等;棉花病害主要有炭疽病、立枯病,虫害主要有棉铃虫、棉蚜虫等;蔬菜的主要病害有叶斑病、叶霉病、软腐病等,主要虫害有菜蚜虫、蜗虫等。在农药大规模使用之前,当地百姓长期以来探索出了多种病虫害的传统防治知识,并在生产中取得了广泛的应用。

首先是农业防治。①种子处理。稻麦采用"胶泥水选种",挑选粒大饱满抗性好的作物品种,然后采用"变温浸种"、"石灰水浸种"、"盐水清水漂洗"等方法杀灭种子中的寄生病菌和害虫;棉花采用"仓库熏蒸灭虫"、"晒种除虫"等方法清除病虫害。②除草灭虫。铲除田头地边杂草,烧毁或深埋稻茬,并结合进行中耕除草等清理病虫害的滋生环境。③深耕翻土。及时冬耕,深埋菌核,消灭水稻二、三化螟和棉花越冬蛹。④科学种植。合理密植,栽培避螟,浅灌勤灌,排灌分家,适时晒田。⑤轮作倒茬。有些病虫害通过土壤传播,对农作物有较强的选择性,实行不同作物轮作,水稻小麦水旱轮作,可以减少病虫害。

其次是人工防治。①物理灭虫。水稻用灯光诱蛾,小麦插草诱卵,棉花黄板诱蚜,并利用杨柳枝诱杀成虫。②水稻种植中拔除白穗,摘除苞虫。③棉花种植中,密植下种,大比例间苗,剔除弱苗、病苗和虫害苗。④小麦种植中拔除毒麦,除掉燕麦等。

再次是生物防治。据官氏县农技站 1970 年组织的害虫天敌普查,当地的作物天敌有 3 个纲、10 个目、80 个科、500 个种,主要包括以蜻蜓为代表的膜翅目、以瓢虫为代表的鞘翅目、以蜘蛛为代表的蜘蛛目和以赤眼蜂为代表的半翅目等。

最后是传统化学防治。主要是当地百姓长期摸索的土法防治作物病虫害的方法,例如,在田间间栽臭蒿、楝树、向日葵,利用这些物种生长中释放出特殊的驱虫、消虫物质控制病虫害的发生与转移;利用土烟熬制烟碱防治棉花蚜虫;以麸皮为原料,土法生产生物农药菌粉防治稻苞虫、菜青虫;等等。

### 7.1.2 作物草害的防治

在农业生产中,存在着大量的有害植物与粮食作物争夺土壤肥力、影响收成的现象,人类与杂草是相互排斥的竞争关系(祖田修,2003)。在长期的农业生产中,除草一直是一个重要的环节。费孝通(1998)在《江村经济》中记录了水稻田中去除野草的传统方法:"专用于除草的工具是一片装在竹竿柄上的木板,上面有很多钉子,农民手握耙柄,把钉耙向后拉过泥土,便把野草拔除……"费老所描绘的稻田除草,在原来俞村也是很常见的,除草工具在俞村当地叫做"秧耙",稻田除草在俞村当地叫做"犁秧"。而小麦、棉花、菜地等旱地的除草工具主要是锄头。菜地除草一般是用手亲自拔掉,或者用小型号的短柄锄头半跪在地上除草,更是一项小心仔细、委屈辛苦的活计。

病虫草害的防治是一项人与病害、害虫、野草争夺口粮的战争,有时农户想尽了各种办法,庄稼还是被病虫害白白吃掉,蝗虫等重大虫灾更是对农民生存安全的毁灭性打击。在防虫除草上是否花费了时间与精力,很大程度上决定了庄稼的长势与收成。疏于防虫除草,庄稼被虫吃草害,造成粮食歉收甚至绝收的现象比比皆是。大集体时期,公社有专门的检查组来田间督促生产队的防虫除草工作;家庭联产承包经营之后,田地的防虫除草工作也成为街坊邻居们谈论的话题。若谁家的庄稼地虫害猖獗、草旺苗黄,则会遭到村里人的谴责,说这家人是"懒汉二流子,白白糟蹋了地,对不起土地神"。对病虫草害的防治已经内部化成为传统农耕文化和乡村道德与伦理的一部分。特别是虫害,若不抑制之,则会殃及邻地的庄稼,更是招致大家的公开指责。病虫草害盛行的季节,农户们全家出动拔草,夜间用灯火诱杀蛾虫等现象构成了传统农业特殊的乡间图景。像除草工作一般还得选在烈日当空的天气下进行,因为草的生命力很强,一场雨或晨露就能让其复生。只有经过阳光的暴晒,才能免其重新生长。不然只能是将草用篮子装走,沤粪或喂牲口。以人力与手工方式为主的病虫草害的防治是在传统技术条件下,农户们在粮食生产中对自然规律中草长虫飞的一种无奈应对,勾画了农民们屈从于自然、匍匐于大地的辛苦历程。农药的发明使人类开始摆脱这种束缚与被动的境地,很快就得以推广与普及。

## 7.2　农药的施用与推广

### 7.2.1　全国的农药施用与推广

我国农药的施用20世纪50年代就开始了,主要为无机金属制剂,70年代被禁用;60年代开始有机农药的施用,主要是有机氯类农药,80年代被禁用;70年代农药等化学投入品急剧增加,品系更加多样化;80~90年代迅速发展,农药投入已经达到相当高的水平。目前,农药中杀虫剂的主要品种有有机磷、氨基甲酸酯、拟除虫菊酯等类别,除草剂有酰胺类、磺酰脲类等类别,杀菌剂主要有有机硫、有机磷等类别(见表7-1)。各种类别、剂型登记农药共500多种,农药施用面积达到1.5亿公顷。

**表7-1 我国各个时期农药施用状况**

| 年代 | | 20世纪50年代 | 20世纪60年代 | 20世纪70年代 | 20世纪80~90年代 | 21世纪 |
|---|---|---|---|---|---|---|
| 施用类别 | 农药属类 | 金属类、无机类 | 有机氯类、有机磷类 | 有机氯类、有机磷类、氨基甲酸酯类 | 有机磷类、氨基甲酸酯类 | 杀虫剂:有机磷类、氨基甲酸酯类、拟除虫菊酯类<br>除草剂:酰胺类、磺酰脲类<br>杀菌剂:有机硫类、有机磷类<br>植物生长调节剂 |
| | 主要剂型与品种 | 砷酸铅、砷酸汞、硫酸铜 | DDT、HCH、敌百虫、1065 | DDT、HCH、敌百虫、1065等、氧化乐果、1059 | 甲胺磷、乐果、氧化乐果、克百威、氯菊酯、杀虫脒 | |
| 施用量 | 总产量(万吨) | 13.96(a) | 20.38(b) | 20.80(c) | 108.7(d) | 146.0(e) |
| | 平均施用量(公斤/公顷) | 0.88 | 1.42 | 1.40 | 7.25 | 11.2 |
| | 评论及描述 | 施用量小,范围较窄,但是污染度重,农田重金属超标严重;20世纪70年代被禁用 | 农药施用范围逐渐扩大至全国各地,造成有机氯污染;DDT、HCH在20世纪80年代被禁用 | 原药品种超过100个,但DDT、HCH等有机氯产量占1/4以上;施用量开始出现大幅度增长 | 我国农药总产量开始占世界第二位,原药品种有250个;施用量迅速发展;有机磷类农药成为主导品种 | 我国农药施用量不断上升,甲胺磷等剧毒农药的施用量占30%以上,对农业环境安全及食品安全构成巨大威胁 |

注:(a)取1956年的数据为代表,农药量为各商品剂型施用量;(b)取1969年的数据作为代表,农药量为各商品剂型施用量;(c)取1979年的数据为代表,农药量为原药的产量;(d)取1995年的数据作为代表,农药量为各商品剂型施用量;(e)取2005年的数据作为代表,农药量为各商品剂型施用量。

资料来源:《中国农村统计年鉴》(1990~2006),屠豫钦(2007),朱兆良、David Norse等(2006),陈英旭等(2007)。

### 7.2.2 俞村农药的施用与推广

俞村的农药施用始于1966年，长期以来以使用杀虫剂为主，第一种杀虫剂就是HCH粉剂，通常称作"666"，按照1∶500的掺土量配比施用，主要用来防治水稻青苞虫、小麦吸浆虫、棉铃虫等。1968年，人民公社开始组织农药施用技术员的培训。1969年，农户开始使用乳油剂的敌百虫、DDT(滴滴涕)、1065等，主要用来杀灭水稻螟虫、棉花蚜虫和蔬菜蜗虫等。人民公社体制下，药物的供给来源于农业部门的用药计划，并通过供销系统的渠道分配下去。农药由各生产小队的技术人员专门保管与使用，一直到1981年家庭联产承包经营的推行(见表7-2)。

表7-2 俞村各个时期农药施用状况

| 年 代 | | 20世纪60年代 | 20世纪70年代 | 20世纪80~90年代 | 21世纪 |
|---|---|---|---|---|---|
| 施用类别 | 农药属类 | 有机氯类 | 有机氯类、有机磷类 | 有机磷类、氨基甲酸酯类 | 甲胺磷、氧化乐果、呋喃丹、杀虫双、除草醚、特劲锐、敌稗、福美双 |
| | 主要剂型与品种 | DDT、HCH | DDT、HCH、敌百虫、敌敌畏 | 甲胺磷、乐果、氧化乐果、1065、杀虫脒、1059 | |
| 施用量 | 施用量(公斤) | 203(a) | 249(b) | — | 2739(c) |
| | 平均施用量(公斤/公顷) | 1.03 | 1.26 | — | 13.6 |
| | 防治结构 | 传统防治为主，化学防治为辅。农药以杀虫剂为主 | 虫害的防治中，农药的比重上升 | 虫害的防治主要依靠农药，除草剂开始推广并使用 | 虫害的防治基本上依靠农药，除草剂开始大规模施用，杀菌剂主要在养殖业中施用，植物生长调节剂主要用于蔬菜种植中 |

注：(a)取1969年的数据作为代表，农药量为各商品剂型使用量；(b)取1979年的数据为代表，农药量为原药的产量；(c)取2007年的数据作为代表，根据62户农户调查的用药量推算而来，农药量为各商品剂型使用量。

资料来源：根据在官氏县农业局资料室、官氏县供销社资料室，查阅俞村农科队资料以及在俞村的调研资料整理。

俞村在 20 世纪 60 年代后期开始施用农药,在 80 年代之前,一直处在较低的施用水平上,略低于全国的施用水平。大集体时期,农业生产资料的计划供应体系制约了生产队的农药供应水平,农药的使用状况受制于供给状况。80年代之后,我国农药产量以每年 15% 的速度上升,农药供应结构也发生了很大的改变,具有自主生产经营权的农户在逐步放开的农药市场上很容易就能购买到农药,农户的需求状况决定农药的施用状况,农药的施用量急剧增加,尽管20 世纪 80 ~ 90 年代农户对农药的计量单位不是很清楚,也难以估算出当地具体的农药使用状况,但农药使用量增多则是事实。到 2007 年,根据估算,当地的农药使用总量已经超过 2700 公斤,施用强度达到 13.6 公斤/公顷,超过了全国的平均使用水平(见图 7 - 1)。

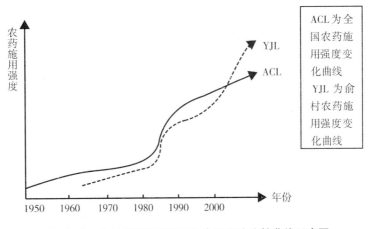

图 7 - 1　俞村农药施用强度与全国平均比较曲线示意图

关于农药的施用结构(见表 7 - 3),用农药来作为杀虫剂的有 62 户,用来除草的有 55 户,用来杀菌的有 12 户,说明当地农药的主要用途是杀虫和除草。当地农户中有用三唑酮浸泡稻种的习惯,但是农户们不知道这样做的目的是杀菌,而认为是杀虫。杀虫剂在水、旱各种作物中都得到应用,但除草剂一般主要用在水稻、小麦等粮食作物中,而花生、红薯等旱作物的除草,用人工方式完成的仍然占很大的比例。关于他们知道的农药,回答最多的是杀虫双、敌杀死、乐果①、呋喃丹、甲胺磷、百草枯、敌稗、除草醚等。而这些农药大多是有机磷和氨基甲酸酯类农药,属于高毒、高残留农药。而有些已经在全国其他地方推广

①　当地农户大多将氧化乐果误认为就是乐果。

的生物制剂农药,俞村农户却并不熟悉(见案例7-1、案例7-2和表7-4)。

表7-3 62户农户关于农药种类的相关回答(一)

单位:户

| 问题 回答 | 杀菌 | 除草 | 杀虫 |
|---|---|---|---|
| 你家农药主要用来干什么? | 12 | 55 | 62 |

资料来源:根据调研资料整理。

表7-4 62户农户关于农药种类的相关回答(二)

| 施用的主要农药 | 乐果 | 氧化乐果 | 对硫磷 | 辛硫磷 | 杀虫双 | 敌敌畏 | 甲胺磷 | 敌杀死 | 呋喃丹 | 百草枯 | 敌稗 | 除草醚 | 锐劲特 | BT剂 | 绿帝 |
|---|---|---|---|---|---|---|---|---|---|---|---|---|---|---|---|
| (户次) | 46 | 29 | 22 | 19 | 31 | 26 | 15 | 28 | 25 | 39 | 41 | 17 | 2 | 3 | 5 |

资料来源:根据调研资料整理。

案例7-1 62-11,男,47岁,陈村村民小组人,全家6口人,其中,劳动力4人,从事农业生产的劳动力2人,本人农闲从事兼业。2007年耕种4个人的土地,共计4.5亩,水田4亩左右,旱地0.5亩左右。全年共种植水稻4亩,油菜籽2.2亩,花生0.5亩,种植面积6.7亩,复种指数1.48。当年该农户共施用农药7.5公斤,其中氧化乐果1.5公斤,杀虫双3.5公斤,敌稗1.5公斤,百草枯1公斤。农药施用强度为16公斤/公顷。

案例7-2 NJ-08,男,55岁,晓庄村民小组人,全家5口人,其中,劳动力3人,从事农业生产的劳动力2人,本人曾是集体化时期生产小队农业技术员,现体弱多病,属纯农业劳动力。2007年耕种7人土地,共8.5亩,水田7亩,旱地1.5亩。全年共种植水稻7亩,油菜籽3.2亩,棉花1.5亩,种植面积共11.7亩,复种指数1.37。当年该农户共施用农药10公斤,其中乐果1公斤,甲胺磷2公斤,呋喃丹2公斤,杀虫双2.5公斤,百草枯2.5公斤。农药施用强度为12.8公斤/公顷。关于农药的使用结构,他认为:"在大集体时代,主要使用666粉、敌敌畏、敌百虫、1059、1065和乐果(其实是氧化乐果)。其中1059最毒,我当小队农业技术员时曾经3次打这个药中毒,现在这些药毒性要小得多,不过也不好,得加大药量,得打好几道药才能治住虫子。""什么锐劲特,没有听说过!什么绿色农药,是听说过,电视上经常有做广告的,但是不知道是什么绿色农药。其实不管什么药,只要能够治住虫就行。"

# 7.3 农药施用与粮食生产生态性约束的生成

## 7.3.1 有关农药施用生态性约束的理论及观点

关于农药施用产生的生态性约束,舒尔茨(1995)认为,农药等化学物质在农业生产中的应用,是工业化产品投入改变粮食生产函数的一个重要表现,但是这种投入仅仅按照工业化投入产出有效性的逻辑来进行,农民的反应被忽视。工业化被推到有损农业发展的地步,农业被榨取,工业化产品导致土地每况愈下的经济重要性被置之度外。可见舒尔茨对农药等化学物质对粮食生产生态性约束的分析是沿着新古典经济学的要素投入与产出的角度进行分析的。主要强调物质投入对粮食产出的扭曲和土地资源的破坏而产生的负外部性。祖田修(2003)认为,农药施用造成的生态性约束是农业外部不经济的一个重要表现,农药的大量投入会严重降低食品的质量,损害人体健康。黄季焜等(2000),阎文圣等(2002)主要围绕农药施用对我国土地、农业环境构成的破坏进行研究。郑风田、赵阳(2003)主要从农药施用残留对影响我国农产品出口以及我国宏观国民经济形势进行考察。冯海发(2006)的研究着重阐述了农药等化学物品的使用对地下水、土壤本身的生物系统、农业从业者和农产品的负面作用,指出石油农业、化学农业是现代农业的两大技术特征,而农药的施用是化学农业的最突出表现形式,现代农业对自然生态环境的负面影响,是生态性约束产生的主要根源。李红梅等(2007)从风险与安全角度对农药施用产生的生态性约束进行了总结,认为农药的不当施用可能会造成四个方面的问题,即对施药者的安全、对粮食作物的安全、对环境的安全、对消费者的安全产生威胁。Crissman、Antle、Capalbo(1998)等则利用综合模拟模型实证研究了厄瓜多尔 Carchi 省土豆生产中经济、环境和健康的关系,具体考证了农药对粮食生产的正效用和对环境、健康的负效用,即生态性约束。

通过以上学者的研究成果发现,农药施用对粮食生产力的各个方面都构成了负面效应。既有对农业生产劳动者的影响,又有对土地环境等劳动资料的影响,同时对农业劳动产品也有着巨大的影响。俞村农药的施用强度已经超过了全国的平均水平,那么当地农户对农药施用产生的负外部性如何认识呢?

### 7.3.2 农户对农药使用危害的总体认识

农药施用的生态性约束问题既是一个客观上存在着的真实生物物理现象的问题,也是一个人们对自己以为这个环境是什么样子的看法的问题(李友梅、刘春燕,2005),农户对农药基本的认识问题对农药施用生态性约束的生成事关重大。

在关于农药施用是否有负面影响的问题中(见案例 7 - 3、案例 7 - 4 和表7 - 5、表 7 - 6),65%左右的农户认为"有负面影响",但是有一部分农户不能具体说出有哪些负面作用。在回答关于农药施用的主要危害的认识上,62 户农户中,认为对食品安全构成危害的有 27 户,认为污染农田水系的有 17 户,认为对土壤、大气、动植物、农业生产者、庄稼本身产生负面影响的有 18 户左右。可见农户对农药施用负外部性的认识主要来源于对食品安全的关注,而较少考虑农药施用对土壤、大气、动植物等环境方面的影响。由此说明农户对农药使用造成的负外部性的认识仍然是浅层次、单方面的,主要涉及与自身健康相关的饮食与疾病层面上,而农药施用造成的环境负面效应则往往被农户忽视。

表 7 - 5 62 户农户关于农药施用产生的负面作用的相关回答(一)

单位:户

| 问题 \ 回答 | 没有 | 有,但不大 | 有,且很大 | 不好说 |
|---|---|---|---|---|
| 你认为农药施用有没有负面的效果 | 18 | 23 | 16 | 5 |

资料来源:根据调研资料整理。

表 7 - 6 62 户农户关于农药施用产生的负面作用的相关回答(二)

单位:户

| 问题 \ 回答 | 污染粮食、蔬菜等 | 污染农田水系 | 污染土壤、空气 | 打药中毒 | 毒害田野动植物 | 毒害庄稼 |
|---|---|---|---|---|---|---|
| 你认为农药施用的负面影响,主要表现在哪些方面(最多可以选择两个答案) | 27 | 17 | 6 | 8 | 4 | 0 |

资料来源:根据调研资料整理。

案例 7 - 3　62 - 33,女,47 岁,河西店村民小组人,纯农户。"农药肯定有毒,因为它能杀死虫子,有时我们打药之后也有被药晕的现象,这些年经常听说有人得癌症,还有一些稀奇古怪的病出现,可能都与打农药有关系。特别是乌宋店那边种菜的,哪一步都要打农药,清地要打药,提苗要打药,催花要打药,坐果也打药,菜种出来怪好看的,但是都是药养出来的,我们经常看见他们这样侍弄菜,产量高,也能卖上好价钱。但是我们都不买他们的,都卖给城里人了,现在我们农村人买菜也形成了专挑有虫子的菜买的习惯了。"

案例 7 - 4　SJ - 07,男,41 岁,乌宋店村民小组人,外出务工农户。"跟以前的 1059 等农药相比,现在的农药的毒性要小得多了,用起来也没有什么太大的反应,说明农药的施用除了杀虫、除草之外没有什么不好的方面。""也不是说农药没有一点不好的方面,因为农药毕竟是非常难闻的东西,但我也说不清具体哪一个方面不好,可能是现在打农药长起来的庄稼吃起来'瓜不香、果不甜、菜无味'吧。"

### 7.3.3　农户对农药施用危害食品安全的认识

在回答关于食品安全威胁的主要表现时,36 户农户中,有 23 户将现在癌症的高发病率归结于与农药施用有关,5 户认为农药施用导致食品、蔬菜的味道与品质下降,3 户认为很多莫明其妙的病症可能与农药施用有关,另外 5 户回答"不好说"。

36 户农户中有 8 位来自乌宋店和王坊两个自然村,根据他们的回忆及统计:从 1981 年至今,已知两个村死于癌症的人数高达 22 人,占两个村总死亡人数的 26.8%,为死亡率最高的疾病(见表 7 - 7)。由于 30 年前的疾病诊治与疾病名称的不确定性,加上历时较为久远,我们对 1982 年之前的癌症死亡率没有一个准确的数字,但是根据大家的回忆,从新中国成立到现在的近 60 多年,前 30 年两个自然村确定死于各类癌症的人数为 4 人,尽管实际死于癌症的人数可能要多于这个数,但是最近 30 多年死于癌症的人数急剧上升则是肯定的。

近 30 年来,正是我国化肥、农药施用大量增加的时期,农用化学品的大量增加和癌症发病率的突然上升,让农户们自然而然地将物理、化学、毒化、性状明显的农药与之联系起来。许多医学研究已经通过试验的方法证实了农药施用的"三致"(致癌、致畸形、致突变)机理。这说明人们对农药等施用引起的环境认知程度和反应方式还是基于与健康/疾病有关的个体生存理性,而非基于改善生态环境的社会理性。

表7-7 1982年以来,俞村乌宋店、王坊自然村死亡人数及病、死因统计

单位:人

| 病因 | 心脑血管疾病 | 呼吸系统疾病 | 消化系统疾病 | 妇科疾病 | 自杀 | 工伤等意外死亡 | 泌尿系统疾病 | 各类癌症 | | | | | 其他 |
| --- | --- | --- | --- | --- | --- | --- | --- | --- | --- | --- | --- | --- | --- |
| | | | | | | | | 食管癌 | 胃癌 | 肺癌 | 肝癌 | 膀胱癌 | |
| 乌宋店村 | 10 | 3 | 4 | 1 | 3 | 3 | 1 | 5 | 1 | 3 | 1 | 1 | 6 |
| 王坊村 | 6 | 4 | 5 | 1 | 2 | 1 | 2 | 7 | 1 | 1 | 2 | 0 | 4 |
| 合计 | 16 | 7 | 9 | 2 | 5 | 4 | 3 | 22 | | | | | 10 |

注:以上主要统计18~55岁已知病因的死亡状况,不明病因的死亡、婴幼儿的死亡、老人的寿终正寝及家人不愿意说出死因的不在统计之列,本数据不能作为人口增长率及医学统计死亡率的直接数据及推断数据。

资料来源:根据在俞村的调研资料整理而成。

### 7.3.4 农户对农药施用产生生态性约束的认识

案例7-5 NJ-04,男,54岁,扈厂村民小组人,兼业农户。"农药对农田水体肯定有污染,每年有那么多农药打在田里,下雨呀、排水呀,农药就带到河湖塘堰中了,像我们村每年都有猪鸡鸭等吃庄稼、喝脏水被药死的情况出现。有些庄稼人为了防止庄稼被散养的禽畜糟践,还专门在田地中下药呢。原来常见的蛇呀、蟹呀、黄鳝呀、鹭鸶鸟呀、野鸡、野鸭呀,这些年确实少多了,跟打农药有很大关系。这也好,这些鸟兽鱼虫糟践庄稼的现象少多了,什么时候能用农药将麻雀也整掉一点(药死)就好了。"

在关于农药施用对环境的危害的调查中,认为对田地土壤有影响的农户最多,其次是认为对农田水系有影响,而认为对田野动植物有影响、对害虫天敌构成危害、对河湖公共水域构成污染的农户较少,而认为对大气构成污染的没有1户。

农户们更多的是担心农药在土壤中的富聚可能导致的对庄稼的毒化作用而导致粮食生产的减产。至于农药对农田水系的污染,农户们反应,每年都有禽畜误饮农药污水中毒的现象,特别是鸡、鸭等体形较小的家禽很容易中毒。至于农药对农田动植物和害虫天敌的毒害作用,农户们的反应很平淡,他们认为像农田里的蛇虫等本来就是应该被杀灭的对象,像蛇、鳝、蟹、鸟等爬行类和飞禽类经常破坏田垄,侵食庄稼,即使不使用农药,也是应该消灭与控制的(见案例7-5)。

以上事实说明,农民们对农药施用造成的生态性约束的认识还是从基于最基本的确保粮食生产、家畜家禽安全的需要出发的,至于对作物、农田动植物、微生物系统以及水、气、土等自然生态系统产生的负面作用与影响,大部分农户还是模糊的。说明农户对农药使用导致的农业环境变化有一定的认识,但只是处于是否会影响其收入的一种生存理性,农户的环境意识与农村社会经济转型的初级阶段是一致的。

## 7.3.5　农户对农药施用危害农业生产者自身和庄稼的认识

至于问到农药施用对用药者造成的危害中,大部分农户中认为最大的危害还是打农药致死和深度中毒现象。轻度不适反应和闻不惯农药的气味根本不能算作农药中毒,农药施用对施用者造成的危害不算大家关注的问题。至于农药施用对庄稼造成药害的可能性,农户们反映,只要不是用量大到一定程度,就是按照说明书上的 2～3 倍,一般来说也不会对庄稼造成什么危害(见案例 7-6、案例 7-7)。

案例 7-6　62-25,男,47 岁,俞村村民小组人,兼业农户。"像 666、DDT、1059、1065 都没用了,现在的药都不毒,打药总体来说还是安全的。只要不是在天气特别热的中午打药一般不会出现中毒现象。要是夏天中午打药,出汗太多,毛眼打开,很容易中毒。""我们打药连口罩都不带,也没事。有时打药之后出现头晕、恶心现象,过一会就好了,不算药物中毒。"

案例 7-7　SJ-01,男,51 岁,汪店村民小组人,兼业农户。"打药导致的庄稼药害现象听说过,有些人一桶药配了 5 瓶盖敌敌畏,结果虫子死了,棉花叶也全枯了。但是我们'村'(注:指自然村)从来没有出现过。""配药不能按照药瓶上的说明来,那样打不死虫子的,说明书上说一桶水配一瓶盖,你就倒一盖半或者两盖就行,只要不超过三盖,庄稼都受得了。""这是经验,我们村都是这样配药的,不用看说明,这样配就行,大家摸索出来的。现在的药'假'(注:不是指假药,而是特指浓度不高)得很,必须多加点。"

可见农药施用中滥用药、超标配药已经成为一种常见现象,农药对粮食作物的毒化作用在农业实践层次上毕竟不明显,导致农药对作物的毒化作用已经不能成为控制农户过量用药的机制。农户大量施药、频繁用药,既造成了农药的大量浪费,又造成了对环境的巨大威胁。郝亚琦(2007)、李伟华等(2007)的研究表明,我国每年施用的 100 多万吨化学农药中,真正作用于有害生物的甚至只有 10%～20%,其他 80%～90% 则流失在土壤、水体和空气中,污染水、土、气等环境资源。一些难降解的化学农药几乎得不到任何分解就被植物吸收,在果实茎叶和根部富集,对人和动物内分泌系统、免疫系统、神经系统产生干扰作用,影响生殖机能,造成雌性化、后代生命力退化,威胁生物多样性,以致出现当前生物物种灭绝的速度达到自然灭绝速度的 1000 倍的现象。

　　综上所述,农户对农药施用的生态性约束或多或少还是有一定的认识,但农户的认识程度是有层次与差异的。在这种生态性约束中,农户最关注的是农药施用对食品安全产生的影响,其次为农药施用对环境的负面影响。至于农药施用对农药施用者和作物造成的危害一般不在农药认识与考虑范围之内。

# 7.4　农药施用生态性约束的生成机制

农药施用生态性约束的原因非常复杂,主要来自以下几个相关因素。

## 7.4.1　自然区域特征

　　降水对农药施用的生态性约束的大小有显著影响。在降水量大,雨热同季的湿润、半湿润地区,农药施用造成的农药污染很容易通过淋溶、地表径流等作用而迅速在整个区域形成面源污染;而在降水量较小的干旱、半干旱地区,农药的大量施用则很容易在特定区域内在植株上富集,形成对作物的毒化作用。海拔较高区域农药施用的负外部性容易向海拔较低的区域转移,河流上游的农药环境污染造成的后果较轻,而中下游的后果要严重得多。

## 7.4.2　农药的技术发展因素

　　农药的技术因素主要反映了不同农药的理化性质,这是影响农药污染程度的主要因素之一。例如,20 世纪 70 年代之前,我国施用的无机类的金属农药、有机氯农药的性质稳定,不易分解,尤其是有机氯农药具有持久性,以至于在禁用 20 多年后全国大部分地区仍有残留。当前农药施用中占主导的有机磷类、氨基甲酸酯类等类农药残留期较短,相对于有机氯农药的土壤污染程度要轻得多。生物农药由于其与环境的相容性、不杀伤天敌、对生态链的影响很小而代表了未来农药技术发展的新方向。

### 7.4.3　农药施用的宏观制度因素

在制度经济学中,制度是能够约束人们行为的一系列规则。农村土地产权制度、农业生产组织和农业生产的决策制度、农业资源的配置与供给制度以及农村社会中许多非正式制度等都是对农药使用生态性约束的形成具有重要影响的制度因素。人民公社时代,农业资源配置的交易活动完全是上级对下级的强制性的"政府交易"和"管理交易",化肥、农药等粮食生产资料的分配、使用,完全由国家决策,农民只是执行这种决策,加之当时化肥农药等的用量非常有限,所以,农业生态环境问题作为政府决策者考虑的问题,除了因过度开荒造成的水土流失外,并未出现严重的局面(王跃生,1999)。而家庭联产承包责任制这一制度所特有的分散经营方式在解决生态性约束问题上具有很大缺陷,特别是农民具有对农药等化学物品的自主使用权,在与之相配套的化学物品控制性制度缺乏的情况下,由化肥、农药等化学物品为主引起的农业生态环境问题在20世纪80年代严重恶化了。

### 7.4.4　农户施药行为

农户施药行为是农户环境行为的重要构成部分。施药行为是农户在利益驱动下,根据自身条件和周围客观的自然、经济和社会环境进行的生产性投资选择和技术采纳活动(张云华等,2004)。农户是农药使用的微观主体,因此研究影响农业生产者使用农药的行为十分有必要。例如,农户对农药及农药施用所产生的环境健康问题的认识不仅影响了农药施用的强度,而且还影响农户对不同品质农药的选择。一般来说,了解农药污染的农户,倾向于采用无公害及绿色农药;而了解农药杀虫抗病有效性的农户,在其他条件一定的情况下,易于选择高毒农药。

其中,区域自然因素是相对稳定的,农药技术的发展更多的是一种厂商行为,是按照一定的技术进步类型来演化的。而宏观制度因素和微观的农户行为则是影响农药施用及生态性约束生成的重要变量。人们的经济活动总是在一定制度约束下的理性活动,因此宏观的制度因素成为分析农户微观施药行为的背景。农户的施药行为在宏观制度因素的调节下对农药施用具体过程和农药施用的生态性约束生成构成巨大的影响。有时候农户的施药行为和宏观的制度因素被融为一体,难以区分。

# 7.5 农药施用生态性约束产生的原因(一): 制度的分析

农药施用生态性约束主要是指农药的过量施用、滥用、不科学施用导致的农药对粮食作物系统、粮食生产者自身、农业生态系统、大气水等自然环境、农产品安全等方面构成的危害与负面作用,并且这种负面作用的阈值超过了自然界容纳、消解能力和人类技术处理能力的范畴,对人与自然的危害达到了一定程度的现象。不同农业生产的土地制度、农业生产的组织形式等制度性设计对农药使用生态性约束的产生起着不同的作用。

## 7.5.1 家庭联产承包经营突出小农经营分散性与农业生产环境整体性的矛盾,这是农药施用生态性约束产生的产权制度原因

不同农业制度对农业生产的要素与资源系统的配置方式是不同的。不同农业制度下的农业资源、要素通常包括:农业劳动者、农业生产工具、土地、农业生产公共资源、农业生产流动资源。制度对这些要素和资源不同的控制与制约形式,构成了不同农业生产的产权制度。制度对劳动者的控制与制约方式称作农业生产的组织制度,制度对土地的制约与分配方式称作土地产权制度。对土地产权制度和农业生产组织制度的分析是制度经济学用来分析农业生产制度的最常用的分析框架。在分析生态性约束生成中,还要涉及对农业环境资源产权的分析。农业环境资源不像土地那样有清晰的地垄界限,而是一种具有公共性与流动性的产权关系。在不同农业发展阶段,各种产权的重要性与农户产权关系的配置方式是不一样的(见表7-8)。

### 7.5.1.1 传统农业时期农户生产的产权状况与生态性约束

在传统的小农经济时期,我国粮食生产中活劳动(劳动力)的供给一直是充裕的,而土地资源的供给则是稀缺的。我国农业资源产权中最重要的产权就是获得基本的土地需求。亚当·斯密这样描绘土地产权对中国农户的重要意义,"在中国每个人的极大抱负就是得到一块土地,或者是自有,或者是租人"(亚当·斯密,2007)。相比之下,农业环境资源产权就显得有些无足轻重了,

表7-8　不同时期,我国农业产权安排对生态性约束生成的影响分析

| 时　期 | | 传统农业时期 | 农业集体化时期 | 家庭联产承包经营时期至21世纪初 |
|---|---|---|---|---|
| 农户权利(以产权为核心) | 土地产权 | 私有产权 | 集体产权 | 集体产权 |
| | 生产经营自主权 | 农户家庭自主经营 | 集体劳动 | 农户家庭自主经营 |
| | 流动的环境产权 | 与土地产权捆绑在一起 | 受制于国家计划,在土地产权范围内发挥作用 | 化学农业不断侵蚀农业环境产权的边界,造成农业负外部性加大 |

因为农业自然环境在现代生产要素投入之前是紧紧地与农村土地产权捆绑在一起的,农业自然资源环境的产权关系表现为土地相邻权的关系。例如一个乡村农户庄稼地中过多的虫灾有可能向其他地块蔓延,一个地块中肥沃的土壤有可能在农田水流的作用下流向其他的地块,但是这种对流动产权的自然占有与分配格局对农业资源的利用影响不大。所以我国传统农业发展时期农业资源争夺的焦点是土地的所有权,农业环境资源产权引起的问题倒不是十分明显。农业问题的根源在于土地产权的占有分化以及由于农业技术的落后性导致农户始终没有摆脱生存危机的"粮食"陷阱。由于农业生产技术的落后性,我国传统农业中的土地产权与农业环境资源产权基本上是调适的,农业的生态性约束相应较小。

### 7.5.1.2　集体化时期农户生产的产权状况与生态性约束

集体化时期,土地产权被重新安排,由农民土地私有产权变为集体所有产权,解决了土地产权分化的问题,同时化学农业、生物农业的发展也提高了粮食生产的技术水平。这时农业、农村问题的焦点是:在集中计划、集体劳动、统一分配制度下,农业生产的组织交易成本(包括农业生产者非自愿执行上级命令带来的强制成本、组织农民劳动的组织成本和监督成本、"搭便车"行为造成的浪费等)太高,从而导致农业生产的低效(王跃生,1999),即农业生产的组织制度是农业发展中的最大问题。至于农业环境资源产权关系,由于以生产队乃至于人民公社为单位的土地产权足够的大,化学农业的作用边界与土地的产权边界也基本上重合,加上化学生产资料的需求由于受制于生产能力和计划供应体制也是被控制在一定量的范围之内,化学农业引起的生态性约束也被控制在一定的程度之内。

### 7.5.1.3　家庭联产承包经营时期农户生产的产权状况与生态性约束

家庭联产承包经营制度的实施，农户以家庭为单位经营土地，解决了过大的土地产权导致的收益关系不明确问题和过大的农业生产组织形式造成的巨大交易成本问题。但是土地产权在逐渐明晰的同时，个体经营对环境资源等流动产权的侵蚀现象却在加剧，主要表现为农户对化肥农药等农业化学品的过施与滥用。中国农民的经济行为（包括环境经济行为）的方式和特点，正是在这样的产权制度下形成的（王跃生，1999），因此，生态性约束凸显。

综上所述，家庭联产承包经营突出了我国小农业分散性，使得农户履行对农业环境资源的权利与义务纯属于农户个体行为，但是，环境资源具有不同于土地产权、农业生产经营自主权的特征，其产权具有社区整体性、资源的公共性与流动性，即只有社区范围内每个农户都履行保护农业环境资源的义务，农业环境资源产权的权利与义务划分才能够清晰化。但是在当前情况下，农户个体无法确保对整体农业环境资源的权利实现，即个体农户无法制止其他农户对农业环境资源的滥用和破坏；同时，当农户将环境资源看作是一种共享的生产条件，而不被计入生产成本当中时，他们普遍表现出对保护生态环境的责任感不强（陈利顶、马岩，2007），即个体农户无须承担对整体性的农业环境资源保护的义务。个体农户既不能干预其他农户具体的施药过程，避免农药过量施用、高毒农药施用给农业整体环境和自身的健康状况构成的威胁，也无须控制自己的过量施药行为、高毒农药施用对农业整体环境和其他农业生产经营者构成的负面影响。这样，农户经营过程中的个体施药行为和环境资源的流动性、整体性、共享性的矛盾就出现了，成为农药施用生态性约束形成的产权制度原因。

## 7.5.2　化学农药以高毒、高残留为主导的发展格局，是农药施用生态性约束产生的技术基础

（1）农业技术的异化现象

农药施用生态性约束是现代性工业化技术与产品应用于粮食生产造成的对自然界、人类负面影响的重要表现。日本学者来米速水（1990）认为，"化学农法是工业化的农法，它抑制了生命的本能，浪费了环境，使人类吃的东西（粮食或食品）变得劣质，使应当是'有机的、生命物质生产的'农业变为'无机物生产的'工业，结果一方面带来生产力的飞跃发展，另一方面导致农村和农业生产环境恶化，以及食品劣质化"。农药，特别是各种无机农药的大量施用，实际

上是技术对农业本身生物物理系统的反生态颠覆,是农业技术异化现象。巴里·康芒纳(1997)认为无机肥料以及合成杀虫剂等很多农业生产新技术都是生态学上的祸患,农业企业是环境危机的一个主要肇事者。以机械化、化学化、生物化为主导的现代农业技术比前现代农业技术对生命过程的干预要更强烈、更直接和深入,对土壤、气候、资源、水、能源的消耗和浪费更大,从而导致森林减少、水土流失、资源枯竭,同时削弱了动植物生物有机体生命力,导致病虫害的多发。为了治理病虫害,大量地施用农药,又造成了更严重的恶性循环(胡晓兵,2007)。

(2)农药施用与农业技术的异化现象

就农药技术而言,不管是20世纪50～60年代占主导的金属基无机农药、有机氯农药,还是当今占农药施用大多数的有机磷等农药,无论技术怎样发展,它们都不能克服对人与自然的危害与毒化作用。

新中国成立初期至20世纪70年代,我国使用的无机类、有机氯农药水溶性高、脂溶性低,表现高残留、易迁移特性,以致在禁用近20年后全国大部分地区的土壤中仍有残留。1992年,国家环保总局测试表明,江苏南通土壤中DDT最高残留量达1.23毫克/公斤。换代的有机磷、氨基甲酸酯类、有机氮类杀虫剂和磺酰脲类除草剂的使用,相对减轻了土壤污染程度,然而污染范围却因农药使用范围扩大而扩大。2007,我国农药年用量为170万吨,居世界首位,其中剧毒的有机磷类农药年使用量约占70%。当农药残留在人体中达到一定的数量,不为人体所分解时,将无法避免地发生各种病变。根据国家有关部门统计,近年来在食物中毒病例中由农药残留引起病例所占比例越来越高,由农药引起的中毒死亡人数占总中毒死亡人数的20%左右。仅注重剧毒农药的药效,仍然继续使用国家已明令禁止使用的如甲胺磷、呋喃丹等高毒高残留农药,导致粮食及蔬菜农药残留超标的现象仍然存在。而一些低毒、低残留、与环境的相容性好、不杀伤天敌、对生态链的影响很小的生物农药却难以得到推广。徐燕等(2007)对2005年重庆市万州区所使用的农药进行调研发现,杀虫剂中有机磷农药占60.0%左右,其中甲胺磷、甲基对硫磷、对硫磷、久效磷、磷胺等5种高毒农药占有机磷杀虫剂的比例高达58.4%。1992年在"世界环境与发展大会"上,中国承诺2000年国内使用的生物农药将达到国内农药市场的60%以上,但至2007年,我国国内年生产生物农药只有6万吨。而我国目前以BT剂、井冈霉素和阿维菌素为主的各类生物农药施用面积仅占病虫害防治总面积的10%～15%(贺伟华、左英,2007)。

以有机磷为主导的化学农业生产与供应格局,必将导致化学农药的大量与过量施用,必将导致病虫抗药性增强、污染环境、破坏生态、杀伤天敌而形成恶性循环,严重地破坏了我国的生态系统。

### 7.5.3 农药的市场环境对农药施用的负向引导机制

市场制度是资源得到最优配置的基本前提,也是经济发展的平台。但是在具有外部性的场合,市场谈判不可能达成交易(王跃生,1999)。农药施用是具有强烈外部性的情况,农药市场环境对农药施用生态性约束的生成具有重大影响。

#### 7.5.3.1 农药的技术类别及市场类别

如表7-9所示,根据农药生产的品种来源,可以将农药分为有机合成农药和生物农药。其中有机合成农药又根据毒性分为无公害农药、绿色农药和高毒、剧毒农药三类。无公害农药指全国农业技术推广服务中心推荐的在无公害农产品生产中施用的无公害农药品种,如乐果、敌敌畏、辛硫磷等;绿色农药指符合农业部绿色食品发展中心颁布的《生产绿色食品的农药使用准则》中生产绿色食品允许使用的农药品种;高毒农药指农业部发布实施的《农药限制使用管理规定》及其他农药管理规定和公告中规定的高毒、剧毒农药品种,如甲胺磷、甲拌磷、氧化乐果、杀虫醚等。生物农药主要指对作物病、虫、菌等有害生物具有抑制作用的生物活体、代谢产物和转基因产物进行加工而制成的商品生物源制剂,包括细菌、病毒、真菌、线虫和转基因植物等。生物农药是一个完全不同于传统化学合成农药的概念,具有低毒、低残留、广谱、无公害等特征与优势,代表未来农药的发展方向(贺伟华,2007)。根据农药市场管理可以将农药分为市场准入农药和假冒伪劣农药。市场准入农药是指一个合格的农药产品,在其包装外表上都标有"三证",即农药登记证,由农业药检部门签发;农药准产证(生产许可证号),由化工部门签发;农药标准号(合格证),由技术监督部门签发。除标明"三证"外,国产农药在标签上都印有6~8位阿拉伯数字,这便是农药的批号。有些地方农药市场还有当地的农药市场准入标志。没有标明"三证"、批号和当地市场准入标志的农药可视为不合格农药或伪劣农药。但是,在市场化过程中,一方面,我国农药的市场供给日渐繁荣,农药品种日渐丰富,经营机制日渐灵活;另一方面,随着农药经营网点的扩大,农药品种更新换代加快,农药经营的市场混乱和市场服务落后的状况也日渐显露。

表7-9　农药的技术分类与市场分类

| 分类 | | 认证机构 | 标识 | 农药举例 |
|---|---|---|---|---|
| 技术分类 | 有机合成农药　无公害农药 | 全国农技推广中心 | 无公害农药标识 | 乐果、敌敌畏 |
| | 绿色农药 | 农业部绿色农业发展中心 | 绿色农药标识 | 绿色农药标识 |
| | 高毒、剧毒农药 | 农业部及其他相关公告 | 高毒、剧毒农药标识 | 甲胺磷、氧化乐果 |
| | 生物农药 | — | | 各种BT剂 |
| 市场分类 | 市场准入农药 | 农业药检部门、化工部门、技术监督部门 | "三证"、农药批号、地方市场准入标志 | — |
| | 假冒伪劣农药 | | — | |

### 7.5.3.2　俞村农药经销的市场网络

俞村农户购药一般通过以下几个渠道:农技部门的经营网点、农资部门的经营网点、个体户的经营网点。调研发现,俞村农户的农药购买主要在以下几个门市部发生:①农业局植保公司宝相寺农资门市部;②农业局植保公司西关农资门市部;③农业局植保公司东门口门市部;④生产资料公司北台子门市部;⑤生产资料公司公安街门市部;⑥生产资料公司南大河门市部;⑦俞村代销店(没有门市牌照);⑧徐店门市部(没牌照);⑨县城北关门市部(没牌照);⑩县城北台子门市部(没牌照)。其中①～③是农业局系统的农药销售网络,④～⑥是供销社的销售网络,⑦～⑩是个体户对农药的零售与代销(见表7-10)。

表7-10　俞村2007年秋季至2008年春季农户农药购买来源一览表

| 编号 | 店面 | 主要农药品种 | 农户购买的主要品种 | 店面资质(a) | 抽检合格率(%)(b) | 购买药量(公斤) |
|---|---|---|---|---|---|---|
| ① | 植保宝相寺店 | Ⅰ类、Ⅱ类、Ⅲ类、部分Ⅳ类 | 敌敌畏、乐果、百草枯、杀虫醚 | 有 | 93.2 | 229 |
| ② | 植保西关店 | Ⅰ类、Ⅱ类、Ⅲ类、部分Ⅳ类 | 敌敌畏、多菌灵、乐果、杀虫双、呋喃丹 | 有 | 96.7 | 176 |
| ③ | 植保东门口店 | Ⅰ类、Ⅱ类、Ⅲ类、Ⅳ类 | 百菌清、敌百虫、百草枯、甲基1065、甲拌磷 | 有 | 91.4 | 193 |

续表

| 编号 | 店面 | 主要农药品种 | 农户购买的主要品种 | 店面资质(a) | 抽检合格率(%)(b) | 购买药量(公斤) |
|---|---|---|---|---|---|---|
| ④ | 生产北台子店 | Ⅱ类、Ⅲ类、Ⅳ类 | 敌敌畏、敌百虫、百草枯、呋喃丹、久效磷、甲胺磷 | 无 | 71.0 | 188 |
| ⑤ | 生产公安街店 | Ⅱ类、Ⅲ类、Ⅳ类 | 精锐特、敌百虫、百草枯、杀虫双、甲基对硫磷、甲拌磷 | 有 | 66.3 | 236 |
| ⑥ | 生产南大河店 | 部分Ⅱ类、Ⅲ类、Ⅳ类 | 氯氰菊酯、乐果、氧化乐果、磷胺、甲胺磷 | 有 | 76.7 | 110 |
| ⑦ | 俞村代销 | 部分Ⅲ类、部分Ⅳ类 | 敌百虫、百草枯、氧化乐果、甲胺磷、对硫磷 | 无 | 63.5 | 589 |
| ⑧ | 徐店代销 | 部分Ⅲ类、部分Ⅳ类 | 百草枯、呋喃丹、甲基对硫磷、磷胺 | 无 | 69.6 | 278 |
| ⑨ | 县城北关代销 | 部分Ⅲ类、部分Ⅳ类 | 杀虫双、敌百虫、百草枯、氧化乐果、久效磷、甲基对硫磷 | 有 | 65.7 | 323 |
| ⑩ | 县城北台子代销 | 部分Ⅲ类、部分Ⅳ类 | 乐果、氧化乐果、百草枯、杀虫醚、磷胺、久效磷 | 无 | 73.3 | 417 |
| 合计 | | | | | | 2739 |

注:①Ⅰ类:BT剂、井冈霉素、阿维菌素、绿帝;Ⅱ类:敌敌畏、百菌清、多菌灵、锐劲特、吡虫灵、噻嗪酮;Ⅲ类:甲基1065、乐果、马拉硫磷、倍硫磷、杀虫双、敌百虫、百草枯、辛硫磷;Ⅳ类:甲胺磷、甲基对硫磷、对硫磷、磷胺、久效磷、呋喃丹、氧化乐果、甲拌磷、水胺硫磷、克百威、抗芽威、杀虫脒、西维因。

②(a)店面资质根据官氏县农业局植检站和官氏县工商局联合授予的"农药准许经营证";(b)来源于官氏县农业局植检站和官氏县技术监督局2007年联合进行的农药产品质量检查、罚没记录。合格的标准为农药的进货渠道是否为从官氏县植保植检公司进货,外包上是否有"三证"、药编、官氏县农业局加盖的准售章。

资料来源:根据官氏县农业局植保植检站和俞村的相关调研资料整理而成。

以上Ⅰ、Ⅱ、Ⅲ、Ⅳ类农药的分列由官氏县农业局农技推广中心提供,Ⅰ至Ⅳ类分别代表了当地使用的生物农药、绿色农药、无公害农药、高毒农药的主要品种。其中:农技部门的经营网点主要是指官氏县农业局植保站下属的生产资料门市部;农资部门的经营网点主要是指官氏县供销社的农业生产资料门市部;个体经营网点主要是乡村个体商业门市部代销的农药产品。

### 7.5.3.3 农药市场高毒供应的市场格局

农资部门的门市中很少有生物农药销售,而个体门市的农药销售则以高毒、剧毒农药为主。农户对高毒、剧毒农药的禁用信息不很清楚,对高毒、剧毒农药的使用已经成为习惯,就近到熟悉的个体农药经营点和农资系统门市购买农药的现象仍很严重。而这些销售点受经济利益驱使,私自从不正规渠道购进高毒、剧毒农药,导致农药市场的有机磷等高毒农药品种比例大,销售中最常见、最易购买,客观上为农药违规使用提供了市场基础(朱兆良、〔英〕David Norse,2006)。2004 年农业部就规定禁止在蔬菜种植中使用对硫磷,2007 年 7 月全面禁止使用。但是到目前为止,当地农户在蔬菜种植中使用对硫磷的现象仍然很常见,对硫磷在个体农药经营点中都有出售,在农资部门的 3 个门市中有 2 个门市仍然还在销售。而个体经营的管理成本低廉、进货门路广、农药价格优惠、经营方式灵活(能够换药、送货上门、可以赊账、预定一次性将一个季度的药配齐等),加上个体经营门市扎根乡村社区,有天然的农户网络和社会资本,能够有效地在农户中推销高毒、剧毒农药(见案例 7 - 8)。

**案例 7 - 8**　JG - 01,女,42 岁,官氏县农技中心农艺师。"我们县的农药经营市场构成主要有三块,我们农技部门是一块,农资部门是一块,还有就是个体的散户经营。农药市场的监督由我们农业、工商和技术监督共同完成。""生物农药、绿色农药、无公害农药、高毒农药目前在我们县市场上都有销售,我们所忧虑的是前两类农药销量太低,高毒农药还有很大的销售量。像甲胺磷、甲基对硫磷、对硫磷、氧化乐果、磷胺等五种有机磷高毒农药已经于 2007 年 7 月 1 日被国家禁销,但是在供销系统和个体农药经营户的门市中均有不同程度的销售。""农药的市场监管尽管有三个部门负责,但力量相对薄弱,导致农药销售市场出现混乱现象。特别是个体农药经营者本身就是农民,而被某些农药生产厂家聘请为农村社区农药直销人员的,他们没有正规的门店,但他们以推销价廉高效的高毒、剧毒农药为主。由于经营方式灵活,经营对象是熟人,却有很大的农药销售量,而农技、市场管理部门又很难对他们进行管理与查处。"

在 2007 年秋至 2008 年夏的农业生产年度内,俞村农户在农技部门经营的门市中、在农资部门经营的门市中、在各个体经营的门市中购买农药的比例分别为 15.3%、19.5% 和 58.6%。个体农药经营门市销量占据大多数,而个体门市经销的农药以Ⅲ类国家环境优先污染控制农药和Ⅳ类高毒、剧毒的有机磷类农药为主。这么一种农药市场供应体制对农户农药使用的高毒倾向性具有很大的影响。同期俞村农户购买的农药中,国家禁销的五类有机磷剧毒农药达 931 公斤,占农药施用总量的 34.7%,呋喃丹、百草枯、甲拌磷、敌百虫、杀虫双等控制性使用的有机磷类高毒农药 1397 公斤,占农药施用总量的 52.0%,敌敌畏、乐果、辛硫磷、百菌清等无公害农药的使用量为 219 公斤,占农药施用总量 8.2%,而锐劲特、BT 剂、井冈霉素、阿维菌素、绿帝等环境友好和生物农药的销量只有137公斤,占农药施用总量的5.1%(见表7-11)。

**表7-11 俞村2007年秋季至2008年春季农户农药购买分类一览表**

| 主要农药品种 | 主要毒性属类 | 购买量(公斤) | 百分比(%) |
|---|---|---|---|
| 甲胺磷、甲基对硫磷、对硫磷、氧化乐果、磷胺 | 国家禁销农药、剧毒 | 931 | 34.7 |
| 呋喃丹、百草枯、甲拌磷、敌百虫、杀虫双 | 国家控制使用、高毒 | 1397 | 52.0 |
| 敌敌畏、乐果、辛硫磷、百菌清 | 无公害农药、中轻毒 | 219 | 8.2 |
| 锐劲特、BT剂、井冈霉素、阿维菌素、绿帝 | 绿色农药、环境友好型农药、低毒 | 137 | 5.1 |
| 合　计 | | 2684 | 100 |

资料来源:根据在俞村的调研资料整理。

## 7.5.4 农产品的市场环境与农药施用

### 7.5.4.1 农产品市场的不确定性与农药种类选择

使用环境友好型农药生产的无公害和绿色农产品的品质优于使用高毒农药的农产品的品质,相应地,无公害及绿色农产品的市场价值也高。但是,无公害及绿色农产品市场价值的实现具有不确定性。

首先,在市场不完备的情况下(如农产品质量检测体系不完善、农产品买卖双方信息不对称、农产品的市场认证与保护体系不健全等),农户实现其无公害及绿色农产品的"绿色"附加价值可能需要更多的交易成本,导致无公害(绿色)农产品附加价值可能会无法实现。

其次,无公害、绿色农产品与一般农产品无差异,因而有些农户或商家就有可能运用一般农产品冒充无公害农产品、绿色农产品,导致无公害农产品、绿色农产品中的"柠檬市场"现象,农户便没有激励去采用无公害及绿色农药。甚至在原来采用无公害农药、绿色农药生产农产品的农户也可能放弃对绿色农药、无公害农药的施用,退回到对环境社会效益差,但是经济效益较好的高毒农药使用上。并且,一旦农户退回到原有的状态,就会形成一种对高毒农药施用产生强化作用和"锁定"(Lock-in)状态的"路径依赖"(Path Dependence),再要改变农户对高毒农药的使用行为,就得下很大的力气。

#### 7.5.4.2 高毒农药替代项目中的市场失灵

(1)高毒农药替代项目介绍

2006 年 5 月起,官氏县农业局农技推广中心实施高毒农药"替代工程"的试点工作,其目的就是减少粮食作物、蔬菜种植中农药的使用量,纠正农药滥用行为;推广无公害农药、绿色农药、生物农药等环境友好型农药,逐渐完成对有机磷类占主导农药的替代。工程采用"选点试验、逐步推广,选种试验、品系覆盖,政府扶持、企业合作"的指导方针。运作采用"公司 + 政府 + 农户"的模式,具体的方法是在官氏县选取 5 个超级水稻生产基地和县城附近的 5 个蔬菜种植集聚村(组)作为推广农药"减量化、替代化"试验点。试验点的作物与蔬菜种植施药技术由官氏县农业局农技推广中心负责提供技术指导。农药由县农业局提供,主要是噻嗪酮、阿维菌素、井冈霉素等杀菌剂,BT 剂、锐劲特、吡虫啉等杀虫剂。大田作物灭草使用扑草净等环境友好型农药,蔬菜种植采用人工除草等环境友好型农业技术。环境友好型农药(技术)使用造成农户增加的费用,由企业资助一部分,政府补贴一部分,农户自己承担一部分的方式进行分摊。企业可以与农户签订合同,优先购买农户种植的绿色农产品,剩余部分农户可以向市场出售。2009 年 10 月,这个工程进入第二个实施阶段实施,俞村的晓庄等六个村民组的超级稻连片种植区域作为一个有机大米基地被纳入这个工程的试验区,称作"俞村有机大米种植试验区",工程具体的运作如下(见图 7 - 2):

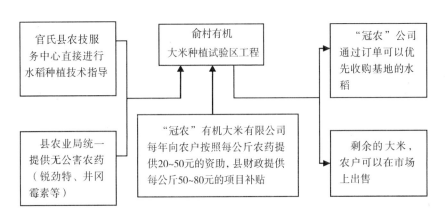

**图 7 - 2　俞村有机大米种植试验区操作流程示意图**

（2）俞村有机大米种植试验区的具体操作

实验区工程涉及晓庄等 6 个村民小组 163 户近 477 亩庄稼园地,2009 年 10 月,由这 163 户代表、冠农公司、官氏县农业局、官氏县财政局联合组成了 "俞村有机大米技术与市场公司",具体负责对有机大米试验区的技术组织与市场管理工作。与以前传统的水稻种植相比主要变化有:①水稻种植过程中的施肥行为由官氏县农技站派出的农技人员指导进行;②水稻种植过程中官氏县农技站进行相关的虫情监测、用药指导,农药施用的品种、量和使用方法必须在农技人员的指导下进行;③农药杀虫剂的使用只能采用锐劲特、敌敌畏、BT 剂,杀菌剂只能使用井冈霉素、阿维霉素等;④每亩水稻地可以获得相关资助与补贴(如表 7 - 12);⑤冠农公司与各个超级稻种植农户签订有机大米收购合同,在一个水稻种植季之前,双方约定具体的水稻收购价格,冠农公司按照议定的价格、数量优先收购农户的水稻,之后农户可以在市场上销售剩余的水稻或有机大米;⑥对水稻或大米的农药残留检查由官氏县农业局植保站和冠农公司技术部共同执行,不定时抽检,并及时向农户反馈;⑦由官氏县财政局和冠农公司作出对农户农药施用的超标处罚,通常是扣发或停发下一年有机水稻种植的环境友好型农药资助(补贴)款项。

表 7 - 12  俞村试验区指定农药价格资助、补贴表

| 农药名称 | 农药属种 | 每公斤费用分摊(元)(a) | 农药用量(克/亩·次) | 施用要求 | 总供应量(公斤) | 总费用分摊(元)(b) |
|---|---|---|---|---|---|---|
| 锐劲特 | 绿色农药 | 60/90/300 | 50 | 每稻季不超过 3 次 | 137 | 8200/12330/41100 |
| 敌敌畏 | 无公害农药 | 0/0/27 | 80 | 每稻季不超过 2 次 | 191 | 0/0/5157 |
| BT 剂 | 生物农药 | 40/60/150 | 30 | 视水稻虫情 | 104 | 4160/6240/15600 |
| 井冈霉素 | 生物农药 | 50/70/170 | 30 | 视水稻病情 | 77 | 3850/5390/13090 |
| 阿维霉素 | 生物农药 | 60/100/190 | 20 | 视水稻病情 | 69 | 4140/6900/13110 |

| 农药名称 | 农药属种 | 每公斤费用分摊(元)(a) | 农药用量(克/亩·次) | 施用要求 | 总供应量(公斤) | 总费用分摊(元)(b) |
|---|---|---|---|---|---|---|
| 合　计 | | | | | 578 | 20370/30860/88057 |

注：（a）每公斤费用分摊指每公斤农药价格中，冠农公司资助、官氏县财政通过农业局植保公司向农户的农药补贴和农户自己负担的农药购买费用的数额，例如，2007年绿色农药锐劲特的售价为每公斤450元，其中60/90/300是冠农公司、县财政和农户每公斤的费用负担数额为60元、90元和300元；（b）指每种农药中冠农公司资助、县财政补贴和农户负担的费用总额，例如，2009~2010年，该试验区共使用锐劲特137公斤，总额为61650元，8200/12330/41100是冠农公司、县财政和农户负担分别为8200元、12330元和41100元。

资料来源：根据官氏县财政局计财股"官氏县有机大米工程财务科"和在俞村的调研资料整理。

（3）项目进展及失败

按照该试验区工程，2010年9月，实验区共收获大约200吨的超级稻。农药残留检测结果，该试验区农药残留控制在规定的范围内，冠农公司按照合同收购了其中的100吨，价格略高于当时市场价的20%，其余的100吨由农户自己消费或卖给当地的大米加工企业。然而在2011年有些农户就开始要求退出有机大米种植项目，放弃有机大米种植计划。原因是：第一，从农药的物质投入来看，按照传统方法种植水稻，农户农药的施用费用每亩每年在50元左右，而有机大米种植，纵使有资助与补贴，农户农药投入费用也比传统种植多40~70元。第二，从施药的劳动力投入上看，传统超级稻种植的施药方法粗放，投工层次较低（一般妇女、老人、未成年人都能完成），投工成本相应较少；而有机大米种植中对环境友好型农药的施用，要求以具备一定知识的青壮年男子为主操作进行，每亩地每年施药得多投入1~2个工，按照每个工90元计算，计多投入100~180元；这样每亩地的农药与劳动力投入合计多得200元左右。第三，从有机大米种植的产出上看，由于使用环境友好型农药药效慢，杀虫效果不如有机磷类高毒农药，水稻的产量要比原来低20%，冠农公司便以高于市场价20%按合同收购，有机大米的高质高价基本上能够弥补产量的减少，所以以多投入的费用必须通过合同外稻谷高于市场价格的20%以上出售才能保证有机大米种植收入与传统水稻种植收入持平（见表7-13）。

表7-13　有机大米种植与传统超级稻种植投入产出对比分析

单位:亩·年

| 相关投入/出产要素 | 传统超级稻种植 | 有机大米种植 | 投入产出评述及结论 |
|---|---|---|---|
| 杀虫杀菌剂 | 50元 | 110元 | 有机大米种植投入每年每亩比传统超级稻种植多380元左右 |
| 施药人工投入 | 100元 | 300元 | |
| 除草剂 | 50元 | 170元 | |
| 除草人工投入 | 0元 | 0元 | |
| 总计 | 200元 | 580元 | |
| 稻谷产出量 | X | (0.8-0.9)X | 有机大米种植收入与传统超级稻种植收入基本相当 |
| 稻谷合同收购价 | Y | 1.2Y | |
| 稻谷零售价 | Z | Z | |
| 盈亏额 | — | -380元 | 相比于普通的超级稻种植方法,有机大米种植是亏损的 |

资料来源:根据在俞村的调研资料整理。

但是,当农户将有机生产种植出的有机水稻出售给当地大米加工企业,或者将自己加工出的有机大米在市场上出售时,由于有机稻谷(或大米)在外观上与普通方法种植出的超级稻没有太大区分。在买卖双方信息不对称,公众不能确认有机大米产品的真实性的情况下,不愿意为有机大米产品多付费。有机大米产品的"优质"不能在市场上体现"优价",农户为有机大米生产所进行的减少对环境、公众健康的外部不经济投入不能够通过市场途径进行回收,就纷纷退出有机大米生产的合同和协议(见案例7-9)。2011年3月,就有一大半农户陆续退出"试验区项目",到2012年2月,只有很少的一部分农户从项目领取绿色农药补贴,大部分农户退回到以前使用传统农药种植超级稻的状态,2012年8月由于冠农公司向农业部申请"绿色食品"产品质量认证失败,加上无力承担对项目中农户购买绿色农药的资助,主动解除了与剩余农户的种植协议,俞村有机大米试验区项目就此终结。

案例7-9　CN-02,女,37岁,晓庄村民小组人,初中毕业,纯农业劳动力。"参加这个项目,有一种上当受骗的感觉:按照规定,冠农公司给钱,政府有补贴,种田有技术指导,稻谷又保价回购。大家认为只要按照公司的要求种稻就行,不用太多担心粮价的事,结果许多'家'(农户)都加入进来了。事实是,尽管公司给钱,有保价,但种粮成本还是比以前高很多,市场上谁也不买什么'绿色产品'的账,还不如原来那样种田收入高。""大家都怀疑是农业局联合冠农公司推销它们的新农药,这些绿色农药价钱高得'离谱'(如锐劲特每公斤将近 500 元),比营养品还贵! 反正我以后是不信什么'绿色农药'了!"

由于农药施用中外部性的存在,农户使用有机磷等高毒、剧毒农药产生的生态性产出代价,市场不能自动将其调节回农户有机种植的成本中来;同理,由于市场机制的缺陷,使用无公害农药、绿色农药产生的生态性支撑投入也不能将其调节成农户投入的应有收益。这样市场的"无形之手"就具有天然缺乏调节生态性成本和收益的能力。因此,农户若"非理性"(Nonrational)地采用环境友好技术,尽管可以带来良好的环境效益和社会效益,但是却不能转化成农户经济效益。有机大米种植中市场机制对绿色农药采用中农户利益的负向筛选(Adverse Selection)而产生的环境生态问题可以部分印证这种说法。

由此可见,绿色农药推广不只是一个纯粹的农业技术问题,还是一个在市场型农业条件下,粮食生产的生态资源消费/付费的平衡问题和农户利益实现问题。如果任凭市场对环境资源的利用进行自由调节,农户种植无公害及绿色农产品的"绿色"附加价值可能会无法实现。在此情况下,农户便没有激励去采用无公害及绿色农药。而且一旦"学习者"(Learner)在尝试环境友好型技术中失败,便无一例外地退回到原来的技术利用状态(即"路径依赖Ⅱ",Path De-pendenceⅡ),并处于对传统农药利用的"锁定"(Lock-in),这可以解释我国农药施用中许多高毒、剧毒农药长期禁而不止,许多环境友好型农药推而不广的现象。

### 7.5.5 农业技术服务体系的衰落对农药施用的影响

在农业现代性物质资料的使用中,农药是生化效应最明显的一种,这决定了对农药的施用是技术性要求最强的环节,也越发显示出农药施用中技术服务的重要性。

20 世纪 80 年代之前,农药施用由专门的管理部门来负责,有一支较为完善的农技推广队伍和联系紧密的农技推广网络。加上集体化的农业生产组织形式,农药施用也被归化到公社、大队、小队等大的组织体系下,农业技术推广的层次明晰,操作性强,这些都对农药施用的技术规范有很大的约束作用。家庭联产承包经营之后,我国原有的农技推广体系处于"网破、线断、人散"的状态,面对"散、小、分化、自由"的生产经营农户,在缺乏农业技术专业合作组织(或专业技术协会)的情况下,根本不能满足农业可持续发展对农技推广工作的需要。粮食生产中农药的过施、滥施,高毒、高残留农药的长期普遍施用与之有很大的关系。

### 7.5.5.1 集体化时代农药推广与施用的技术体系

在农药施用的初期阶段,俞村农药施用是国家强制作用下的技术推广与发散行为。农药施用完全是上级对下级的行政行为,大队、小队在农药施用上基本上没有自主权,农药的供给、器具的配备、人员的培训、农药施用方法和农药技术的推广等都构成国家农业发展计划的一部分,完全由国家决策。农药施用作为政府决策者考虑的问题,除了因无机农药、有机氯农药引起的对环境的高毒、高残留外(这是世界性的农药技术问题,不属于农药技术推广体系的问题),农药的施用在国家农技推广计划的严格控制之内运营,农药的施用过量与滥用问题并不显著,并未出现农药施用对农业环境和食品安全的巨大破坏。

### 7.5.5.2 家庭联产承包经营时期农药推广与施用的技术体系

家庭联产承包经营之后,政府特别是基层政府逐渐削弱甚至放弃了农业技术推广的职能。农药施用等农业技术需求,渐渐变成了农户自我服务与市场化提供。农业技术服务的主体变成了农户自身和市场化的农业生产资料供应商。农户在农药知识的获取能力上是有限的,供应商在农药知识的提供上又是唯商业利益的。农药施用逐渐偏离"科学化、减量化、生态化"的轨道,农药的过量施用、不科学施用现象就逐渐成为一种常态,农药施用产生的生态性约束日渐明显(见案例7-10)。

**案例7-10** JG-02,男53岁,官氏县农技推广中心主任,高级农艺师。"联产承包责任制以来,我们县的农业技术这一块基层逐渐萎缩,至今由原来的四级网络退到只有我们县这一个级别。小队的农药施用技术员自动取消,原来的由技术员按照上级的统一施药的职责立即被千家万户的农户自主施药所代替,通过技术员这个最基层的施药主体掌握和传授施药技术的途径被中断;大队农科队自动解散,技术设备转移至乡政府农技站,科技人员返乡,房产、田产返还给村民,终止了其农技试验、推广、信息与服务的职能;公社农技站与公社农机站合并,变成了乡农业经营管理站。20世纪90年代中期,随着分税制和乡镇机构改革的推行,当地政府取消了农经站的管理职能,到2002年,官氏县所有乡农经站的编制和名称均被取消"……"首先由于乡、村农技推广与服务职能的衰落使得县农技部门的职能基础削弱甚至丧失,农业生产的土壤墒情、养分结构、虫情等基本信息来源缺乏,使县农业技术部门的用药信息发布缺乏科学依据;其次是县农技部门技术力量的缺乏使之逐渐丧失了对千家万户农户用药的技术指导的能力。官氏县农业局植保植检站现共有办公人员10人,技术人员6名,如此薄弱的技术力量,根本不能实现对全境范围内农药施用的技术服务与指导。如今农业局植保系统的农药施用的技术指导只能局限于全县仅有的几个'超级水稻'高产项目和'绿色蔬菜'高毒农药替代工程的施药管理与服务"。

1982年以来,官氏县农技推广与服务职能日趋削弱。原来的县、公社、大队、小队四级农技服务体系逐渐退化到县一级,县农业局农技中心也在市场化的改制中逐步弱化了其农业技术推广与服务的职能。农户生产中的施药处于无技术指导的放任和盲目状态,农药施用的过量及滥施是不可避免的。

### 7.5.5.3 县农技部门在市场化进程中,存在"寻利"行为

县农业局成为实际上最基层的农业管理部门,掌握着地方农药经营与管理的基本权力,其行为也符合理性经济人的行为假设,往往会利用手中的垄断权力从事寻利(Profit – Seeking)活动,只关注能为部门带来经济利益的农药经营业务,而轻视经济效益较差、环境效益和社会效益好的施药技术服务与指导。调研发现,县农业局庄稼医院和农业技术服务站的业务全部被农业局工作人员承包过去,作为市场开发之用,县农业技术服务系统正在走20世纪90年代中期乡农技站的市场化的老路,这无形中削弱了农业技术部门对农户施药的服务职能。

综上所述,农户施药的技术与信息服务是稀缺的。农户施药只能凭自身感觉,或通过农药经销商、相关媒体、社区网络等途径获取。农户施药的主观性、习惯性、随意性较强;农药经销商的"逐利性"及与施药实践的脱离,其信息提供带有很强的利益色彩,是片面的。这样的施药信息来源带来的仍将导致农药过量施用、滥施药和偏施高毒农药的后果。

# 7.6　农药施用生态性约束产生的原因(二):农户行为的分析

农户采用农药行为是农户在利益驱使下,根据自身条件和周围客观的自然、经济和社会环境进行的生产性投资选择和技术采纳活动。这说明农户施药行为总是指向一定目标的理性计算,是一种理性的行为;但是受信息不完全等因素的影响,农户的用药行为结果与目标之间产生差异,这又是一种有限理性(Bounded Rationality)的行为;同时农户在施药过程中通常有一些非科学的习惯和判断,导致农户施药行为的非理性(Non – rationality)出现。过量施药和滥施药

现象正是在农户理性计算、有限理性选择和非理性行为的过程中逐步显现的。

## 7.6.1　农户施药行为的理性计算与农业负外部性的生成

按照舒尔茨的理论,农药施用中的理性行为其实是一种经济的理性计算行为,这种理性把资本主义经济中自由竞争、自由分化规律支配下的"经济人"形象外推至历史上的一切经济行为主体,包括农户(宋圭武,2002)。但是不管资本家行为还是农户行为,在投入产出的理性计算中,环境资源的占用,是不包含在内,所以农户行为的理性导致的生态性约束是自然而然的,特别是当我国家庭联产承包经营之后,农业生产主体变成了上亿个农户之后,这种现象更加突出。

### 7.6.1.1　农户的理性计算与生态性约束的产生

农户施药行为是具有外部性的行为,农药施用除了直接作用于病虫害,增加粮食产量外,另外还通过作用于农业生态环境和农产品,对农业生态安全和农产品安全构成负面影响。但是在农户行为理性计算中,只有对农药施用增加作物产量的考虑,没有农药施用对农业生态环境及农产品安全负面影响的考虑。在这个过程中有三个因素发生作用:

(1)农户的理性计算导致的农药施用的"内部性"(Internalities)与"外部性"(Externalities)的分离

尽管农药施用增加作物产量与农药施用对环境与农产品安全造成负面影响是一个过程的两个方面,但是农药施用增加粮食产量是农民对农业生产要素投入/产出的考虑,是理性小农必须考虑的问题,属于粮食生产活动内部的事物,即只要农药施用的边际产出与农药边际投入的比不小于1,农户总有更多投入农药防治病虫害的倾向。而农药施用对环境与农产品安全的负面影响则属于外部经济现象,不在农户的理性考虑范围之内。

如表7-14所示,在关于农户农药选择与购买的标准的问题中,62户农户中,选择"价格低廉的"农户只有6户,选择"防治效果较好、价格稍高"的有33户,选择绿色农药的农户只有3户,其余的20位农户回答说"不知道"。表7-15所示:关于购买农药时参考的信息依据与标准,大部分农户则根据农药经销商和邻居、亲戚的推荐购买。可见农户购买农药首选是效价比好的农药。效价比越高,农户采用的动机就越强,其中农药防治效果是农户购买农药时最关心的因素;相对而言,农药需求的价格弹性较低,价格是农户考虑的次要因素。而从农药购买的信息筛选上看,农户农药选择具有很强的从众心理。

表 7-14　62 户农户关于农药选择决定因素的相关回答（一）

单位：户

| 问题 ＼ 回答 | 只选价格低廉的农药 | 防治效果好,但是价格稍高的农药 | 价格最高的绿色农药 | 不好说 |
|---|---|---|---|---|
| 在购买农药时,你在价格和药效方面怎样选择的 | 6 | 33 | 3 | 20 |

资料来源：根据调研资料整理。

表 7-15　62 户农户关于农药选择决定因素的相关回答（二）

单位：户

| 问题 ＼ 回答 | 根据各种广告宣传买药 | 看药瓶上的说明书购买 | 农药经销商推荐的 | 街坊邻居买啥我就买啥 |
|---|---|---|---|---|
| 在购买农药时,你一般根据什么标准,或者由谁推荐 | 5 | 3 | 25 | 29 |

资料来源：根据调研资料整理。

（2）农户理性行为导致农药过量施用的博弈分析

为了说明农户的个体理性是怎样导致农药的过量施用的,我们用将某一水稻种植区的农药施用简化为两个农户施用杀虫剂杀灭作物害虫的行为,运用"囚徒困境",进行博弈分析。因为在农户施药行为的理性计算中,起决定性的因素是农药施用带来的水稻产量的货币收入。在农户家庭经营的情况下,每个农户可以独立决定一块稻田施用农药的量的大小。为了简便起见,假定相同地块施药量在 100 克或 200 克之间作出选择。这两个农户在施药过程中的选择,就是不同农户间施药理性博弈（Rational Games）的策略。

图 7-3（A）显示了每一对策略都产生了两位农户的不同的产量获取。如果两位农户都选择施用 100 克的相同种类的农药,那么每位农户都可以获得 450 元的纯收入。如果两位农户都选择施用 200 克的农药,那么每位农户都能获得 500 元的纯收入。如果农户Ⅰ选择施用 100 克而农户Ⅱ选择施用 200 克,那么农户Ⅰ只能获得 425 元的收入而农户Ⅱ却能获得 500 元的收入,因为农户Ⅱ施药量大可能迫使害虫向施药量较轻的农户Ⅰ的稻田迁移而危害农户Ⅰ的作物。同理如果农户Ⅱ选择施用 100 克而农户Ⅰ选择施用 200 克施药,那么农户Ⅱ只能获得 425 元的收入而农户Ⅰ却能获得 500 元的收入。这样农户施药均衡的结果是农户的施药量总是处于不断增大的趋势,如果有 300、400 等多单位施药量可供独立的农户进行选择的话,多次博弈均衡的结果就是农药施用量

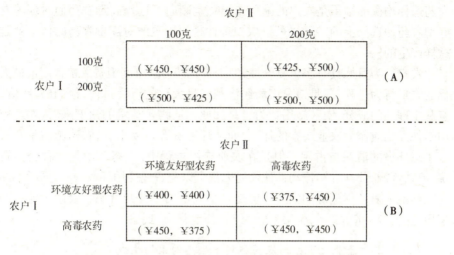

图7-3 农户农药施药量选择、品种选择的博弈示意图

的不断增大。农户理性行为导致的农药过量施用就是这样产生的。

(3)农户选择高毒农药与环境友好型农药的博弈

同样,为了说明农户的个体理性是怎样导致有机磷类高毒农药的禁而不止和绿色农药、无公害农药等环境友好型农药的推而不广现象,我们还是将某一社区的农药施用简化为两个农户施用杀虫剂杀灭作物害虫的行为,进行博弈分析。因为农户的理性计算中,起决定性的因素是不同农药施用带来的水稻产量的货币收入。在农户家庭经营的情况下,每个农户可以独立决定是选择高毒农药还是环境友好型农药。为了简便起见,假定相同水稻田施药选择是要么选择高毒农药,要么选择环境友好型农药。图7-3(B)显示了每一对农药品种的策略选择对两位农户的不同水稻产量获取的影响。如果两位农户都选择施用相同的环境友好型农药,那么每位农户都可以获得400元的纯收入。如果两位农户都选择施用高毒农药,那么每位农户都能获得450元的纯收入,因为相对于环境友好型农药而言,高毒农药的药系品性决定了其杀灭害虫的快速和高效,高毒农药的成熟的生产体系和生产成本也决定了其价格的低廉。如果农户Ⅰ选择施用环境友好型农药而农户Ⅱ选择施用高毒农药,那么农户Ⅰ只能获得375元的收入而农户Ⅱ却能获得450元的收入,因为农户Ⅱ施用高毒农药可能迫使害虫向施药毒性较轻的农户Ⅰ的稻田迁移而危害农户Ⅰ的作物,同时环境友好型农药的市场价格偏高,而政府的补贴不足以弥补其与高毒农药之间的巨大差价。同理,如果农户Ⅱ施用环境友好型农药而农户Ⅰ选择施用高毒农药,那么农户Ⅱ只能获得375元的收入而农户Ⅰ却能获得450元的收入。农户农药选择均衡的结果是农户的施药选择总是倾向于选择高毒农药而对环境友好型农药的选择上的"不友好"。农户理性行为导致的对高毒农药的依赖就是这样产生的。

农户行为目标具有多重复合性,但不管是其追求家庭消费的粮食产量最大化的农户行为过程,还是追求市场经济利润最大化的行为过程,他们的计算都有基于理性的成分,农药施用行为也是如此。从物化技术的角度来看,农药施用是外界物质作为农业要素的加入;而从环境资源角度来看,农药施用是对农业生态环境的消耗与占用。但是在农业施用过程中,生态环境是一种公共资源、流动资源,公共性和流动性使任何人都可以免费地使用环境资源,同时不能排除其他人对环境资源的消费。但是一个人使用了公共资源就会减少他人的享用,这就容易造成"外部不经济性"和"公地悲剧"现象。

### 7.6.1.2　兼业化现象与农药施用中生态约束的生成

农户兼业化行为对农药施用的影响其实是涉及社会化小农对农业和非农业领域劳动力投入/产出的理性计算问题。由于农业经营特别是纯粮食种植的比较效益低下,农户为追求纯收入的最大化,必然将其所拥有的生产要素中的一部分投入非农产业中,形成了对农业的部分替代。兼业化已经成为我国农户非农化的重要组成部分,是我国农村社会生产与生活的普遍现象。

在俞村,早期的非农化主要以外出经营为主,外出经营主要表现为农户在个体商业、个体服务业上的投资与经营。到了20世纪90年代初期,随着市场经济进程的加快,外出务工成为当地的一种普遍现象。到了21世纪,当地基础设施、小城镇建设以及后来的房地产经济的升温,带动了交通运输、建筑、服务等行业的发展,农村季节性闲置劳动力的兼业化又成为一种普遍现象。

兼业化是实现农户经营行为目标的客观需要,也是农村剩余劳动力转移的必然结果(时明国、裴荆城,2000)。不过农户的兼业行为替代农业行为在社会总体上并没有完全实现,对大部分农户而言,还得依靠土地吃饭,只是农户在农业活动中尽可能地少投入劳动力资源,以物化的技术替代农业劳动力的投入,这必然导致农业粗放经营、化学化程度加剧。对于有非农工作的农户而言,相对省时的高毒农药是对劳动力的很好替代。非农化越来越深入发展,越来越成为普遍现象时,农户更乐于顾及非农行业,而不愿在农业活动上花费较多的时间和人力。而且,非农化的发展,逐渐抬高了劳动力的成本,导致农药对劳动力的替代。兼业农户会倾向于使用省时、省力、省钱、高效的高毒农药,而对环境友好型农药的兴趣不大;同时,农户会出于节省时间的考虑而倾向于一次性大量施药,而不是根据田间虫情、天气状况科学施药。农户在用药时更多考虑的是如何省工省力,而不是省药,对于没有药害的农药品种,农户更多的是考虑把药用足,确保药效。

在俞村的调研发现,随着兼业化程度的提高,农户们已经改变传统的精耕细作的农业生产方式,在农业生产上越来越靠大量的化学物质投入,进行掠夺性的短期经营。在非农化兼业收益越来越高于农业产出,农户开始越来越精于计算农业生产的劳动力投入价值时,兼业化对农药施用的负外部性就越来越明显了。

### 7.6.2 "一菜两种"与农户的理性行为——对乌宋店自然村的菜农的调查

以上对农户理性行为的分析可以得出这样的结论,无论是出于对生存风险的规避,取得生存机会最大化的农户理性,还是出于获得最大的农业生产利润的经济人理性,农户对农药的施用都是倾向过量施用,施用有机磷类等高毒农药,在农药施用过程中尽量节省劳动力而出现一次性大量施用农药的行为。但是进一步调研发现,农户对过量施药及偏施高毒农药造成的对农产品的安全问题也是普遍关注的,他们所采取与应对的策略也是非常独特的。在俞村调研中发现的"一菜两种"现象就是一种典型的事例。为此,我们专门在俞村蔬菜种植较为集中的乌宋店村民组对这一现象进行考察。

#### 7.6.2.1 蔬菜种植中的农药投入

乌宋店是俞村中蔬菜种植量较大的村庄,蔬菜销售量占俞村蔬菜市场销售量的1/2以上,主要在县城菜市场销售。乌宋店村共有241人,58户农户,平均每户4.08人。共有耕地275亩,其中菜地170亩左右,菜地面积占耕地面积的61.8%。该村各家各户都经营有菜地,平均每户经营近3亩菜地。2008年,该村通过各种营销渠道向市场销售各种蔬菜近350吨,蔬菜销售收入114万元,蔬菜种植纯收入45万元左右,每亩平均销售收入6720元,纯收入2700元。每亩蔬菜种植毛收入与纯收入之间有将近2.5倍的差距,说明蔬菜种植的物质投入是很高的,其中的农药等化学品投入就占了相当大的比重。2007年乌宋店村各蔬菜种植户每亩农药投入在300~400元。各种农药投入共480公斤,平均农药施用强度为42.3公斤/公顷,是俞村所有农业种植农药施用强度的3.11倍。当调研深入到蔬菜的具体种植过程时,才发现农药滥用的严重性。

### 7.6.2.2 韭菜种植中农药的使用

以韭菜的种植为例,以下是对一个农户进行观察与访谈时有关农药施用细节的记述。

现在种韭菜用药很多,药有各种各样的药:整地用胺磷(其实是甲胺磷)拌土,一般是胺磷、砂土、草木灰按照一定的比例混合制成"药土",在给韭菜地上底肥时将"药土"均匀拌进农家肥,连肥带药在地上铺上一层。能杀死土壤里的大量的虫籽(虫卵),长出的韭菜叶面色泽光亮,不易生虫,当地菜农称这个过程为"烧地"(可能是取大量施用高毒农药,将土壤中的病虫害"烧"死的意思);韭菜种用利福平(一种医用杀菌剂)兑水浸泡一天一夜,这样韭菜苗齐叶壮;韭菜出苗后 10 天之内,每 5 天打一次氧化乐果,防止由于空气潮湿,蜒虫(当地方言,一种植物线虫病)的生长;韭菜沟边的草一般是人工锄头除掉,但是韭菜畦上的草容易与韭菜混在一起,只有用百草枯杀灭,一般在韭菜下种之后半个月打药;到第 20 天时要打一次壮叶宝(一种植物生长调节剂),可以使韭菜叶面生长展悠、宽阔,增加叶面的吸水性,使韭菜的分量大增。到第 25 天就可以割韭上市了。

种好韭菜主要防治两种虫,一种是"卷干虫"(一种当地方言病虫名称),这种虫使韭菜杆(茎)发蔫、韭菜叶打卷,直至韭菜全部烂掉;另一种就是蜒虫,容易在韭菜茎叶上形成一些黑色的小圆球病体,一旦得上这种病,韭菜就停止生长,开始发黄。胺磷就是治卷干病的,(氧化)乐果就是治蜒虫病的。植物生长调节剂是让韭菜长得宽、大、嫩的。

像韭菜,我们这些常种家(指在某块地上常年种植韭菜),一年能割六茬。到底用多少药么?……也不好具体计算,因为种韭菜不是用一种药。同一瓶药,种韭菜要用,种茄子也用,给水稻打药也用……我们一般是用瓶盖计算,像种韭菜,拌"药土"用胺磷是大头,一次得用一瓶的 1/4,估计为 250 克;氧化乐果每次 3 瓶盖,两次共 6 瓶盖,估计为 75 克;百草枯一次施用 4 瓶盖,估计为 50 克;壮叶宝一次施用 4 瓶盖,估计为 50 克;各种药放在一起,每茬用药平均为 425 克,这样一年的用药就是 2500 克左右。韭菜是各种蔬菜中用药稍少的一种,像黄瓜、豇豆、梅豆、茄子最容易遭虫、遭霉(其实是各种细菌),用药量最大。西红柿、冬瓜、南瓜等生虫量要小得多,但是这些蔬菜要想长得大、好看,也得施药,主要是彩壮素(也是一种植物生长调节剂),例如番茄,冬天大棚中种,必须要打彩壮素,不然它总是青的,还长得特小,彩壮素一打上,番茄不仅长得大,还能催红,放上十天八天还不软。冬瓜也是,一般不打药的冬瓜,长上 7 斤就算大的了,但是一打上彩壮素,长上 12 斤也是很稀松(平常)的事。

### 7.6.2.3 "自给菜地"与"市场菜地"

当调查这些种植蔬菜的农户,他们自己家是否也食用这些蔬菜时,大多数农户坦诚地表示,他们面向市场的蔬菜与自己消费的蔬菜的种法是不一样的。种自家食用蔬菜的菜地(以下简称"自给菜地")与向市场上出售的蔬菜的菜地(以下简称"市场菜地")本身就是分开的。市场菜地分布在村庄居民点南边的田野,靠近通往县城的水泥公路旁边,以方便蔬菜的向外运输。而自给菜地则分布在村庄向北的方向,与村庄之间只是由一些阡陌小路相通。自给菜地被细分成一垄一垄的,小户农家分得一垄,大户农家分得两三垄,一家3~5分地。每家每户根据自己的需要又将这一垄垄的菜地分成若干段,分别种上不同种类的蔬菜以满足自家多样性蔬菜消费之需。种植自给蔬菜施用农药要少得多。首先,自给蔬菜种植中不需要"烧地",这就少用了大量高毒农药。其次,像各种植物生长调节剂也是不用的。因为烧地用药和施用植物生长调节剂在农户看来纯粹是在市场蔬菜种植中为了保证蔬菜种植获得最大的蔬菜产量和最好的蔬菜外观。他们对高毒农药施用中农药残留状况也是很清楚的,所以,农户们一般不吃自己种植的市场蔬菜。在自给蔬菜种植中,如果虫情太严重,一般施用一些乐果或敌敌畏。在虫情不太严重的时候,农户们什么药都不施。若按照农药施用量对比,估计自给菜地打的药不及市场菜地的1/20。

### 7.6.2.4 一菜两种与农户的无奈选择

在调研期间,农户们还教授了一些识别农药残留严重的蔬菜和"绿色"蔬菜的方法。像韭菜,干一些、糟一些、叶子稍窄的尽管吃,是没有施用或较少施用农药的。而非常嫩绿、青翠、根壮叶阔的韭菜十有八九农药残留超标。当被问及是否在水稻种植中,针对自家食用的稻子和出售的水稻之间施药也会有所区别呢? 有些农户回答,他们一般会将施药轻的稻田的稻子留下作为自家食用,而打药重的稻子则要卖掉;有些农户回答,他们家生产的稻子盈余不多,无所谓自用粮和出售粮,也就没有在施药上区别对待。有些农户表示,以前没有区分用药,但是来年他们一定将施药不同的水稻区分开,施药轻的自己吃,施药重、施高毒农药的卖掉。有些年纪大些的农户还表示,以后不管是种菜,还是种植水稻,都要区分用药。通过这种区分,让自己的后辈们尽量远离农药残留的农产品。当问及他们为什么不能对待市场菜地像自给菜地一样少施农药时,大部分农户表示,向市场上出售蔬菜,如果不采用那种施药办法,种菜就赚不到多少钱,得投入更多的人工(劳动力)不说,蔬菜的产量也上不去,蔬菜的外观也不好看,在市场上也不好卖。尽管大家知道农药施用过量了,但是别人这么做,自己也只能这么做。一菜两种是农户们应对施用农药残留超标蔬菜的最好办法。

由此可见,农户对农药过量施用对农产品安全产生的生态性约束也是关注的。这是农户理性的一个重要表现。农户以追求经济效益最大化为目标,所以在市场菜地中过量施药、施用高毒农药,实现以最小的劳动力投入成本、管理成本、购药成本获得最大的蔬菜产量。农户在自给菜地中尽量少施农药或施用一些无公害农药,说明对农产品安全与健康关系的认识已逐渐深入人心,在农村也是如此。"一菜两种"也是农户规避农药施用对农产品食用风险的一种应对之策,说明当农民把农业作为商业行为时,指导其行为的是将农药施用生态性约束剔除在外的纯粹"经济人"理性;而当农户将农业与其生活紧密相连时,则对农药施用生态性约束的考虑在某种程度上则是自然存在的。

### 7.6.3 农户施药行为的有限理性与农业负外部性的生成

总的看来,农户的施药行为是指向理性的,但是,在具体的施药过程中,由于信息的不完全性和不同农户对于信息的判断能力不同而导致不同的农户行为,这就形成了每个农户的决策都有有限理性的成分(陈和午,2004;张林秀、徐晓明,1999;陈其霆,2001;韩喜平、谢振华,2006)。农户施药过程中的有限理性同样对农药的过量施用、高毒农药的施用及农药的不科学施用具有重要影响,也是农药施用生态性约束产生过程中农户行为因素的一个重要方面。

#### 7.6.3.1 信息来源的有限性与农户施药行为

农户的施药信息根据信息发出的依据有三种:初始信息、指导信息和实践信息。每种信息发出的依据不同,决定信息的适用性不同,同时也决定农药施用的量与方法。初始信息是农药施用说明书所给予的,信息的依据是农药药理学原理,是农药实验室的参考量,数量规定上具有普适性,但是量的制定偏小。农药施用的指导信息要么是出于农业技术推广系统,要么出于农药经销系统,而农技推广中农技人员更多的是从农药效用的角度而非从农药污染和农产品安全的角度指导农户使用农药(张云华等,2004)。一般的农户受知识和文化水平的限制,在购药过程中存在严重的信息不对称,并在经销商的劝导和推荐下购买和施用。受商业利益的驱动,农药经销商对农户的用药推荐通常造成农户的过量施药(鲁柏祥等,2000)。实践信息,即农户在施药实践中摸索出的小规模农田环境系统的施药信息,包括不同种类农药的适应性与药效、具体农药施用量的判断和施药方法的主观体验等。

不同农户的实践信息在社区之间传递、交流,就形成一个区域特有的施药信息判断。但是农户在判断与形成施药信息过程中,对农药施用的外部影响考虑的优先选项是产量最大化与农药的效果价格比(张云华等,2004),其次是农产品安全,而对农药施用产生的生态性约束是很少考虑的。所以农户的实践信息也有过量施用、选用高毒农药、不科学施药的倾向。这样农药施用信息来源对农药的过量使用、不科学施用是逐步加强的,进而造成农药施用的负外部性(见表7-16)。

**表7-16 农户有限信息情况下的农药过量施用**

| 信息种类 | 信息来源 | 信息基础 | 信息的适用性 | 信息传递的农药施用量 | 农药施用量的变化趋势 |
|---|---|---|---|---|---|
| 初始信息 | 使用说明书 | 农药药理学 | 范围较大,具有普适性 | 较小 | （农药施用量不断加大） |
| 指导信息 | 媒体、技术指导者、农药经销商 | 技术推广、商业效益 | 范围较小,在特定行政、市场圈子内 | 较大 | |
| 实践信息 | 农户用药经验与交流 | 农药的效价比及产量最大化 | 范围最小,在一定的农田系统内 | 大 | |

在俞村的调研中,当问到是否按照农药使用说明书的剂量进行施药时,62户农户中有58户表明,他们很少看农药使用说明书。问他们为什么不看农药使用说明,其中的21户表明,根本没有必要看,经常施用这些农药,具体怎么配都知道了,尽管药不同,但是配药大概的量是相同的。其中的26户表明如果按照说明书上的剂量配药,根本杀不死虫子,所以不看说明书。11户表明,说明书上的建议的配比方法看不明白,所以就不看。当问到具体怎样确定施药剂量时,62户农户中26户农户反映根据农药经销商那儿询问的情况进行农药的剂量配比,22户农户回答农药经销商提供的信息只能作为参考,在施药前,他们一般询问邻居或地块相邻的农户的农药施用剂量,12户农户表明多年的施药经历已经摸索出农药配比的大致剂量了,各种农药的剂量配比都差不多,一般是一药桶水配两瓶盖药,如果虫量大,再加一瓶盖,另外两位农户说"不清楚"。

由此可见,农户农药施用的初始信息一般是视而不见的,而农药经销商的指导信息和农户之间通过摸索和交流的实践信息是农户农药施用量的决定性因素,而农药的指导信息和农户的实践信息都具有不确定性和过量施药的倾向。

### 7.6.3.2 农户能力的有限性与农药施用的负外部性

目前我国农药的施用过量及施用不合理现象普遍存在,这是农户自身的素质低下和对可持续农业技术知识的缺乏导致的。据农业部全国农业技术推广中心在某两省专项调查结果显示,39%的农民读不懂农药标签或不能正确理解农药标签的内容,40%的农民在使用农药时凭估计确定使用量,33.3%的农民靠经验来选择农药品种,仅8.3%的农民在使用农药时考虑农药的毒性(赵丽丽,2006)。在俞村的调研发现,年龄及受教育状况是影响农户对农药污染的认识水平的重要因素。在62户农户中,认为农药施用不会对人体健康产生危害的有8户,这8户中55岁以上老人有7户,其中6户为文盲,只有1户为小学文化程度;认为农药施用不会对环境产生危害(或很小)的为26户,其中50岁以上的有22户,45~50岁以上的有4户,45岁以下的只有3人。这29户农户的受教育年龄平均只有2.3年,远远低于其他农户。这说明农户文化程度越低,其对农药过施、偏施高毒农药对环境、食品安全负外部性影响的认识能力越低,从而影响这个群体的施药行为(见表7-17)。

表7-17 农户对农药负外部性认知能力一览表

| 问题 | 回答选项 | 人数(人) | 平均受教育年限(年) | 不同年龄的农户组人数(人) | | |
|---|---|---|---|---|---|---|
| | | | | 21~44岁 | 45~50岁 | 51~63岁 |
| 农药施用对人体的有害影响 | 是 | 48 | 4.3 | 35 | 9 | 4 |
| | 否 | 8 | 3.1 | 1 | 2 | 5 |
| | 不清楚 | 6 | 3.5 | 3 | 1 | 2 |
| 农药施用对环境的有害影响 | 是 | 32 | 5.5 | 23 | 8 | 1 |
| | 否 | 26 | 2.3 | 4 | 9 | 13 |
| | 不清楚 | 4 | 3.3 | 1 | 2 | 1 |
| 农药施用对食物的有害影响 | 是 | 45 | 4.3 | 19 | 18 | 8 |
| | 否 | 10 | 2.9 | 2 | 2 | 6 |
| | 不清楚 | 7 | 3.1 | 3 | 2 | 2 |

资料来源:根据在俞村的调查资料整理。

但是,也有其他研究认为,农户受教育程度对农户施药行为有一定影响,但是农户的受教育状况与农户科学施药之间并非呈一一对应的正相关性。有些时候,农户的受教育程度越高,未必在施药行为上越科学合理。关于这种现象可以另外作为一个专题进行相关性研究。

### 7.6.4　农户非理性行为与农药负外部性的生成

农户的施药行为在不同区域、不同农户之间,或者同一区域的不同农户之间具有很大的差异性,因而农户的施药行为具有多样性。徐学荣等(2005)认为,多样性的农户行为有效用(或利益)最大化理性行为,还有可能是习惯行为,甚至还与民族、宗教和信仰有关。这里的农户习惯行为就是农户施药的非理性行为。

#### 7.6.4.1　农药施用量确定的非理性

在俞村的调研发现,用瓶盖量药、估量配药是当地农户施药的一个普遍现象,也是农户长期施药形成的一个传统习惯,这种习惯对农药的过量施用影响很大。农户在农药剂量的确定上,用得最多的词语是"估大谱"(即"大致估计一下"),这说明许多农户对自己配药的具体剂量也是模糊的(见案例7－11、案例7－12)。在对62户农户进行调研的过程中发现,能够具体说明自己施药过程中配药稀释倍数的农户只有2户,能够说明自己一桶水兑制多少毫升(或公斤)商品药的农户只有1户,能够具体说明某具体地块施用多少商品药的农户只有3户。一般农户只能说出自己家当年耕种多少田地,自己家又总共购买多少农药,其他具体的农药施用与配比则不清楚。在询问关于怎样确定水药比的时候,62户被询问农户中,36户回答用瓶盖量药,占57.8%,21户则回答"估个大谱,直接将农药倒进药桶中",占33.9%,其余5户则直接回答"不知道"。问他们这种剂量配比的依据时,62户中,28户回答是问一下经销商,然后估个谱配药,占45.2%,23户回答从邻居那儿问到的,根据别人使用的量,估个谱就行了,占37.1%,7户回答根据地块的大致面积,估个谱确定农药施用量,直接回答"不知道"的有4户。

案例7－11　62－38,男,46岁,周庄村民小组人,兼业农户。"具体打药的地块的面积都是估个大谱,你想农药有必要量那么准确么?""在我们乡下,别说我不用量杯,大家都没有用量杯的习惯。有一次一个高中生暑假期间给家里的棉花地打药,拿着一个量杯量药,被大家伙(街坊邻居)看见了,多少年了都还在被大家笑话……你说这不是书呆子么?""我们老百姓几十年了都是估大谱打药,不是挺好的么! 从来没有出现把庄稼毒死的现象"。

案例7－12　NJ－07,男,58岁,俞村村民组人,原俞村小队农药技术员,纯农户。"用瓶盖度量配药在大集体时期就是一种常见的现象,也是当时农技推广部门传授配药的内容,我们技术员在配药时都是根据瓶盖配药。"

而今,农药的生产体制已经完全市场化,农药生产的技术规格也已经多元化,用瓶盖计量配药除了符合农户施药的习惯与方便农户配药之外,已经逐渐失去其科学性。但是这种配药习惯已经逐渐成为农户施药行为的一种非正式制度,而当用量杯等精确的工具配药时,这种新的配药方法难以与之相容,倒被看成"不合适"的工具与方法,而被农户们不接受。可见这种粗放的施药、配药已经成为农户的习惯,内部化成乡村环境行为的一部分,反而科学、合理的施药配药倒被看成"非理性"的行为。

### 7.6.4.2 农药次生污染中的农户非理性

与以上农户的各种理性、非理性行为相比,农户在农药施用过程中乱扔乱放、随意丢弃行为造成的对环境的次生污染则更显示了农户施药行为的非理性行为。调研发现,62 户农户在施药过程中,将农药包装袋随意乱扔者达 51 户,比例高达 82%,对农药废瓶的随意丢弃率高达 96%,对农药残液的随意倾倒率达 62%,对农药残留不科学处理率高达 44%(如表 7 – 18 ~ 表 7 – 20)。

表 7 – 18　农户农药施用造成次生污染现象一览表(一)

单位:户

| 处理对象 | 处理方式 | | | |
|---|---|---|---|---|
| | 收集起来作为废品卖掉 | 随意放在家中院落 | 随意扔在田间 | 随意丢在池塘中 |
| 农药包装袋 | 6 | 5 | 29 | 22 |
| 农药废瓶 | 2 | 1 | 24 | 35 |

资料来源:根据在俞村的调研整理。

表 7 – 19　农户农药施用造成次生污染现象一览表(二)

单位:户

| 处理对象 | 处理方式 | | |
|---|---|---|---|
| | 随意倒在田间 | 随意倒在水体中 | 留在喷雾器中 |
| 农药残液(已配) | 16 | 11 | 11 |

资料来源:根据在俞村的调研整理。

表7-20 农户农药施用造成次生污染现象一览表(三)

单位:户

| 处理对象 | 处理方式 | | |
|---|---|---|---|
| | 带回家中 | 埋在田间 | 固定在水体中 |
| 农药剩余(未配,在药瓶中) | 35 | 12 | 15 |

资料来源:根据在俞村的调研整理。

当问到将农药外包装袋、废药瓶、残留药液、农药残留随意丢弃在稻田、水体中是否会产生污染时,92%的农户认为会产生污染,他们列举的次生污染现象主要包括:丢弃在水体中的这些物体与废液周围的水体和土壤颜色出现变化,例如,出现一些红色的类似线丝虫的菌体;这些物体和废液发出难闻的气味;当在这些被物体和废液污染的水体中洗脚时皮肤会出现灼疼感;等等。但是问这些农户是否会主动将这些物体带回家中作为废物妥善处理或者作为废品卖掉时,大部分农户反映,现在废品回收的根本不收这些废袋废瓶,放在自家院落又发出难闻的气味,就干脆将其丢在田间或者扔进河湖水体中,等雨水一来,他们自然就随水流流走了。大家都这样做,我们自己也这样做。当地农户有将瓶中剩下的药固定在水体或埋在稻田的习惯,而这些药瓶都有被牲畜踩破或人为无意中弄破的可能,2010年被问及的62户农户中在田间贮藏剩余药瓶的农户共有23人次,其中被弄破瓶子的现象共出现5次,这些被弄破的药瓶的药液全部遗漏,造成很严重的次生污染问题。但是这些农户仅仅将其看作"药液的一些损失和毒死一小片庄稼"的现象。

关于农户行为对农药施用生态性约束产生的影响中,既有农户理性行为对施药产生的影响,也有农户非理性行为对农药施用产生的影响,但是理性行为是主流,非理性行为主要是农户的一系列行为习惯对农药污染造成的负向影响。有时候理性与非理性行为的区分又不是太严格的,理性行为中有许多非理性的成分,而有些非理性行为又可以找出许多理性的因子来。

# 7.7 整合性范式分析

## 7.7.1 事件过程所发生的子系统

农药施用是农业外界物化过程对农业干预最强烈的生物化学过程。农药的过量施用、高毒农药依赖,以及不当的施药方法,都有可能对农业生态环境、农产品品质、农业生产者和粮食作物系统等产生负面作用与影响,反映了农药施用过程中生态性约束不断生成的过程。这个过程也是农业生产相关的生态子系统、宏观社会子系统、微观社会子系统的作用及其这些子系统互动的结果。

### 7.7.1.1 生态子系统

农药施用过程中的生态子系统是指农药施用与稻田虫情、病情、草情、病虫害天敌等有机系统,以及农药施用的天气、土壤、水系等无机要素之间的相互作用与相互影响的关系。俞村地处淮河以南,属于亚热带向暖温带过渡的气候类型,气候温和、降水充沛、雨热同期,作物病虫害多发。水稻、小麦等各种粮食作物病虫害都有不同程度的发生。这些都使对农药的施用成为农业生产的必需。

生态子系统本身是一个自然性状非常强的系统,但是随着农药施用量的逐步增大和农药施用品种的不断更迭,农业的生态子系统也不断发生着嬗变,变成了新的生态子系统(或者称作人化的生态子系统),例如经过若干年农药的施用,在外观上没有太大变化的生态子系统中,病虫害的性质却发生了巨大的变化。包括俞村在内的各个农作区都存在这么一种现象:多年的农药过量施用之后,病虫害的抗药性的提高,害虫天敌生物的性状遭到抑制甚至死亡。这样更加提高了粮食生产病虫害防治对农药的依赖性,最终形成"农药施用——病虫害抗性增加、天敌死亡——病虫害越发猖獗——加大农药施用量——病虫害抗性增加、天敌死亡"的恶性循环。

### 7.7.1.2 宏观社会子系统

农药施用中的宏观社会子系统主要包括与国家宏观政策紧密相关的制度对农药使用的品种选择、使用量、使用方法产生的影响。这些制度主要包括农药研发技术的发展、农药供应与营销体制、农药施用的技术推广体系、农村土地产权制度、农业生产组织和农业生产的决策制度、农业资源的配置与供给制度以及农村社会中许多非正式制度等。相关的宏观社会子系统对农药施用影响包括:不同制度环境下,农药的供应方式与交易活动对农药施用外溢的质与量的作用与影响;土地制度的变革导致农户农药施用行为的个体性与农业环境资源共享性的矛盾;农药供应的市场环境对农户农药品种选择与施用量的引导往往形成决策性的影响;粮食产品终端市场的特点对农药施用产生了负向的引导。

### 7.7.1.3 微观社会子系统

农户施药行为是指农户为了保护自家粮食作物免受病虫草害的威胁,达到增产增收目的所产生的一系列活动过程及表现,是农户经济行为的一个组成部分。在农业转型过程中,我国的农户越来越由集体制下的一个相对匀质的主体变成经营目标多元化、经营行为异质化、资源利用方式差别化的集合体。不同农户类别的农药施用行为具有很大的差异性。农户施药行为总是指向一定目标的经济计算,是一种理性的行为;但是受信息不完全等因素的影响,农户的用药行为与目标之间产生差异,这是一种有限理性行为;同时农户在施药过程中通常也有一些非科学的习惯和判断,导致农户施药行为的非理性出现。过量施药和滥施药现象正是在农户理性计算、有限理性选择和非理性行为的过程中逐步显现的。

## 7.7.2 整合性范式的分析

农药施用生态性约束的产生既有来自农药品种发展与选择的原因,也有农药过量施用的原因,还有不科学、不合理施用造成的次生污染问题。通过整合性范式分析,能够全面、综合地考察各种因素(或系统)及其互动在农药负外部性形成中的影响或作用。

### 7.7.2.1 关系一:生物物理、宏观社会和微观农户行为子系统的互动

在集体化初期,我国农业病虫草害的防治秉承农业传统,综合运用农业防治、人工防治、生物防治、传统化学防治等方法。在这个过程中,病虫害的防治从其自然性状上讲,其与农业的生态子系统是相容、调适的,这满足了传统病虫害防治的环境目标—减少环境污染,以促进地区生态环境的协调(〔日〕星野芳郎,1985),从宏观的社会子系统上看,病虫害防治的技术供给是乡村社会内生的,与地方环境及人具有关联性,其对于地区自然环境的适应性不是外来引进技术可比的(冯肃伟、戴星翼,2007:210)。从与微观农户行为子系统的关系来看,传统病虫害的防治与农业生产劳动的劳动力过密配置是相适应的,病虫草害防治的劳动投入已经内部化为传统乡村道德和伦理的一部分。在今天看来,传统的病虫害防治与世界粮农组织(FAO,1994)倡导的品种抗性、物理防治、生态控制、生物防治和化学防治等综合防治(IPM)的精神是一致的,尽量控制农药施用对环境与社会的外溢影响,是一种积极的互动关系。

### 7.7.2.2 关系二：生态子系统与宏观社会子系统的互动

传统病虫害防治技术尽管符合生态学的规律，但是与社会目标——最大限度地满足人类的基本需求——有不一致的地方（〔日〕星野芳郎，1985）。传统的病虫害防治的致命缺陷，在于其防治效率不高、人力投入太大，特别是当出现大范围、强危害的病虫害现象时。20世纪60～70年代前后，我国先后出现大规模的农业病虫害现象，传统的病虫害防治力所不逮。加上我国化学合成工业的发展，为我国大范围化学杀虫剂的推广提供了良好的基础。在国家农药供应、技术供给与推广体系推进下，无机农药和有机氯农药在全国范围内推广，尽管施用量不大，但是对我国农业环境与食品安全造成很大的负面影响。这是农业的生态子系统与宏观社会子系统之间的互动关系。其中我国大规模农业病虫害现象出现对我国粮食安全构成的威胁是始因素。而化学农药合成工业的发展是宏观社会子系统中的工业化发展因素，国家农药计划供应体制是宏观社会子系统中的计划与管理因素，国家主导的农药施用技术推广体制是农药施用中的技术供给因素，都是终因素。这种互动关系的发展逐渐导致农药作为一种工业化的化学物质进入粮食生产系统，而这种物质与化肥不同的是，它一开始就具有与农业生态环境不相容的特征，一开始使用就构成了对自然环境的巨大威胁，是农药使用生态性约束产生的最重要根源，这是一种消极的互动关系。

### 7.7.2.3 关系三：宏观社会子系统与微观农户行为子系统的互动

20世纪80年代以后，我国农药的生产与市场供给中，以有机磷类农药为代表的农药一直是农药供应的主体，市场上有机磷等高毒农药品种比例大，销售中最常见、最易购买，客观上为农药违规使用提供了物质条件。基层政府逐渐对农业技术推广职能的放弃，对农药施用等农业技术的需求，渐渐变成了农户自我服务与市场化的提供，农业技术服务的主体变成了农户自身和市场化的农业生产资料供应商。农户在农药知识的获取上是有限的，供应商在农药知识的提供上又是唯商业利益的。这样农药施用的推广与技术服务逐渐偏离"科学化、减量化、生态化"的轨道，农药的过量施用、不科学施用现象就成为一种常态，农药使用的生态性约束日渐明显。这是一种宏观社会子系统与微观农户行为子系统的互动关系。在这个关系中，农药的制造与提供机制、农药的市场经营体系、农技推广体系都是宏观社会子系统，是始因素；而农户的对农药施用的高毒品种选择倾向，农药施用的主观性与随意性，最终导致的农药过量施用都是微观的农户行为子系统，是终因素，这是一种消极的互动关系。

通过整合性范式分析，我们发现，农药施用生态性约束主要来自以下几个方面：第一，农业生产的生态子系统因素，降水、地势、河流流域位置对生态性约束的大小有影响。第二，农药的技术发展因素。这反映了不同农药的理化性质，是影响农药污染程度的主要因素之一。第三，农药使用的宏观制度因素。农村土地产权制度、农业生产组织和农业生产的决策制度、农业资源的配置与供给制度以及农村社会中许多非正式制度等都是对农药施用生态性约束生成具有重要影响的制度因素。第四，农户施药行为。农户施药行为是农户环境行为的重要构成部分。

在这四项因素中，区域自然因素是相对稳定的，农药技术的发展更多的是一种厂商行为，是按照一定的技术进步类型来演化的。而宏观制度因素和微观的农户行为则是影响农药施用，最终导致农药使用生态性约束生成的重要变量。人们的经济活动总是在一定制度约束下的理性活动，因此宏观的制度因素成为分析农户微观施药行为的背景，农户的施药行为在宏观制度因素的调节下对农药施用具体过程和农药施用生态性约束构成巨大的影响。有时候在农药施用具体过程和生态性约束生成的分析中，农户的施药行为和宏观的制度制度因素被融为一体，难以区分。

# 7.8　本章小结

俞村气候湿润，降水充沛，雨热同期，作物病虫草害频发，使得对病虫草害的防治成为当地农事活动的重要内容。2007 年俞村农药施用超过了 2700 公斤，施用强度达到 13.6 公斤/公顷，超过了全国的平均使用水平，病虫草害的防治也走上了化学防治为主的道路。俞村农药施用对农业生态与农产品安全构成了极大的威胁。

农药施用生态性约束生成的宏观制度原因主要体现在家庭联产承包经营突出了小农经营分散性与农业环境整体性的矛盾，导致农药施用中流动性、公共性的农业环境产权被分散的农户经营任意侵害；农药商品和农产品的市场机制不健全，导致市场对环境友好型农药和绿色农产品的负向筛选机制，引导农户走向偏施农药、偏施高毒农药的路径依赖；农业技术服务体系的逐渐衰落，使得农药施用出现盲目性、随意性现象。

农药施用生态性约束生成的微观农户行为原因主要体现在农药施用中，增加粮食产量和选择性价比好的农药是理性小农的首选因素，而农药施用对环境与市场农产品安全的负面影响则属于外部经济现象，不在理性小农理性考虑之

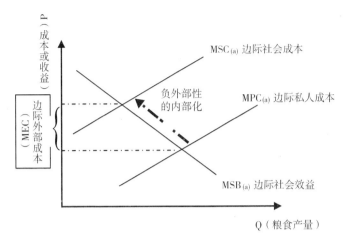

图 8 - 1　粮食生产负外部性内部化示意图

# 8.2　粮食生产负外部性内部化的理论设计

外部性理论是 20 世纪初经济学理论的巨大创造。由马歇尔提出,其弟子庇古进行完善的。庇古在完善外部性理论的基础上,提出负外部性内部化的重要解决方法——"庇古税"(Corrective Taxes)。自 20 世纪 20 年代提出庇古税方案以来,关于内部化的理论日渐丰富。从负外部性内部化到正外部性的内部化;从解决市场失灵问题到对政府失灵的探讨;从对交易成本为零的前提下外部性的解决,到科斯第二定理的提出,再到张五常和约理论对外部性理论的深化;从政府规制的外部性内部化,到研究产权制度对外部性内部化,再到外部性的社会性规制理论的提出,外部性内部化理论逐渐成为一个庞大的理论体系。

## 8.2.1　负外部性内部化的两大理论争锋

关于负外部性内部化的理论发展,一直围绕着"政策的方式"和"市场的方法"展开,或者政策和市场解决方法的综合。

早期的外部性的理论认为,负外部性产生于边际私人成本小于边际社会成本,导致的后果就是市场无效率,因此"市场失灵"既是负外部性产生的原因,也是负外部性的重要表现。理所当然,对负外部性的内部化也须采取非市场的方式解决,主张政府利用税收的方式对负外部性强制性内部化。庇古的修正税(Corrective taxes)理论指出,"可能采取的限制的最显著的形式当然是租税。这种干涉政策其消极方面的广泛例证甚易提供"(理查德·A. 马斯格雷夫,1996),这与当今环境污染治理理论与实践上主张的"污染者付费"(Polluter Pays Principle)是一致的。20世纪60~70年代,随着制度经济学的发展,许多学者认为负外部性的出现是市场体系不健全的结果,负外部性的内部化也可以通过市场的方法得到解决。指出,"在交易费用为零和对产权充分界定并加以实施的条件下,外部性因素不会引起产权的不当配置。因为在此场合,当事人——外部因素的生产者和消费者——将受一种市场动力的驱使,就互惠互利的交易进行谈判,也就是说使外部因素内部化"(麦克米农词典,1981年版)。科斯对庇古税政府干预的前提进行了质疑,同时强调市场方式解决负外部性问题的重要性。他说:"政府行政机制本身并非不要成本。实际上有时成本高得惊人……直接的政府管制未必会带来比市场和企业更好的解决问题的结果"(S. 科斯,1991)。从此,几十年来,关于解决负外部性内部化问题,就形成了以"庇古税"为代表的政府干预和以科斯定理为代表的市场调节两大学术思潮的碰撞与争锋。

## 8.2.2 负外部性内部化理论的发展与梳理

### 8.2.2.1 主张市场解决的负外部性内部化理论

在负外部性内部化理论的两大思潮对立形成过程中,政府干预的思想和市场调节的思想都取得了发展,形成了一系列相关性的内部化理论。关于负外部性内部化的理论发展过程可以见图8-2。

首先,科斯研究了产权理论的理想化状况,进而提升了产权理论的适用性层次,提出了"科斯第二定理"。根据科斯定理,"只要市场交易的费用为零,无论产权属于何方,通过协商交易的途径,都可以达到同样的最佳效果"(张军,1994)。"科斯定理"是说,在交易费用为零的条件下,效率结果与产权无关,不会产生负外部性的成本溢出;但是当存在正交易成本的条件下,效率结果就与产权有关了,就会产生负外部性,这个时候,通过产权协定的方法,使负外部性的成本溢出最小,被称作"科斯第二定理"(赖叔懿等,2007)。而张五常在"科斯第二定理"的基础上进一步分析负外部性出现的可能性,并进一步完善负外部性的解决办法,他认为负外部性的产生不是由于正的交易费用,而是源于资

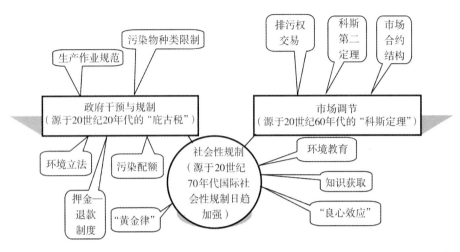

图 8 - 2　负外部性内部化的理论发展与结构示意图

源所有权的缺乏(即产权的缺乏)。因此,所有权力(产权)是最重要的,在此前提下,让市场竞争权衡一种行为(污染、资源浪费等负外部性行为)的收益和成本的效力,最后通过适当的合约安排有效率地校正某些公共资源中出现的负的外部性活动。20 世纪 90 年代在科斯定理与张五常的合约理论指导下,在不同国际环境主体和大的厂商主体之间达成了一些大的环境协议,例如,"碳费交易"等都显示了新制度经济学在矫正负外部性中市场调节的巨大能量。

### 8.2.2.2　政府干预下的负外部性内部化理论

除了原来的"庇古税"思想之外,还逐渐发展了其他一些政府干预下的负外部性内部化的理论与方法。第一,针对农业外部性内部化的农业环境立法。美国著名经济学家斯蒂格里茨(George Stiglitz)曾说,"运用法律系统解决外部效应有一个很大优点。在这个系统下,受害者有直接的利益,承担着执行法律的责任,而不是依靠政府来确保不发生外部效应"(郑秉文,1992)。第二,针对农业负外部性溢出的配额和种类的强制性限制,以将负外部性限制在一个最小的额度内。第三,对农事活动制定相关的指导性操作规范与标准,减少农事活动对环境资源的过度利用和浪费。到目前为止,政府干预已发展成包括财税控制、法律创制、标准规范制定的政府规制体系。

### 8.2.2.3　粮食生产负外部性内部化的社会规制思想

社会性的调节机制主要表现为各种民间社会力量(如家庭、学校、公共场所、社会舆论监督机构、民间绿色组织和环境资源保护协会等）的环境公益教育、环境伦理约束和环境舆论监督。与政府规制的强制性、市场机制的公约性相比，社会性规制在负外部性消除与内部化方面具有更大的普适性和发展空间，体现出负外部性内部化更大的人文关怀（张红军，2007），特别是在市场经济体制下，外部性产生更多的是源于各自独立的市场主体的生产经营行为，而政府的规制又不可能为众多主体提供详尽的法律、规范和一对一监督力量配置的情况下，通过社会性规范塑造社会公众的环境伦理、环境意识、环境文化，规范公众的环境行为，对负外部性的内部化和消解具有重要的意义。

"良心效应"（Conscience Effect）和"黄金律"（Golden Rule）就是两个重要的负外部性社会规制思想。"良心效应"由澳大利亚学者黄有光（1991）提出来的。他认为，任何一件外部性事件的产生，都或大或小存在着良心效应，即良心发挥着一定的作用，当负外部性产生者给他人的福利带来不利的影响、而且不给予补偿时良心效应将会降低自身的整体福利水平，通过良心的效用促进负外部生产者自觉进行负外部性的良心内省与促进实际行动的内部化。关于"黄金律"，斯蒂格利兹认为就是，"要产生外部经济性、不要产生外部不经济性"。由于人们的行为是互相影响的，所以人们要时时刻刻用社会准则来要求自己。实际上，"黄金律"和"良心效应"无非是一种不依赖于政府和市场，而是依赖于社会机制的道德教育，运用这种思想教育的方式来解决外部性问题在某种范围内可以发挥作用。

### 8.2.3　不同视角下的粮食生产负外部性的内部化

关于农业负外部性内部化的方法，最常见、最有权威性的方法是依据上述市场调节和政府干预的"两分法"，但是在其他视角的指导下还有不同的分类方法。

#### 8.2.3.1　负外部性内部化强度的视角

按照对负外部性内部化方式采用的强制/非强制性来分可以分为强制性内部化、诱导性内部化、渐进性内部化三种。

（1）强制性内部化

根据林毅夫的理论，国家最高统治者（通常指最高国家机构，在分权制国家中也可指州等地方机构）被视为国家的化身。国家的行为也符合理性人假设，当制度供给不足时，国家强制性推行一种新制度安排，而这种制度的安排的预期边际收益要等于国家的预期边际成本（林毅夫，1994）。在这里制度供给的不足就是市场失灵的重要表现,其中外部性的出现又是市场失灵的重要因素之一。通过强制性的制度供给,使得负外部性中的社会成本产出回归到私人投入的成本函数中,实现内部化。这里强制性内部化与上面讲的政府干预(规制)的内部化,或者正式制度下的负外部性内部化在内涵上是一致的。

(2)诱导性内部化

所谓诱导性内部化指的是对现有外部性问题的改进,或者是新的防范措施的创造,它是由个人或一群人,在响应获利机会时自发倡导、组织或实行的。诱导式内部化过程中,非正式制度(Informal Institutions)扮演了极为重要的角色。一方面非正式制度具有忽视正规制度的实用主义倾向,这种倾向通常使社会公众的行为随机应变,提高了正式制度的变通执行水平,是对正式制度(Formal Institutions)的补充和完善。另一方面,他又常常妨碍正式制度的作用,使制度难于实施、方向发生偏差,制度效率降低甚至被社会公众的投机行为、经验主义所"耗散"。因此诱致性内部化的目的,一方面要求,正式制度的安排要通过其与非正式制度的"相容性",强化其规范作用;另一方面要求,充分利用非正式制度约束社会公众的行为,从而降低监督契约执行的监督成本和执行成本,防止"搭便车"(Free Rider)的出现,使负外部性不至出现,或者容易内部化。从这个意义上讲,诱导性内部化既可以包括给社会公众创造一种稳定预期的市场调节式的内部化,也可以包括负外部性内部化中的社会规制方式。

(3)渐进性内部化

所谓渐进性内部化则指在整体外部性问题复杂、宽泛的现实情形下,先针对一些突出的、严重的外部性问题进行改进,随着这些问题的逐渐缓解、局部效率的不断提高,逐步扩大改进的范围,力求在更大范围内增进福利的过程。粮食生产负外部性是一个严重、宽泛的问题,对其防范也只能逐步达到,以不断的次优来逼近最优(石声萍,2004)。例如,现阶段我们就粮食生产中已经非常严重的化肥农药的过量、不合理施用和农业的过度开垦造成的负外部性进行内部化。这些负外部性的表现具有全国范围的普遍性,通过对普遍性、严重性的负外部性的内部化,才能逐渐引导解决粮食生产造成的大部分负面影响,从根本上扭转我国农业生产不可持续发展的不利态势。

#### 8.2.3.2 技术和制度选择的视角

Ruttan V.(1991)认为,"如果不能从技术和政策机制两方面进行充分设计,农业生产的可持续发展将是一种充满诗意的夸夸其谈"。所以从农业负外部性内部化的着手角度上讲,可以分为技术创新的负外部性内部化和制度创新的负外部性内部化两种方式。

（1）技术创新的内部化

首先,技术本身的进步直接减少与剔除了其中产生负外部性的负向物质与能量投入,例如,生物农药技术相对于无机、有机合成农药技术而言对环境的毒性物质输入与残留则要小得多,生物农药的推广及其对合成农药的逐步替代本身就减少了负外部性的产生,本质上也是一种内部化作用。其次,技术创新可以改变特定生产的工艺过程和生产规模,也对负外部性的产生与内部化产生重要影响。例如,有机粮食生产技术对化肥、农药施用的要求与规范就能减少生产过程负外部性的产生,这也是技术作用的结果。最后,技术的创新与进步可以实现对资源的精确化、控制化的使用,提高了物质的利用率,减少了负外部性的物质投入,如信息技术、控制技术在精准农业中的运用。

（2）制度创新的内部化

技术的创新通常离不开制度的创新,只有制度的创新,才能加快技术创新的巨大作用。首先,技术创新一般要和各种各样的制度相适应,包括正式制度和非正式制度。其次,不论什么样的技术使用都有可能产生一定的负外部性,对负外部性的消除与内部化离不开制度的创新与作用。"外部性的存在,使当事人的收益与成本成为不对称。这也意味着社会并未达到帕累托最优,而通过新制度安排来使这种外部性内在化,则可以增加社会的总净收益"（张培刚,2001）。

# 8.3  粮食生产负外部性内部化的路径与方式

粮食生产负外部性内部化的路径与方式,我们按照干预主体的不同,也可以划分为政府力量对负外部性的内部化、市场调节对负外部性的内部化、社会力量对负外部性的规制三种。

## 8.3.1  政府力量对负外部性的内部化

### 8.3.1.1  绿税

目前世界上对农业生产中化肥征收绿税的国家主要是丹麦、瑞典、挪威、芬兰等北欧国家,尽管我国没有对化肥、农药等对负外部性生成具有重要作用的农业化学投入品征收绿税,但是,例如 2003 年 1 月 1 日起,停止执行对部分列

A:你家化肥总共花了多少钱?

B:喔……,尿素120元,复合肥136元,碳酸氢铵36元,总共就是650多元钱。

A:原来化肥价格一直是这样么?

B:那这个不好说。

A:就说这10年左右的化肥价格情况吧!

B:也只能记得个大概,化肥价钱开始很便宜,刚刚分单干的时候,主要用碳酸氢铵,一般是6~7元一袋。尿素用得少一些,一般以两家分一袋,一家40~50斤,尿素是17~18元一袋,不过那时候的钱也值钱。1988年化肥价格涨了一次,1998年涨了一次,最近一次大涨是2004年,像尿素一袋(40公斤包装,下同)由80~85元涨到110元,从2004年到现在又涨到120元一袋,零售1.5元一斤。碳酸氢铵1998年前后是17~18元一袋,2004年一下就涨了10元,现在是33~35元一袋。复合肥是近四五年才开始施用,2004年时是140元一袋,现在是180~200元一袋。

A:那么化肥价格上涨之后,你们是不是会减少化肥施用量呢?

B:有的减少了,但是大多数都不减少,像我家就一直没有减少。

A:为什么? 化肥施用太多不是浪费么?

B:那不是,化肥这东西挺怪的! 你要是上它不见得会增产,但是你要是不上它,或者减少了,庄稼立马就减产。[旁边B的妻子打断了她丈夫的讲话,说:"化肥把地力拔完了,田底子乏了(即地力衰竭),要想少上化肥,那得上猪圈肥"(注:泛指农家肥)]。

A:对呀! 你们可减少化肥,多施农家肥呀!

B:那也是,但是现在都没有人积肥,年轻人不在家,我们这些老家伙(注:自嘲式地笑了笑)又挑不动。像我家大儿子年前打工回家,我让他抽空积点肥,他成天吆三喝四地打麻将就不愿意积肥,说挑肥、积肥挺麻烦、肮脏,还不如多买几袋化肥,拉倒(注:省事)! 这不,年前孩子就将化肥买回来了!

A:那要是化肥再涨价,你们还能承受得了么!

B:承受不了也得买呀! 不然庄稼长不起来呀! 现在孩子们打工能挣点钱,我们农闲也可以到外面干活挣一些,还有每年国家给一点(指"农业直补"),一个人头100多元,基本上能够买化肥了。种田不赔钱了,前几年得上缴,种田赔钱,该上化肥不还是要上么!

A:那假如国家对化肥收税,往后化肥价格再要是上涨的话,你们是否愿意减少化肥施用量呢?

B:啊! 明年化肥价还要涨呀!

A：不是，我是说"假如"，假如国家对化肥收税引起的价格上涨！

B：呃！那看你化肥到底涨价要涨到什么程度了！如果像前年（注：实际指2004年）那样，碳酸氢铵一袋涨10元，就有些太贵了。国家还要加税呀？这几年就是国家加税，加呀加的，把化肥价格加上去了。（B的妻子显得有些警戒，又打断了B的讲话，你怎么知道国家加税的呢！并对我说，别听这老头子胡说，反正我们老百姓也是估摸着说是国家加的价）〔B也有些激动，与妻子争辩起来，说，那要不是国家加税，为什么化肥涨得这么快呢！这不到10年翻了个跟头，从17~18元（注：特指碳酸氢铵）一下涨到35~36元。化肥厂是国家的，供销社是国家的，肯定是国家加税才涨的吧！其实国家办化肥厂真赚钱呀（对着我说），只要农民种庄稼，多少之说肯定要上化肥呀！我们对这些不懂，但是价钱涨这么多，是真的吧！我老婆不懂，一个妇道人家，别听她的〕。

A：（对着B的妻子）她说的也有道理，你说的也是实际情况！化肥涨价也有化肥生产的原材料、电价、煤价上涨的原因。其实我国以前一直没有对化肥收税，不仅不收税，还对化肥有补贴呢！

B：还有补贴么？我们怎么不知道呢？

A：你们以前每年不是在村领取化肥票么！用化肥票在乡供销社买化肥不就是平价么？比市场价格低，就是国家在里面有补贴。

B：喔！是有这么回事，那至少有十四五年了，反正这些年是没有再发什么化肥票了，化肥价钱涨得也快了。

A：是的，这10年国家逐步取消了对农户的化肥补贴，化肥价格基本上随行就市了。

B：喔！也是，这些年不光化肥涨价，其他东西也都涨价了。

……

由此可见，在我国通过征收"绿税"的办法减少农户对化肥等化学品的施用有相当的难度。第一，"绿税"作为价格信号引导农户减少对化肥需求的机制不明显。决定化肥等施用量的因素不仅仅是价格因素，作物生长导致对这些要素投入的刚性需求和农户偏施化肥的投入倾向也是关键原因之一。第二，我国化肥等农业生产资料的价格形成机制处在不断的变化之中，化肥等的定价机制复杂，化肥价格上涨既有国家计划干预的因素，也有市场调节的作用机制。即使国家开征绿税，绿税价格体现也被混在市场价格生成的机制中，容易造成化肥价格上涨是国家调节的农户主观判断。国际经验证明，通过征税（控制农户对化肥的使用）减少农业面源污染的成效并不显著，除非将化肥价格定得很高（朱兆良、〔英〕David Norse、孙波，2006）。如果我们按照向平安（2007）的研究，依据湖南省洞庭湖区的标准开征绿税，那么在俞村当地，尿素的价格每袋地制度导致的地块细碎化前提下,排污权交易的任何尝试都会表现为农户扯皮、纠纷、摩擦,最终交易难以达成(刘友芝,2001)。根据黄有光(1991)的观点,如果产权交易的成本费用大于农药使用生态性约束所造成的损失(化肥/农药使用造成负外部性成本),那么外部不经济还是迫不得已的第三优选择(The Option of the Third Best),既当交易成本太高,宁愿让负外部性继续产生,也不要进行产权交易。

### 8.4.3.3 "受害者致害化"导致产权协商的困难

在现实的农业生产过程中,为数不多的产权交易案例中,一般是大农业中的种植业与养殖业等之间达成的,这主要是因为种植业与养殖业之间的负外部性溢出多是单向性的,或者界定产权(包括排污权交易)对种养业能够带来足够的收益能够冲抵产权交易的成本,直白地说,这种产权交易是值得的。而大小规模相同、双向性负外部性产出的众多同质性小农主体之间的负外部性溢出,很难判定污染的责任方和受害方,这在小农经济的产权划定下,是最常见的现象。通常一个农户可能既是负外部性溢出的致害者,又是负外部性产出的受害者;这种农业负外部性的双向性使社区内的农户置于纵横交错、异常复杂的污染网络之中,而绝非像科斯想象的那样简单、明了(朴明根等,2002)。这种现象按照饭岛伸子(1999)的理论,叫做"受害者致害化",在这种负外部性主体纵横交错,产权关系复杂,负外部性输出互生的情况下,通过产权协商来解决问题,困难之大可想而知。

## 8.4.4 社会性规制面临的复杂性

社会性规制主要强调道德、教育,以及舆论媒体的监督,也存在着一定的缺陷。第一就是它的"软约束性",这种"软约束性",是难以形成对农业负外部性的强有力的内部化机制的。第二就是它的非激励性。社会性规制主要靠"良心效应"、"黄金律"等的农户主观内省让农户自觉控制粮食生产生态性约束的生成,这在现实中的操作性很差,因而效果也很难确定。第三,农户社会规制面临农户知识获取能力与水平的约束。如果说"良心效应"、"黄金律"是倡导农户在对农业负外部性知识有所知的情况下,尽量多制造"正外部性",少产生负外部性的一种道德操守的话,那么农户知识获取能力的欠缺则说明农户在无知的状态下对农业负外部性的制造。由于我国农户本身所受教育程度的限制,加上农村劳动力转移中对较高教育水平的青壮年的优先选择,导致许多农户对农业负外部性的认识处于模糊、无知状态,农户缺乏社会性规制的认识论基础。

# 8.5 农业负外部性内部化的实践探索: 两个成功的案例

## 8.5.1 案例 8-2:稻田养鱼的排污权交易

### 8.5.1.1 稻田养鱼与化肥农药施用

农户 G,俞村晓庄村民小组人,现年 63 岁,人民公社时期曾在大队社办渔场工作,专门负责养鱼的技术工作,家庭联产承包责任制初期承包在原大队鱼池搞了两年甲鱼养殖。1988 年大队养鱼池被毁还田之后,G 从湖北省新洲县(现武汉市新洲区)引进了稻田养鱼技术,开始在自家稻田中尝试养殖昌鱼、鲶鱼、鲫鱼等。

稻田养鱼一般是春夏插秧后 20 天在稻田中投放鱼苗,经过 4 个月的鱼稻共生期,白露前后水稻收割完毕,再在稻茬田中蓄满水,又经过 4 个月的冬季成鱼生长期,到腊月底就能排水取鱼出售。稻田养鱼技术相对简单,但是必须保证:①鱼稻共生期稻田有至少 20 公分、成鱼单独养育期至少 40 公分的蓄水深度;②水稻种植中的化肥施用必须在鱼苗下田前的 20 天进行,鱼苗下田之后禁止使用化肥,但可投放青草粉碎料,既作为鱼饲料,又可以作为水稻生长的绿肥;③稻鱼共生期间,禁止施用任何农药,在不得不使用农药控制病虫害的时候,必须先"倒池",后换水,再"回池",即开田放水将鱼苗导入附近的稻田、池塘或网箱中,农药施用后经过 1 周的洇田,开始放水洗田,3 天后,将洗田水排净,然后再将稻田蓄水 20 公分,让鱼苗"回田"。

### 8.5.1.2 稻田养鱼与环境产权关系

鱼田已经形成了一个相对闭合的生态系统,即鱼儿食用稻田的秧脚草、秧苗生长的代谢物、人工撒入的青草碎料和稻田中矿物质等。而鱼儿生长的排泄物、人工撒入的青草料可以作为水稻生长的肥料。防治鱼病使用的蓝矾(即五水硫酸铜,$CuSO_4 \cdot 5H_2O$)等药物对水稻病虫害也有一定抑制。所以水稻植株病虫害的发生几率明显低于其他普通稻田生长的水稻。除非虫口密度大的年份,一般来说是不需要因施农药而"倒池"的,从 1988 年,G 进行稻田养鱼以来,造性的运用。从某种意义上讲,只要国家宏观的产权制度供给是正常的、适中的,在市场信号的刺激与作用下,农户可以通过某些变通的方式实现对农业环境资源的保护,最终农田污染向水体、空气的排出大大减少,实现了农业负外部性的排外化和内部化。

### 8.5.2　案例8-3:押金—退款制度规制"白色污染"

#### 8.5.2.1　"白色污染"与农业负外部性

我国是世界第一农膜使用大国,2007年规模以上企业共生产农膜96万吨,是世界其他所有国家总产量的1.6倍,消费量达到120万吨[①]。但是我国农膜大部分为不可降解的、厚度低于"双零八"(0.008毫米)的塑料薄膜,在土壤中有很大程度的残留[②]。农膜的残留不仅影响农业生产,还严重污染农田环境,对农业可持续发展构成不容忽视的威胁。

官氏县农膜的使用始于20世纪90年代中期,是县、乡(镇)两级政府在实施"冬闲农业"项目下进行推广的。政府一般采用贴息贷款、补贴等方式鼓励农民在冬季使用地膜,进行蔬菜、瓜果等经济作物的种植,以延长农时,增加农民收入。但是官氏县塑料大棚的使用也出现了全国已经存在的"白色污染"现象。

官氏县地膜覆盖种植技术的推广,一般采用简单的项目资助方式进行。乡镇首先将项目资助款发放到农户手中,然后让农户自行购买地膜,进行种植,乡镇农业管理部门每年例行组织下乡检查,等到当年(或次年)冬季蔬菜采摘完毕,当年的项目就算结束。到了第二年,再进行下一次地膜项目的申请与推广工作。许多农户拿到地膜项目经费后,为了节省投入,一般都购买价格相对便宜的"双零六"(厚度为0.006毫米)农膜。"双零六"膜一般当年就会烂在田里,难以回收。除了部分大块残膜在整地时被清理出田间以外,大量碎片残膜被留在田间。据官氏县农业局的统计,到目前为止,官氏县农膜的年使用量达1100吨左右,其中厚度不超过0.008毫米的农膜占使用总量的60%,大量的农膜被残留在土壤中,残留量在40%~60%。农膜使用在增加农业产量和提高

---

[①]　参考以下网址:hppt//www. ampcn. com/2009 - 01 - 23。

[②]　根据嘉昕(2007)的研究,我国农膜回收率不超过30%;而根据钟秀明、武雪萍(2007)的研究,我国农膜残存率达40%之多,近一半的农膜残留在土壤中;傅泽田(2000)、兰天(2004)的研究认为我国的农膜残膜率为42%。

农业生产效益的同时,也付出了牺牲农业生态环境的重大代价。

### 8.5.2.2　俞村"延长农业"推广时的"押金—退款"制度

俞村农膜的使用始于 2003 年,是虹水区政府支持下的"延长农业"项目一个重要内容。城关镇农林办在吸收其他乡镇塑料大棚、地膜推广经验教训的基础上,改进农膜推广的支持与补贴模式,辅之以宣传和教育的手段,有效避免了农膜推广使用中的残留问题。城关镇的地膜项目推广由县农业局、财政局统一规划,在资助方面与其他乡镇的额度基本相同,但是在项目的推广方式上进行了改进与优化:①项目以村为单位接受农户的申报,主要资助农户的蔬菜种植。②资金资助采用"主账户 + 押金退款"的方式进行操作,即镇农林站按照每亩 300 元的地膜补贴为农户建立主账户,要求农户同时按照每亩 100 元在此账户中存入押金款,然后将账户发放至农户手中。但是账户必须在项目年检后在镇农林站授权下激活才能使用。③为了方便服务与监督,项目申请的地块被集中到相连成片的区域。④农户自行决定在市场中购买指定规格的农膜(厚度不能小于 0.01 毫米)进行铺设。⑤在铺设农膜的季节,镇政府聘请县农业局农技中心的技术人员现场讲解与演示压膜、地膜维护、揭膜、收集残膜等环节的方法与要领。镇农林站同时组织工作人员现场核实农膜规格和铺设面积,并对农膜进行项目认定编码与加封,防止农户任意变更农膜。⑥在一年中使用农膜种植的季节,镇农林站两次不定期地组织工作人员下到农户田间,进行农膜使用核查和农膜使用服务指导工作。⑦到年终地膜清理时节,镇农林站组织工作人员到田间检查农膜的回收工作,要求在农户揭膜之后,保持田地的未翻耕状态,检查结束后,方可犁耙。⑧残膜回收检查合格的农户的账户在农林站的许可下,被激活,便可使用。如果检查没有合格,视不同情况被处以扣发押金、收回主账户、扣留押金并收回主账户、不同额度罚款、停止项目合作等处罚。⑨如果前一年农膜能够回收修补、第二年循环使用的农户,仍能享受项目资助,资助金额不变,以鼓励农户购买超厚(大于 0.024 毫米)农膜,方便农膜回收与循环使用。

### 8.5.2.3　项目中"押金—退款"制度的实施效果

从 2003 年至今,俞村的乌宋店、扈厂、汪店、俞村等村民小组共有 513 户次农户申请到项目资助,共实现农膜覆盖蔬菜种植 647 亩,发放农户农膜资助款 19.62 万元。由于项目技术控制严格,农户对项目的宗旨了解,并在实际工作中配合农林站的工作,加上对农膜的回收与循环利用又有现实的收益激励,俞村的农膜使用膜厚标准高,压膜规范,农户收膜积极性高,农膜循环使用率高,很少发生违规使用不规范农膜和将农膜残留在田地中的现象,农膜回收率达

98%以上。在项目实施的 5 年期间,只发生了 3 起农户没有按规定回收残膜被扣押金的现象。

通过案例 8-3 我们发现,同样是项目补贴或贷款,补贴或贷款的额度也一样大,但是通过优化补贴的方式,加大对农户技术服务与监督的力度,就能够避免我国普遍出现的白色污染问题。案例中的补贴方式设计其实是一种"押金—退款"式的制度安排,,通过这种约定,给农户一种激励和约束的双重诱导,将农户最初的行为安排在对农业资源合理利用的路径上,一旦农户形成一种"生态化、循环化"利用农业化学品的习惯,就使农户的农业生产行为走上一种良性发展的轨道。林毅夫认为,"人类行为在不同的经济中的行为表现不同,不是它的'理性'有所不同,而是制度环境和自然条件不同,造成可供他们选择的方案不同所致"(林毅夫,1989)。用诺斯的话说,人们之所以有不同的选择,是因为有不同的制度框架,"制度框架约束着人们的选择集"(诺斯,1963)。

以上两个案例从不同方面说明在农业可持续发展中,农户自身的环境制度创新和政府不同的制度安排对农业负外部性内部化的重要性。

# 8.6  本章小结

农业负外部性的内部化是外部性(及内部化)理论在农业领域的理论运用与实践探索。农业负外部性内部化也主要沿着政府规制、市场调节和社会规制三个路径展开。政府的政策性规制在当前我国"反哺农业"的大背景下具有强制性、速效性的硬性约束的巨大作用;围绕农业环境资源产权的农户协商交易对制度激励的内部化具有诱致性创新的持久效用;而以农业生态伦理建设、环境教育为主要内容的社会性规制则是我国农业负外部性内部化的基础性工程和软约束机制。为了保证我国农业的可持续发展和乡村生活的可持续性建设,在实践中,应针对不同类型的负外部性问题对症下药,将行政的、市场的和社会的方法有机地结合起来,综合运用,才能有效地预防与内部化农业负外部性问题。

# 9  结论与政策建议

粮食生产作为农业最重要的生产部门,也是人类产生以来最古老的产业部门,一直被认为是对生态、经济、社会等外部经济性影响的积极制造者。然而在向现代农业转型的过程中,一方面,为提高粮食产量而实行的乱砍滥伐、围湖造田、过度开垦等活动而导致水土流失、土地退化和荒漠化面积逐渐扩大;另一方面大量农药、化肥、农膜的不合理施用,对农业土壤、农田水体等生态系统构成较为严重的污染与破坏。过度开发和农业化学物品的输入是外部能量及物质向农业环境投入的过程,当外部能量及投入物不能完全有效地消耗于农业系统内部的即定过程,相当数量以原有的或转换的形态排放到系统之外时,就构成了对农业环境的正熵(Positive Entropy)输出,产生生态性约束。因此农业过度开发造成的水土流失及化学农业对农业生态环境、农产品安全的威胁,是粮食生产生态性约束的重要表现。

自从《寂静的春天》①始,包括农业生态性约束在内的环境与生态问题已经引起人类的关注,然而到目前为止,农业对环境、社会的负向影响总体上还没有出现根本性的转变。我国50多年的农业现代化过程中,特别是近30年来粮食生产生态性约束现象日趋加剧,说明生态性约束的生成有着复杂的原因,对生态性约束的排除及规制构成了一定的障碍。本书就是在对一个微型农村社区农业生产的环境问题进行调查的基础上,来研究农业生态性约束的生成机制。

---

① 《寂静的春天》一书1962年问世于美国,是标志着人类首次关注环境问题的著作,其中有惊世骇俗的关于农药危害人类环境的预言。

# 9.1　主要研究结论

## 9.1.1　不同的制度提供与安排决定了农业生态性的向度

"制度是一种社会博弈规则,是人们所创造的用以限制人们相互交往的行为的框架"(〔美〕道格拉斯·C. 诺斯,1991),不同的制度安排下,农户的环境行为截然不同,应当关注制度的结构与变迁对生态环境的影响。粮食生产生态性约束的生成与包括农村土地产权制度、农业生产的组织形式、农业生产的决策制度、农业资源的配置方式等正式制度有很大关系,同时与特定区域不同的文化、风俗、传统、习惯等非正式制度都有很大关系。

20 世纪 50 年代之前,俞村河岸公地以村社为单位的社区共同所有,以家族为单位的社区共管形式;公地来源的神秘性("造龙形,避洪害")对社区居民的环境行为有着一定的规制作用;农户对待公地朴素的传统意识和共享的环境文化价值等,也是俞村传统时期的农业环境制度,对河岸公地的形成与存续具有重要的作用。而河岸公地很好地存续下来,对当地水土流失的防止、生物多样性的维护、居民对自然的亲近与理解具有重要作用。从人与自然关系上看,这是一种和谐的共生的农业循环系统,在这个系统下的农业环境以生态型支撑要素产出为主。

从合作化到人民公社,我国土地所有制的变革完成了由农民土地私有到集体所有的转变,与耕地一样,公地产权关系被打上了浓厚的行政色彩,村社对公地环境资源的共同所有权被剥夺,加上公社可以在更大范围上进行集体劳动的社会动员。导致公地资源很快被国家意志作用下的"造田"运动所破坏,加剧了当地的水土流失,农业过度开发造成对环境的负向影响成为当时粮食生产生态性约束的重要内容。

家庭联产承包经营尽管调动了农户的生产积极性,克服了集体劳动中农户"搭便车"行为导致的劳动低效。但此时的人地矛盾日益尖锐,使得农业自然资源的稀缺性迅速上升。而由于政策供给的缺陷,俞村的林地产权被悬置,管理处于无主状态。相对于自然资源竞争性的增加,旨在增加排外性或减少生态性约束的公地产权制度设计滞后了,在这种情形下公共产权资源的严重恶化是不可避免的(〔日〕速水佑次郎,2003),家庭联产承包经营以来开发热情高涨,农户开始了"自发"的毁林行为,最终造成"公地悲剧",粮食生产的生态性约束进一步显现。

### 9.1.2 工业化的农业技术对农业生态子系统的过度干预,是粮食生产生态性约束生成的技术因素

农业生产本身是一个自然再生产的过程,受各种自然与社会作用的影响,农业生产中的物质与能量的代谢与循环不可能是绝对均衡的。例如,充沛而集中的降水加上砂性土质的农业生产区域,生态环境相对脆弱,农业生产的开发很容易造成水土流失,不同区域过度的农业开发导致土壤中有机质含量降低,等等。为保持农业生产系统的持续,添加以适应系统生产强度的人工投入物,来补充经由农产品收获移出系统的和由农业活动加速流失的养分物质,是保持农业生态子系统物质与能量平衡所必需的,也是现代农业的一个重要标志。但是,当外部投入物并没有完全有效地消耗于系统内部的即定过程,相当数量以原有的或转换的形态输出到系统之外时,此类输出物和输出过程有可能造成生态性约束。当大量从工业生产线上下来的农业物质与技术越来越广泛运用于粮食生产时,农业这种自然性状明显的非线性产业就越来越被纳入工业线性的技术设计之中,像化肥农药这些从工业生产线上下来的化学物质的大量使用对自然生态平衡的破坏,和对生物多样性的威胁,就是生态性约束的重要表现之一。

传统及集体化时期,俞村肥料施用中农家肥占据主要位置。传统农家肥的施用,使农田养分维持在相对平衡的水平上,肥料施用对农业生态性的影响是支撑性的、有利的、积极的。随着化肥在农业中的推广及大规模施用,化肥施用量急剧增加。就俞村而言,1982 年时施肥强度达到 111 公斤/公顷,接近全国施肥平均水平,到 2003 年前后,先后达到最优施肥水平,2008 年,达到 309 公斤/公顷,过量施肥率为 30% ~ 40%。我国的农药生产及使用结构中,农药主流产品大多数是发达国家禁用的,高毒杀虫剂占总产量的 56%,每年化肥农药污染的土地面积为 2187 万公顷,占耕地面积的 16%。2007 年俞村农药施用中,国家禁销的五类有机磷剧毒农药占农药施用总量的 34.3%,国家控制性施用的有机磷农药占农药施用总量的 53%,而无公害农药、环境友好型农药与生物农药的施用只占总量的 13% 左右。

农业要转型不可能抛弃所有的现代农业生产技术和生产要素,而退回到田园牧歌时代。但是问题的关键是农业技术机械化、化学化的现代化过程,过分

强调了粮食生产资源的外部投入,实际上走的是一条农业技术工业化的道路,使粮食产品变成了可以加入工厂化生产的物质材料;粮食生产专业化、规模化、连作、机械化被不断地推广和普及,使人们在看到农业技术进步的同时,却意外地发现许多不利于社会生存发展的负效应。以机械化、化学化、生物化为主导的现代农业技术比前现代农业技术对生命过程的干预要更强烈更直接和深入,对土壤、气候、资源、水、能源的消耗和浪费更大,从而导致森林减少、水土流失、资源枯竭,同时削弱了动植物生物有机体生命力,导致病虫害的多发。为了治理病虫害,大量地施用农药,又造成了更严重的恶性循环。

### 9.1.3 农户行为中不合理的环境行为选择是农业负外部性产生的直接原因

除了自然力之外,人的经济行为是影响生态环境变迁的决定性因素。20世纪50~60年代,政府提出向大自然开战,农业开发中的过度开垦和过度耕作问题成为普遍现象,而导致生态环境恶化和产出率降低,人的经济行为与生态环境形成恶性互动。家庭联产承包责任制调动了人们生产经营的积极性,但存在制度安排上的缺陷,导致人与环境的新的冲突。1958 年的农业"大跃进"中,俞村被安排农田"旱改水"改造计划 1500 亩,占当时俞村耕地总面积的47.9%,旱地总面积的 63%,并且以运动的形式在公社范围内进行组织动员,用 1 年多的时间迅速完成了"造田"任务。在国家政治运动的强制性安排下,农户的行为实际上成为一种环境破坏性行为,导致河岸公地资源中的所有草地和部分林地被毁,农业生产的生态性约束凸显。

家庭联产承包经营实施之后,由于国家林地产权制度提供的缺失和管理上的缺位,导致又一次可载入史册的农户生态大破坏,结果环境公地上的树木遭到乱砍滥伐,致使水土流失、土地沙化、气候恶化、灾害频繁。这种情况主要发生在 20 世纪 80 年代,其结果是 90 年代水旱灾害的超常增加,生态系统的破坏对林业、种植业都造成了长期的影响(王跃生,1999)。俞村的公有林地的权属关系处于无主状态,结果是公地上的树木被由家庭联产承包经营调动起了生产积极性和处在人地压力之下的农户在几天之内砍伐殆尽,说明在经济因素引致下的农户行为也有一种破坏农业环境资源的冲动;在制度安排科学有效的情况下,不管是正式的还是非正式的制度,不管制度性质如何,都可以有效防止人的不适当经济行为对生态环境的破坏,否则很难避免遭破坏的厄运。

不管是农户在国家强制性计划下的"造田"行为导致的对农村环境公益地

的破坏,还是农户在农业开发冲动"诱致"下的对林地的彻底毁坏行为,或是出于各种原因的农户对化肥、农药等化学投入物过量的、依赖性的使用行为,都可以称得上农户的环境行为。在我国农业转型过程中,农户环境行为中更多的是对环境资源的过度使用现象,而较少有自觉的保护倾向。农户不合理的环境行为与生态环境恶化有着直接的、必然的联系。特别是在市场作用的调节下,农户不合理的环境行为通常导致环境的渐变性恶化和突发性农产品安全事件,如我国太湖流域大规模的蓝藻暴发和流向广东的重金属超标的湖南"毒大米"事件无不与农业生产农户的环境行为采用有关。

农户既是农业技术采用的行为主体,又是农业资源占有和使用主体,农村环境资源的消费主体,也是粮食生产经营的最小和基本单位。农户行为决定了粮食生产资源的利用方式,农业环境的破坏,往往是从这一基本单位开始的。在当前情况下,从经济利益主体出发,我国农户较注意使用化肥、农药、地膜等生化技术,忽视有机技术。大多数农户认为化肥、农药越用越多越好,这是农户行为造成的粮食生产生态性约束的主要原因;从资源利用主体出发,农民比较注重资源开发技术,忽视资源保护技术,容易造成"公地悲剧"。

### 9.1.4  农户自给性、理性和社会性的三种行为机制中,都有偏施化肥与过量施肥的倾向,这是粮食生产生态性约束生成的微观原因之一

自给性小农行为是指农户出于保证家庭粮食产出的基本动机而进行的生产行为。在我国人地关系日趋紧张,农户对诸如土地养分状况、化肥质量等不确定的因素面前,农户只有多施肥,以避免农作物减产而不能满足最低家计需求的风险。

化肥过量施用和化肥对农家肥的替代都产生一定的生态性约束,但是过量施用和替代施用的生态性约束由农户个人施肥行为造成而成本由社会承担,逐渐引致农户群体对化肥的追逐和对农家肥的弃用,这是典型的农户理性行为使然。

社会性小农的行为机制,是指小农在市场经济日益深化的形势下,追求"货币收入最大化"的行为,在中国当前农业比较效益低、农业处于市场交换不利地位、而农户可以对自己的劳动力资源自由配置的形式下,非农化是社会性小农的重要特征。2007年俞村纯农业劳动力人口占在籍劳动力人口的比重为21.2%,女性劳动力人口占纯农业劳动力人口的83.1%;农业收入占俞村农民

总收入的 36.5%,非农收入占 63.5%;农业劳动力日纯收入在 30 元以下,非农兼业纯收入平均 35~50 元,平均高出农业纯收入 43% 左右。随着非农收入在农户收入中的比例逐渐提高和非农劳动力价值/农业劳动力价值比的加大,农民的时间价值在逐步上升。为了节约农业劳动时间,农户更倾向于施用节约使用成本的化肥而弃用农家肥,更倾向于一次性地过量施用化肥。随着非农化的发展,农户中出现了偏施化肥、过施化肥、粗放施肥的倾向。

### 9.1.5 无论是出于理性、有限理性还是非理性的行为,农户都有过量施药、选择施用高毒农药和不科学施药的倾向

施药中的农户理性是指农户将农药施用的效果作为选择农药品系的首选,而至于农药施用对农业环境和农产品安全的负面影响则属于外部经济现象,不在农户的理性考虑范围之内。因此农户在选择农药时,就倾向选择防治效果好的高毒高残留农药,而不愿意选择价格高、环境效益好、药效慢的"绿色"农药、有机农药和环境友好型农药。同时分散的农户对若干细小地块各自施药多次理性博弈的结果,也导致农药施用量的不断加大和对高毒高效农药产品的优先选择。当兼业化成为一种农村劳动力配置的、普遍的、有效的现象时,农业劳动力的成本逐渐被抬高,农户的理性计算也倾向于节省时间考虑的一次性大量施药。理性小农规避大量施用农药导致的农产品安全风险的策略就是"一菜两种""一粮两种",即将施用低毒低残留农药的粮食、蔬菜自己食用,而施用高毒高残留农药的在市场上出售。

有限理性行为既源于农户的施药信息来源的有限性,也源于农户受教育状况引起的对农药信息识别能力缺陷导致的有限性。俞村施药农户户主平均受教育年限只有 4 年多一些,很多农户看不懂农药使用说明书,也轻视农药施用对环境、施药者和农产品安全的影响,从而有多施药的倾向。大多数农户对农药信息识别能力仅限于通过农药经销商和亲戚、邻居的渠道获得。而出于商业动机的农药经销商和在实践中得出感性配药经验的邻居得出的施用信息都可能大大超出最优的农药配比。农户有限理性下的凭感觉施药、估计施药行为,常常造成过量施药和粗放施药。

而农户在施药过程中对农药包装袋、药瓶的随意丢弃,对已配农药残液的任意倾倒和对未配比原药的不安全保留导致的农药非生产环节的"外溢",引起的对农业生态环境的次生污染现象,是农户出于习惯性的非理性行为,更是直接产生了对农业生态环境和畜禽安全的负面影响。

# 9.2 我国农业可持续发展的政策建议

为了规制粮食生产中的生态性约束,变生态性约束为生态性支撑,内部化我国农业发展的负外部性,防止农业过度开发和农业化学化对我国生态环境造成破坏性的影响,保持我国农业和农村区域的可持续发展,建议如下:

## 9.2.1 构建完善农业生态补贴体系

在我国巨大的人口压力对粮食需求不断增大,农业负外部性罚款(如庇古税)制度设计缺乏现实可能性的情况下,应该从加大对环境友好型农业的补贴力度来平抑农业负向外部性的影响。具体做法有:对农村在疏浚清淤、使用污泥肥、积粪堆肥、施用农家肥过程过大的人力投入设立生态肥补贴;各地制定合适比例的季节休耕地比例,引导农民种绿休耕,对秋冬季节种植苜蓿、紫云英、黑麦等绿肥的农户给予"绿种"补贴和季节性休耕占地补贴。加大对像"锐劲特"等生态农药的补贴力度,用足够大的补贴激励引导农户实现有机生态农药对高毒、剧毒农药的替代。逐步扩大其他农业生态利用的补贴范围,建立并完善我国农业可持续发展的补贴体系。

## 9.2.2 农业可持续发展中政府的责任

农业可持续发展中,政府应当担当起相应的责任。政府的责任主要是提供相应的农业与农村可持续发展的公共物品以及引导农民进行可持续生产发展及可持续性乡居生活建设。政府的责任主要包括:完善或重建农业技术推广与服务体系,让农业可持续的理念与技术尽快在农户中传播与使用;全面推行测土施肥技术,建立区域性统一的虫情、作物病情发布信息网,组织支持农户建立区域性专业性的施肥、施药、铺膜服务组织,开展整村平衡施肥、作物病虫害统防统治的试点工作;根据新农村建设中村容整洁的要求,开展以乡村池塘、水系整治为重点的基本农田水利建设,清淤疏浚,清理池塘库容,补充土壤有机质;开展对退耕还林工作的检查与评估工作,对借退耕还林侵占农户耕地、林地和林山的机关与个人进行查处,落实农户退耕还林补偿款是否发放到位,对没有落实的补偿款迅速补发,防止农户因为没有得到补偿款而重新毁林现象的发生。

### 9.2.3　农业生态技术的创新

加大农业科技攻关力度,力争在新型高效化肥、有机肥工厂化生产、生物农药、可降解农膜等农业关键技术领域有实用性的突破;对进行农业高新技术创新的企业给予支持;对高新农业技术的推广试点,国家可以采取买断其产品、技术、流程的方法,让农户免费或者低价使用,防止市场化风险对农户使用高新农业技术产品的顾虑与抵制,以农技推广体系的创新加大可持续农业技术的推广力度;国家设立可持续农业技术创新风险基金,为农户和企业的可持续农业技术创新提供动力。

### 9.2.4　加强农业环境保护的社区教育,培养农民的环境伦理

在基础教育中进行农业和乡村可持续发展知识的普及,开展包括农业生态保护在内的环境伦理教育;将农业可持续生产作为新型农民培养的重要内容,在农户中进行宣传与教育,培养农户有机农业生产、农业生产安全、食品安全和"3R"(减量化、再利用、再循环)生产习惯,提高农户进行农业有机生产的认知能力和行动能力;重新挖掘我国农业传统技法中生态性的内核(如我国传统植保中的生物防治、综合防治和有机肥的合理利用),让现代农业科技与优秀传统农业技法相结合,抑制农业过度开发和化学农业的负面作用与影响。

# 附 录

## 附录一:关于社区调查的资料

### 一、62 户农户调查问卷

问卷编号:62—____

调查时间:_____ 调查地点:_____ 访问员:_____

农户姓名:_____ 农户联系方式:_____

1.户主个人信息:

  1.1 性别:①男□ ②女□

  1.2 年龄:____岁

  1.3 学历:

①文盲或小学没有上完□ ②小学□ ③初中□ ④高中及以上□

  1.4 学龄:____年

  1.5 在家中的角色:

①做父亲的,户主□ ②做母亲的,户主□

③做儿子的,主要负责家中之事□ ④其他□

2.家庭人口状况:

  2.1 家中人口:____人;其中在籍人口:____人,不在籍人口:____人

  2.2 不在籍人口的原因:

①新生儿□ ②迁出□ ③上大学,迁成了集体户口□

  2.3 劳动力人口:____人;非劳动力人口:____

(其中 18~65 岁之间的有劳动力的非学生人口均视为劳动力)

  2.4 劳动力人口中,男:____人;女:____人

2.5 非劳动力人口中,儿童:_____人;老人:_____;学生:_____人

3. 2007/2008 年家庭土地耕种状况:

3.1 土地:_____亩;其中旱地:_____亩;水田:_____亩

3.2 土地最后调整时间:_____年

3.3 家庭土地与人口的配置:

①按在籍人口算,现在的家庭人比实际耕种的田地多□

②田地比人多□

③人地一样多□

3.4 人比田地多的原因:

①新生人口没赶上土地调整□

②迎娶儿媳(女婿)没赶上土地调整□

③将部分田地转包出去了□

④按村民组人均占有土地面积算,少的田地为:1 人□　　2 人□　　3 人□
4 人□

3.5 人比田地少的原因:

①在土地调整之后家中有人将户口迁走□

②在土地调整之后送嫁了(儿子)女儿□

③土地调整之后家中有老人去世□

④承包有其他家庭转包的土地□

⑤按村民组人均占有土地面积算,多的田地为:1 人□　　2 人□　　3 人□
4 人□

3.6 家庭人口与田地相同的原因:

①土地调整之后家庭人口没有变动□

②人口有变动,但是进出平衡□

③因为将相对于人口多余的土地转包出去了□

④从别的农户转包来土地,正好弥补了相对于人口的不足□

4. 2007/2008 年家庭土地利用状况:

(家庭共有耕地面积:_____亩)

4.1 种植水稻:_____亩,占种植总面积的_____%

4.2 小麦:_____亩,占_____%

4.3 油菜籽:_____亩,占_____%

4.4 棉花:_____亩,占_____%

4.5 花生:_____亩,占_____%

4.6 其他:_____亩,占_____%

4.7 总种植面积：＿＿亩；复种指数：＿＿%

4.8 家庭菜地：＿＿亩

4.9 面向市场销售菜地：＿＿亩

4.10 退耕还林地：＿＿亩

5. 2007/2008 年家庭劳动力使用状况：

（家庭共有人口：＿＿人；其中劳动力人口：＿＿人）

5.1 完全外出务工的劳动力人口为：＿＿人，随劳动力外出的非劳动力人口：＿＿人

5.2 兼业人口：＿＿人；兼业地点：

①本县城□　②本乡镇□　③本村□　④附近县城或乡镇□　⑤农闲去外地、市、省□

5.3 兼业人口性别：①男：＿＿人②女：＿＿人

5.4 兼业劳动特点：

①建筑业□　②个体商贩□　③个体服务业□

④个体交通运输□　⑤个体加工业□　6、其他□

5.5 纯农业劳动力：①性别：男＿＿人，女＿＿人②纯劳动力年龄：＿＿岁

6. 2007/2008 年家庭农业投入状况：

6.1 ＿＿年共施用化肥：＿＿公斤，共花费＿＿元。其中：①碳铵＿＿公斤，N 含量＿＿%；②尿素＿＿公斤，N 含量＿＿%；③磷肥＿＿公斤，$P_2O_5$ 含量＿＿%；④钾肥＿＿公斤，$K_2O$ 含量＿＿%；⑤复合肥＿＿公斤，含量 N－P－K ＿＿% －＿＿% －＿＿%。

6.2 ＿＿年共施用农药：＿＿公斤，共花费＿＿元。其中杀虫剂＿＿公斤，占＿＿%；除草剂＿＿公斤，占＿＿%；杀菌剂＿＿公斤，占＿＿%。

6.3 ＿＿年共施用的＿＿公斤杀虫剂中，＿＿公斤，占＿＿%；＿＿公斤，占＿＿%；＿＿公斤，占＿＿%；＿＿公斤，占＿＿%。

6.4 ＿＿年共施用的＿＿公斤除草剂中，＿＿公斤，占＿＿%；＿＿公斤，占＿＿%；＿＿公斤，占＿＿%。

6.5 ＿＿年水稻种植中，种子使用量为＿＿公斤，平均每亩＿＿公斤，共＿＿元。

6.6 ＿＿年水稻种植中灌溉费用＿＿元，平均每亩＿＿元（如果是自己用水泵灌溉，按机具折旧费和电费之和折算）。

6.7 ＿＿年水稻收割租用收割机的总费用为＿＿元，平均每亩＿＿元。

6.8 ＿＿年水稻种植田地翻耕机耕总共费用为＿＿元，平均每亩＿＿元

（有耕牛的农户比照机耕户计算）。

7.2007/2008 年家庭农业收入状况：

7.1 ＿＿年水稻总产＿＿公斤，平均亩产＿＿公斤，价值共＿＿元。

7.2 ＿＿年油菜籽总产量＿＿公斤，平均每亩＿＿公斤，价值共＿＿元。

7.3 ＿＿年小麦总产量＿＿公斤，平均每亩＿＿公斤，价值共＿＿元。

7.4 ＿＿年花生总产量＿＿公斤，平均每亩＿＿公斤，价值共＿＿元。

7.5 ＿＿年棉花总产量＿＿公斤，平均每亩＿＿公斤，价值共＿＿元。

7.6 ＿＿年总共产量＿＿公斤，平均每亩＿＿公斤，价值共＿＿元。

7.7 ＿＿年总共产量＿＿公斤，平均每亩＿＿公斤，价值共＿＿元。

7.8 ＿＿年粮食直补共＿＿元，"农业三项补贴"（农机补贴、种子补贴、燃油补贴）共＿＿元，退耕还林补贴共＿＿元。

7.9 ＿＿年各种农业收入共＿＿元，纯收入＿＿元，人均＿＿元。

8.指定地块水稻种植投入产出情况：

8.1 指定地块位置：＿＿畈＿＿塘（渠）旁（注：填写标准为"东［南、西、北］畈陈［方］塘旁）。

8.2 地块大小＿＿亩。

8.3 地块历年化肥投入量估计：2001 年＿＿公斤；2002 年＿＿公斤；2003 年＿＿公斤；2004 年＿＿公斤；2005 年＿＿公斤；2006 年＿＿公斤；2007 年＿＿公斤；2008 年＿＿公斤（附：化肥的 N 素计算标准：氮肥的施用量按照碳铵的标准折算，其中 1 公斤尿素按照 3 公斤碳铵折算，1 公斤复合肥的根据氮素含量按照 1 公斤碳铵折算）。

8.4 地块历年水稻产出量估计：2001 年＿＿公斤；2002 年＿＿公斤；2003 年＿＿公斤；2004 年＿＿公斤；2005 年＿＿公斤；2006 年＿＿公斤；2007 年＿＿公斤；2008 年＿＿公斤。

8.5 地块历年化肥投入费用估计：2001 年＿＿元；2002 年＿＿元；2003 年＿＿元；2004 年＿＿元；2005 年＿＿元；2006 年＿＿元；2007 年＿＿元；2008 年＿＿元。

**附:历年化肥价格表**

| 年份 | 2001 | 2002 | 2003 | 2004 | 2005 | 2006 | 2007 | 2008 |
|---|---|---|---|---|---|---|---|---|
| 价格指数 | 85.6 | 89.3 | 88 | 96 | 97.5 | 98 | 98.2 | 100 |

8.6 地块历年水稻产出量估计：2001 年＿＿元；2002 年＿＿元；2003 年

____元;2004 年____元;2005 年____元;2006 年____元;2007 年____元;2008 年
____元。

**附:历年水稻价格表(籼稻)**

| 年份 | 2001 | 2002 | 2003 | 2004 | 2005 | 2006 | 2007 | 2008 |
|---|---|---|---|---|---|---|---|---|
| 价格(元/公斤) | 1.65 | 1.49 | 1.66 | 2.47 | 2.51 | 2.37 | 2.67 | 2.80 |

9. 关于当前农家肥施用的情况:

9.1 你们家现在还施用农家肥吗? 请具体说一说____
①施用□　②不施用□　③施用,但是量越来越少了□

9.2 你们村施用农家肥比家庭联产承包经营时大概少了____,可以具体地说一说。
①30%□　②50%□　③80%□　④100%□

9.3 你们村施用农家肥的人都是哪些人? 可以具体地说一说____
①50 岁以上的老人□　②30 岁左右的青壮年□
③40 岁以上的妇女□　④所有农村劳动力□

9.4 你认为使用农家肥肥田种的庄稼是否品质好一些____,可以具体地说一说。
①是好一些□　②没有化肥种得好□　③不好说□

9.5 农家肥施用较少,那农户产生的粪肥垃圾等怎么办呢,可以具体地说一说____。
①由村里集中组织焚烧□　②收集起来,卖给粪肥加工企业□
③任其自流□　④说不清□

10. 关于当前的施肥方式情况:

10.1 当地在改革开放前一般用什么方法施用化肥? 可以多选,具体说一说____。
①溶水施肥□　②撒施□　③起沟埋肥□　④坑穴点施□
⑤耖耕浅施□

10.2 当前当地的施肥方式是什么? 可以具体地说一说____。
①埋肥深施□　②耖耕浅施□　③撒肥面施□

10.3 当前的施肥一般进行覆盖与否? 可以具体地说一说____。
①覆盖□　②露天□　③不一定□

10.4 当前的施肥次数一般有____,可以具体地说一说。

①一次□　②两次□　③三次及以上□

11. 关于化肥施用量增加的情况：

11.1 你家现在的施肥全部是化肥还是农家肥？可以具体谈一谈。＿＿＿＿

①全部是化肥□　②化肥占80%左右,农家肥20%□

③化肥、农家肥各一半□　④全部是农家肥□

11.2 你家种植水稻现在施肥一般是几次？可以具体谈一谈＿＿＿＿

①一次□　②两次□　③三次□　④四次□

11.3 化肥施用的次数减少,方法简单是否说明化肥施用量减少了呢？可以具体说一说＿＿＿＿

①减少了□　②增加了□　③不一定□

11.4 化肥价格升降是否会引起化肥施用量的变化,可以具体说一说＿＿＿＿

①化肥价格上涨导致使用量下降□　②化肥价格上涨导致使用量增加□

③不好说□

11.5 你认为化肥一次性大量施用是否会对庄稼生产产生不利的影响？可以具体说一说＿＿＿＿

①会产生不利影响□　②没有什么不利影响□　③不好说□

11.6 你认为化肥一次性大量施用是否会对环境产生不利的影响？可以具体说一说＿＿＿＿

①会产生不利影响□　②没有什么不利影响□　③不好说□

12. 关于化肥使用效果的情况：

12.1 你认为,你家在种植水稻上化肥施用量是否太多？＿＿＿＿

①过量□　②不过量□　③不知道□

12.2 你认为,你家在种植水稻上施用化肥是否不合算？＿＿＿＿

①合算□　②不合算□　③不知道□

12.3 你认为,你家在施用化肥上增产效果是否不如刚刚分开单干的时候？＿＿＿＿

①是,不如分开单干的时候□　②不,增产效果还行□　③不知道□

12.4 你认为,现在施用化肥增产效果越来越差的原因是什么？

①化肥的原因,质量不如以前□　②人的原因,管理没有以前细致□

③地的原因,土地肥力下降□

12.5 你认为过量施肥有害吗？＿＿＿＿

①有害□　②没害□　③有害,害处不大□　④不知道□

12.6 如果有害,你认为主要是对什么有害？＿＿＿＿

①对人体有害□　②对土地有害□　③对池塘沟渠的水有害□

④对大气有害□　⑤对庄稼或农产品有害□

12.7 因为化肥施用已经过量,让你减少化肥施用 1/3 或者 1/2,你是否愿意?____

①愿意□　②不愿意□　③不好说□

12.8 如果因为施用化肥过量有害,你愿意减少化肥施用,而改用其他肥田的方式吗?____

①愿意□　②不愿意□　3 不好说□

13. 关于农药的施用量增加的情况:

13.1 你认为农药施用从什么时间开始加大施用量?可以具体说一说____

①从人民公社时期开始□　②从大包干时期开始□　③从大包干后几年开始□　④从 1990 年以后开始□　⑤从 2000 年以后开始□　⑥说不清□

13.2 你施用农药主要是为了杀灭什么的?可以具体说一说____

①主要用来杀灭庄稼害虫□　②主要用来除草□　③主要用来灭菌□

④以上三种都防治□　⑤说不清□

13.3 你能具体说一说几种农药的名称吗?_____

14. 关于农药施用的负面影响的情况:

14.1 你认为农药在保证粮食、作物产量的同时,是否具有不好的方面?请具体说说____

①有不好的方面,但是不大□　②有不好的方面,而且很大□

③没有不好的方面□　④不好说□

14.2 你通过哪些渠道知道农药具有的不好方面?可以具体说一说____

①通过农药标签及说明书的警示□　②通过报纸、广播、电视□　③通过农药经销商□　④通过上学的孩子□　⑤通过农业技术服务人员□

⑥自己感受,街坊邻居之间相互转告得知□　⑦不知道□

14.3 你认为农药施用不好的方面主要表现在哪?可以具体说一说____

①粮食、蔬菜有农药残留,危害身体健康□　②污染土壤□　③污染大气□　④污染农田水体□　⑤对农田的动植物有影响,例如青蛙、蛇类、鸟类等动物和浮萍类水生植物的减少□　⑥农药施用的中毒□　⑦过量施用对庄稼的毒化作用□

14.4 你认为农药施用对食品安全的危害主要表现在哪些方面?可以具体说一说____

①现在的食物总感觉没有以前的好吃,估计是打农药的原因□

②现在莫明其妙的病多了,估计是打农药的原因□

③现在的各种癌症发病率高,估计是打农药的原因□

④说不清□

14.5 你认为农药施用对环境的危害最主要表现在哪些方面? 可以具体说说____

①农药施用危害土壤□ ②农药施用危害农田水体□ ③农药施用危害河湖等公共水域□ ④农药施用危害大气□ ⑤农药施用危害农田的动植物,如青蛙、蛇类、鸟类等动物和浮萍类水生植物的减少□ ⑥农药施用对像蜻蜓等害虫天敌的杀灭作用较大□ ⑦不好说□

14.6 你认为农药施用对农药施用者的危害主要表现有哪些方面? 可以具体说说____

①打农药致死□ ②打农药深度中毒□ ③打农药轻度中毒□ ④闻不惯农药的味道□ ⑤不好说□

14.7 你认为农药施用对庄稼的危害有哪些? 可以具体说说____

①农药毒害导致的庄稼绝收□ ②农药毒害导致的庄稼减产□
③农药施用对病虫草害的无效□ ④不好说□

15. 关于农药选择、配比、使用的情况:

15.1 你认为一种农药是好农药的主要标志是什么? 可以具体说说____
①农药的价格便宜□ ②农药的杀虫效果好□
③农药的毒性小、残留低□ ④农药的施用方法简单□

15.2 关于农药的选择与施用,你一般是通过哪种途径知道的? 可以具体说一说____

①通过农业技术人员□ ②通过街坊邻居□ ③通过农药上的说明书□
④通过广播、电视、报纸等各种媒体□ ⑤通过农药经销商推荐的□ ⑥通过农业系统各种宣传知道的□

15.3 你在施用农药时,量是怎么确定的? 可以具体说一说____

①一般是看说明书上的量的说明□ ②一般比说明上的量多一些□
③一般比说明书上的量少一些□ ④一般是一喷雾器水一药瓶盖农药□
⑤随意,估计个大概□

15.4 你们村里在给连片的稻田施药时是否在一起商量具体的施药品种、用量以及统一施药行动? 可以具体说一说____

①从未一起商量过,没有进行过统一施药行动□
②很少一起商量,很少统一施药行动□
③经常一起商量,经常统一施药行动□
④不好说,有时就是相邻的一两户商量一起施药□

## 二、原生产队长(副队长、会计)的调查问卷

问卷编号:CG—＿＿＿

调查时间:＿＿＿＿＿＿调查地点:＿＿＿＿＿＿访问员:＿＿＿＿＿＿

姓名:＿＿＿＿＿＿联系方式:＿＿＿＿＿＿

1.个人信息:

1.1 性别:①男□　②女□

1.2 年龄:＿＿＿岁

1.3 学历:

①文盲或小学没有上完□　②小学□　③初中□　④高中及以上□

1.4 在原来生产小队担任的职务:①生产队长□　②生产队副队长□ ③生产队会计□

2.关于肥料农药的施用:

2.1 你们生产小队大致在什么时间开始使用化肥的＿＿＿＿

①1960～1970 年□　②1971～1975 年□

③1976～1980 年□　④1981 年以后□

2.2 在施用化肥之前,你们村施用的土家肥或绿肥主要有哪些＿＿＿ ①集体堆肥□　②人畜粪肥□　③塘泥肥□　④绿肥□　⑤饼肥□

2.3 在施用化肥之后,你们村是否减少了土家肥或绿肥的施用＿＿＿

①减少很多□　②略有减少□　③一点也没有减少□

④还有所增加□

2.4 如果减少很多,请列举减少的原因＿＿＿(可以另外增加"原因")

①因为化肥可以代替土家肥或绿肥□

②因为制作土家肥及种植绿肥麻烦□

③因为公社或大队不让再使用土家肥或绿肥□

④因为土家肥或绿肥的肥力不高□

2.5 如果没有减少,请列举原因＿＿＿＿＿(可以另外增加"原因")

①因为我们对化肥能够肥田不相信□

②因为大队农科队和公社的技术指导,要求不要减少土家肥或绿肥的使 用□

③其他生产小队没有减少,我们也没有减少□

④用土家肥或绿肥是祖先流传下来的,我们就按照这样做了,没有减 少□

### 三、官氏县农业局农技中心机构调研提纲

被访谈人基本情况:姓名:＿＿＿＿　性别:＿＿＿＿　职务与职称:＿＿＿＿＿＿＿＿

访谈情况:访谈人＿＿＿＿　随同人员＿＿＿＿

记录＿＿＿＿　访谈时间＿＿＿＿　访谈地点＿＿＿＿

取得资料＿＿＿＿＿＿＿＿＿＿＿＿＿＿＿＿＿

1. 官氏县从 20 世纪 70 年代到 21 世纪近 30 年的时间施肥种类及施肥量的变化。

2. 官氏县 30 多年来施肥对农业及环境构成有哪些影响?

3. 官氏县测土配方施肥发展的情况,经历了哪些阶段? 有哪些示范性项目和示范基地建设?

4. 当地农户在施肥上有哪些特点和习惯。

5. 官氏县关于化肥施用方面有哪些政策规定和宏观的数据资料。

6. 从工作角度上看,官氏县化肥施用是否过量?

### 四、关于河岸林地状况对关键人物访谈的访谈提纲

1. 河岸公地主要由哪些地带组成,例如,林带、草带和漫滩地带,一般有多大面积(通过长宽得出)。

2. 河岸公地所有权关系是什么样的,在新中国成立前是否与其他耕地关系的所有权一样?

3. 河岸公地怎么管理? 树木怎么间隔采伐与分配?

4. 在你的记忆中,河岸公地从什么时间就开始存在?

5. 新中国成立后的土改中,公地上的林地与草带怎么处理? 是按照耕地的分配方案进行分的吗?

6. 合作社和人民公社化运动中,公地怎么处理的? 也被集体化了吗?

7. 当年在"大跃进"运动中,公地中的草地及临近的旱地被改成水田,是上面的要求,还是村民自己要求进行"旱改水"的? 当时各个村的劳动力能够完成这些任务吗? 公社怎样调集劳动力支援的?

8. "造田"运动之后,所造之田水稻收成如何? 是否造成了水土流失?

9. 你认为的水土流失是什么状况,可以描述一下。

10. 人民公社时期,河岸的树林是归大队,还是归小队所有? 管理由谁负责?

11. 家庭联产承包责任制后,林地是否也按照耕地一样按人口平均分配? 县、乡有专门的分配方案吗?

12. 家庭联产承包之后,林地怎么管理,是否还是像人民公社时期一样管理?

13. 河边的林地是怎么消失的? 当时村民哄砍树木时,乡上村上也没有干预吗?

# 附录二:关于 62 户农户调查资料 及数据处理的说明

## 一、调查目的

为了对俞村农户农业生产化学品投入产出的基本状况有一个大致的了解,在俞村 672 户农户选出大约 10% 的农户进行详细的调查,作为研究之用,具体目的为:

1. 取得农户水稻种植中化肥施用的相关数据,并用 Eviews 对其进行处理,作为考察农户水稻种植中化肥投入与产出的效率,以分析农户化肥施用的农学与经济学最优施肥标准和农户化肥过施的具体情况。

2. 对农户进行了关于化肥、农药施用对农业生态环境、农产品安全影响、化肥农药施用具体方法、化肥农药施用的主观态度等方面的问卷调查和半结构访谈,以考察农户化学物品投入与施用中的理性行为、有限理性行为与非理性行为。

3. 根据 62 户农户的调查情况,推算俞村农户化肥、农药施用的相关数据。

## 二、调查农户选取标准

关于农业化学品投入两种意义的最优施肥量具体情况调查中,由于受研究条件的限制及简化数据处理,只调查了农户水稻种植中的施肥情况,由于俞村农业作物种植以水稻为主,其他作物种植中施肥情况就以水稻种植的情况推算,在调查中,农户的选取标准如下:

1. 取得调查问卷 62 份,其中在每份问卷涉及的每个农户家选取 1 块稻田

作为研究对象;

    2. 农户的选择标准是 1998 年以后家庭土地没有变动,家庭劳动力投入没有变动或变动较小;

    3. 农户从 1998 年以来一直在对象土地上种植水稻,且是种植二系法杂交水稻,2005 年以来试种超级稻的农户不在考察之列;

    4. 选取的稻田是该农户家庭中最大或较大的一块稻田,以方便某些数据的取得;

    5. 农户家的主要劳动力在 55 岁以下,适合对有些历史数据的回忆。

### 三、调查资料的使用

    1. 对农户水稻种植中的施肥投入/水稻产出数据运用 Eviews 进行处理,作为分析两种意义最优施肥标准的分析;

    2. 对农户化肥农药施用相关数据进行统计整理,用来考察农户化学品的投入状况及过量、不合理施用的原因;

    3. 对相关的农户访谈资料进行整理,作为案例,来说明农药化学品投入与施用过程中农户的各种理性、有限理性和非理性的行为机制。

### 四、62 户农户调查中关于水稻种植中化肥施用投入/产出的统计( 见附表 1)

附表 1　2001～2008 年 62 户农户相关地块化肥施用及水稻产量统计

| 农户编号 | 稻田面积(a) | 2001年 化肥施用量(b) | 2001年 水稻产量(c) | 2002年 化肥施用量 | 2002年 水稻产量 | 2003年 化肥施用量 | 2003年 水稻产量 | 2004年 化肥施用量 | 2004年 水稻产量 | 2005年 化肥施用量 | 2005年 水稻产量 | 2006年 化肥施用量 | 2006年 水稻产量 | 2007年 化肥施用量 | 2007年 水稻产量 | 2008年 化肥施用量 | 2008年 水稻产量 |
|---|---|---|---|---|---|---|---|---|---|---|---|---|---|---|---|---|---|
| 1 | 1.1 | 16.5 | 505 | 18 | 510 | 17 | 515 | 17 | 515 | 19.5 | 520 | 18.5 | 515 | 20.5 | 490 | 21 | 500 |
| 2 | 1.8 | 20 | 815 | 22.5 | 830 | 24.5 | 845 | 26 | 845 | 29 | 850 | 31.5 | 850 | 36 | 850 | 35.5 | 690 |
| 3 | 0.9 | 12.5 | 405 | 12 | 420 | 13.5 | 425 | 15 | 430 | 22 | 440 | 20 | 440 | 23 | 425 | 26.5 | 440 |
| 4 | 2.2 | 22.5 | 1000 | 19 | 995 | 21 | 1010 | 24.5 | 1025 | 33 | 1035 | 30 | 1025 | 29 | 1003 | 36.5 | 1010 |
| 5 | 1.8 | 22 | 815 | 24 | 830 | 28 | 850 | 31 | 855 | 39 | 850 | 46 | 850 | 42 | 840 | 45.5 | 835 |
| 6 | 1.6 | 20 | 735 | 17 | 735 | 16.5 | 715 | 18 | 740 | 18.5 | 740 | 20 | 740 | 21.5 | 735 | 23.5 | 740 |
| 7 | 2.0 | 22 | 895 | 24.5 | 905 | 26.5 | 925 | 30 | 935 | 34.5 | 940 | 37 | 940 | 39.5 | 925 | 39.5 | 930 |
| 8 | 1.9 | 27 | 880 | 26 | 880 | 29 | 895 | 32 | 905 | 37 | 910 | 41 | 905 | 39 | 895 | 44.5 | 890 |
| 9 | 0.8 | 9 | 355 | 10 | 365 | 8.5 | 365 | 10 | 370 | 13.5 | 375 | 12 | 370 | 14.5 | 365 | 17.5 | 370 |
| 10 | 1.1 | 13.5 | 495 | 15 | 510 | 17.5 | 520 | 20 | 530 | 19 | 525 | 24 | 535 | 26 | 525 | 28.5 | 530 |
| 11 | 2.3 | 27.5 | 1050 | 30 | 1065 | 32 | 1090 | 36 | 1100 | 41 | 1110 | 46.5 | 1110 | 49 | 1100 | 53 | 1105 |
| 12 | 1.5 | 19 | 675 | 21 | 690 | 23.5 | 700 | 26 | 705 | 31.5 | 715 | 34 | 710 | 36.5 | 705 | 35.5 | 705 |
| 13 | 3.3 | 46.5 | 1570 | 53 | 1600 | 57 | 1625 | 60.5 | 1615 | 66 | 1620 | 69.5 | 1590 | 68 | 1575 | 72 | 1580 |
| 14 | 2.1 | 26 | 960 | 29.5 | 975 | 32 | 990 | 35.5 | 990 | 37 | 990 | 44 | 995 | 48 | 985 | 50.5 | 975 |
| 15 | 0.7 | 10 | 320 | 6 | 305 | 8.5 | 325 | 6.5 | 310 | 9 | 330 | 8 | 320 | 12 | 340 | 11.5 | 325 |

续表

| 农户编号 | 稻田面积(a) | 2001年 化肥施用量(b) | 2001年 水稻产量(c) | 2002年 化肥施用量 | 2002年 水稻产量 | 2003年 化肥施用量 | 2003年 水稻产量 | 2004年 化肥施用量 | 2004年 水稻产量 | 2005年 化肥施用量 | 2005年 水稻产量 | 2006年 化肥施用量 | 2006年 水稻产量 | 2007年 化肥施用量 | 2007年 水稻产量 | 2008年 化肥施用量 | 2008年 水稻产量 |
|---|---|---|---|---|---|---|---|---|---|---|---|---|---|---|---|---|---|
| 16 | 0.9 | 10.5 | 400 | 12 | 415 | 17 | 425 | 20.5 | 425 | 24 | 435 | 22 | 440 | 23.5 | 435 | 25.5 | 435 |
| 17 | 1.6 | 27 | 740 | 31 | 750 | 34 | 770 | 30 | 765 | 32 | 760 | 33 | 755 | 34 | 755 | 32.5 | 750 |
| 18 | 1.0 | 11 | 470 | 14.5 | 485 | 17.5 | 495 | 17.5 | 495 | 22 | 500 | 22 | 540 | 23.5 | 500 | 23.5 | 510 |
| 19 | 1.4 | 13 | 630 | 16 | 640 | 18 | 650 | 20 | 645 | 22 | 655 | 15 | 640 | 19 | 640 | 19.5 | 635 |
| 20 | 2.2 | 26 | 1000 | 31 | 1020 | 36 | 1040 | 42.5 | 1050 | 49 | 1055 | 53 | 1045 | 55 | 1030 | 55.5 | 1030 |
| 21 | 2.8 | 51 | 1295 | 53 | 1280 | 57 | 1300 | 59 | 1305 | 58 | 1305 | 57 | 1290 | 60 | 1280 | 55.5 | 1280 |
| 22 | 1.1 | 12.5 | 495 | 14 | 510 | 17 | 520 | 18.5 | 525 | 23 | 530 | 22 | 545 | 25 | 530 | 25.5 | 535 |
| 23 | 1.3 | 14.5 | 580 | 16 | 590 | 17.5 | 600 | 19 | 615 | 23 | 655 | 24.5 | 620 | 26 | 605 | 26.5 | 610 |
| 24 | 1.9 | 24 | 860 | 26.5 | 880 | 31 | 905 | 37.5 | 910 | 44 | 915 | 47 | 905 | 49 | 900 | 51.5 | 900 |
| 25 | 2.0 | 26 | 895 | 30 | 920 | 33 | 935 | 38 | 945 | 43 | 950 | 45 | 950 | 44 | 945 | 42.5 | 950 |
| 26 | 2.4 | 24.5 | 1090 | 27 | 1100 | 31.5 | 1115 | 24.5 | 1110 | 36 | 1110 | 31.5 | 1125 | 33.5 | 1100 | 31.5 | 1085 |
| 27 | 1.3 | 11 | 580 | 18 | 595 | 22 | 610 | 22.5 | 615 | 13 | 595 | 18 | 605 | 20 | 595 | 17.5 | 595 |
| 28 | 1.1 | 9 | 480 | 12 | 500 | 13 | 505 | 10 | 490 | 19 | 520 | 15 | 515 | 14 | 510 | 25.5 | 520 |
| 29 | 3.0 | 27.5 | 1365 | 26 | 1360 | 28 | 1385 | 31.5 | 1410 | 34.5 | 1400 | 33 | 1390 | 35.5 | 1390 | 38 | 1410 |
| 30 | 2.2 | 26 | 1010 | 25 | 1010 | 23.5 | 1015 | 27 | 1030 | 32.5 | 1045 | 39 | 1050 | 43.5 | 1035 | 48 | 1030 |

续表

| 农户编号 | 稻田面积(a) | 2001年 化肥施用量(b) | 2001年 水稻产量(c) | 2002年 化肥施用量 | 2002年 水稻产量 | 2003年 化肥施用量 | 2003年 水稻产量 | 2004年 化肥施用量 | 2004年 水稻产量 | 2005年 化肥施用量 | 2005年 水稻产量 | 2006年 化肥施用量 | 2006年 水稻产量 | 2007年 化肥施用量 | 2007年 水稻产量 | 2008年 化肥施用量 | 2008年 水稻产量 |
|---|---|---|---|---|---|---|---|---|---|---|---|---|---|---|---|---|---|
| 31 | 0.8 | 14 | 405 | 12 | 405 | 13.5 | 410 | 13 | 410 | 15.5 | 425 | 17 | 410 | 16.5 | 410 | 16.5 | 415 |
| 32 | 2.5 | 23.5 | 1120 | 28.5 | 1155 | 31.5 | 1170 | 36 | 1190 | 44 | 1200 | 49.5 | 1210 | 52.5 | 1205 | 49.5 | 1190 |
| 33 | 1.7 | 25 | 780 | 33 | 800 | 34 | 810 | 30.5 | 805 | 32 | 805 | 33 | 805 | 34 | 785 | 32.5 | 785 |
| 34 | 1.9 | 36 | 880 | 40 | 900 | 44 | 920 | 45.5 | 920 | 49 | 920 | 53 | 925 | 51 | 910 | 53.5 | 915 |
| 35 | 2.0 | 22 | 925 | 25 | 935 | 26 | 950 | 30 | 960 | 35 | 970 | 38 | 1035 | 41.5 | 955 | 40.5 | 950 |
| 36 | 2.1 | 23.5 | 955 | 25.5 | 965 | 21 | 965 | 17 | 945 | 27 | 985 | 28.5 | 980 | 34.5 | 980 | 40.5 | 985 |
| 37 | 0.9 | 6 | 390 | 6 | 400 | 8 | 410 | 10 | 415 | 12.5 | 425 | 15 | 425 | 19 | 425 | 18.5 | 430 |
| 38 | 1.3 | 15.5 | 585 | 13.5 | 575 | 12.5 | 585 | 14.5 | 595 | 16.5 | 600 | 14.5 | 585 | 17 | 600 | 21 | 615 |
| 39 | 0.8 | 10 | 360 | 9.5 | 355 | 11 | 365 | 11.5 | 365 | 14 | 375 | 15.5 | 375 | 16.5 | 370 | 17.5 | 375 |
| 40 | 2.6 | 49 | 1270 | 51 | 1285 | 55 | 1300 | 56 | 1295 | 56 | 1300 | 55 | 1285 | 58 | 1280 | 53.5 | 1280 |
| 41 | 1.6 | 20 | 735 | 18 | 735 | 17 | 735 | 20 | 750 | 28 | 765 | 26.5 | 760 | 31 | 750 | 35 | 755 |
| 42 | 1.7 | 20 | 765 | 21 | 780 | 23 | 795 | 25.5 | 800 | 29.5 | 810 | 35 | 815 | 32.5 | 805 | 34.5 | 805 |
| 43 | 1.3 | 16 | 575 | 20 | 605 | 24 | 570 | 24.5 | 630 | 29 | 635 | 33 | 635 | 31 | 625 | 31.5 | 640 |
| 44 | 1.1 | 7 | 465 | 13 | 485 | 14 | 500 | 13.5 | 510 | 17.5 | 520 | 21 | 520 | 24 | 525 | 24 | 525 |
| 45 | 2.7 | 25 | 1215 | 18 | 1210 | 22 | 1235 | 28.5 | 1250 | 36 | 1270 | 46 | 1260 | 50 | 1260 | 41.5 | 1245 |

续表

| 农户编号 | 稻田面积(a) | 2001年 | | 2002年 | | 2003年 | | 2004年 | | 2005年 | | 2006年 | | 2007年 | | 2008年 | |
|---|---|---|---|---|---|---|---|---|---|---|---|---|---|---|---|---|---|
| | | 化肥施用量(b) | 水稻产量(c) | 化肥施用量 | 水稻产量 | 化肥施用量 | 水稻产量 | 化肥施用量 | 水稻产量 | 化肥施用量 | 水稻产量 | 化肥施用量 | 水稻产量 | 化肥施用量 | 水稻产量 | 化肥施用量 | 水稻产量 |
| 46 | 1.3 | 18 | 580 | 21 | 595 | 25 | 610 | 26.5 | 615 | 31 | 625 | 35.5 | 620 | 31 | 620 | 34.5 | 625 |
| 47 | 0.7 | 8 | 315 | 9 | 320 | 15 | 325 | 10 | 325 | 6 | 315 | 14 | 325 | 11.5 | 325 | 10.5 | 320 |
| 48 | 1.8 | 16.5 | 800 | 20 | 830 | 18.5 | 830 | 21.5 | 845 | 29 | 860 | 31.5 | 850 | 39.5 | 850 | 36.5 | 855 |
| 49 | 0.9 | 9 | 395 | 10 | 405 | 11.5 | 415 | 12.5 | 425 | 17.5 | 435 | 19 | 430 | 20 | 430 | 24 | 435 |
| 50 | 1.9 | 20 | 825 | 12 | 810 | 15 | 825 | 13.5 | 835 | 34 | 900 | 26 | 885 | 36 | 880 | 25.5 | 825 |
| 51 | 2.0 | 27 | 800 | 35 | 810 | 36 | 825 | 32.5 | 825 | 34 | 820 | 35 | 825 | 36 | 805 | 35.5 | 810 |
| 52 | 2.4 | 25.5 | 1085 | 29 | 1100 | 31 | 1115 | 31.5 | 1125 | 37.5 | 1130 | 43 | 1125 | 48.5 | 1125 | 54.5 | 1135 |
| 53 | 0.9 | 7 | 390 | 8 | 405 | 7 | 405 | 10 | 415 | 12 | 425 | 13 | 420 | 19 | 420 | 17.5 | 420 |
| 54 | 3.0 | 55 | 1375 | 60.5 | 1400 | 62 | 1420 | 66 | 1435 | 64.5 | 1425 | 65 | 1420 | 64 | 1410 | 68.5 | 1400 |
| 55 | 1.5 | 12 | 670 | 16.5 | 685 | 21 | 695 | 17.5 | 695 | 22.5 | 705 | 29 | 705 | 24 | 690 | 24.5 | 685 |
| 56 | 1.5 | 17.5 | 685 | 20.5 | 705 | 23 | 725 | 25.5 | 735 | 31 | 745 | 28.5 | 745 | 30.5 | 735 | 34.5 | 740 |
| 57 | 1.7 | 11 | 750 | 19 | 780 | 16.5 | 780 | 20 | 790 | 23 | 800 | 26 | 790 | 33 | 795 | 32.5 | 785 |
| 58 | 2.1 | 24.5 | 940 | 26 | 905 | 28.5 | 975 | 32 | 980 | 39.5 | 995 | 42 | 995 | 47 | 990 | 47.5 | 975 |
| 59 | 0.8 | 10 | 365 | 9 | 345 | 8.5 | 370 | 10 | 375 | 14 | 380 | 13 | 375 | 15.5 | 375 | 19.5 | 380 |
| 60 | 2.2 | 46 | 1245 | 48 | 1255 | 52 | 1275 | 53 | 1275 | 53 | 1275 | 52 | 1270 | 55 | 1265 | 51.5 | 1265 |

续表

| 农户编号 | 稻田面积(a) | 2001年 化肥施用量(b) | 2001年 水稻产量(c) | 2002年 化肥施用量 | 2002年 水稻产量 | 2003年 化肥施用量 | 2003年 水稻产量 | 2004年 化肥施用量 | 2004年 水稻产量 | 2005年 化肥施用量 | 2005年 水稻产量 | 2006年 化肥施用量 | 2006年 水稻产量 | 2007年 化肥施用量 | 2007年 水稻产量 | 2008年 化肥施用量 | 2008年 水稻产量 |
|---|---|---|---|---|---|---|---|---|---|---|---|---|---|---|---|---|---|
| 61 | 1.6 | 18.5 | 720 | 20 | 730 | 21 | 740 | 23 | 745 | 27 | 755 | 29.5 | 755 | 33 | 755 | 33.5 | 750 |
| 62 | 1.4 | 16 | 620 | 19 | 650 | 23 | 660 | 25 | 665 | 29 | 670 | 33 | 680 | 31.5 | 660 | 35.5 | 665 |
| 合计 | ·104 | 1281.5 | 47350 | 1396 | 47990 | 1522 | 48775 | 1612 | 49150 | 1870.5 | 49660 | 1974.5 | 49540 | 2094 | 49023 | 2155.5 | 48880 |

注:(a)稻田面积单位:亩;(b)化肥施用量单位:千克;(c)水稻产量单位:公斤。

资料来源:根据在俞村的调研整理。

## 五、62 户农户调查中关于农学意义和经济学意义上的最优施肥量

在对附表 1 数据处理的基础上,参照相关的研究方法,得出 62 户农户 2001 ~ 2008 年以来的各年氮肥施用的量和水稻产量(见附表 2),对有关农学意义上和经济学意义上的最优施肥量进行回归分析。

**附表 2　不同氮肥施用量对稻谷产量的影响**

| 年份 | 氮肥施用强度(a) | 稻谷单产(b) | 化肥对稻谷的边际增量(c) |
|---|---|---|---|
| 2001 | 184.0 | 6834.5 | — |
| 2002 | 201.0 | 6924.9 | 5.32 |
| 2003 | 219.5 | 7035.1 | 6.12 |
| 2004 | 232.5 | 7090.2 | 4.24 |
| 2005 | 269.8 | 7161.8 | 1.94 |
| 2006 | 284.8 | 7143.4 | - 1.2 |
| 2007 | 302.0 | 7072.3 | - 3.8 |
| 2008 | 309.4 | 7050.0 | - 3.13 |

注:氮肥的施用量按照 $NH_4HCO_3$ 的标准折算,其中 1 公斤尿素按照 3 公斤 $NH_4HCO_3$ 折算,1 公斤复合肥根据氮素含量按照 1 公斤 $NH_4HCO_3$ 折算;(a)化肥施用强度单位:公斤/公顷;(b)稻谷产量单位:公斤/公顷;(c)化肥对稻谷的边际增量定义为:每公顷土地多施用 1 公斤 $NH_4HCO_3$,稻谷的产量增加多少公斤?

资料来源:根据在俞村的调研资料。

1. 确定投入 x 与产出 y 的回归关系

一般收益递减曲线都可以得到形式为 $y = a + bx - cx^2$ 的回归式。

62 户样本研究中,氮肥施肥强度(用作自变量 x)和稻谷单产(用作因变量 y)的回归关系为:

$$y = 3654.235 + 25.172x - 0.0547x^2 \qquad (附 - 1)$$
$$(16.031) \quad (13.980) \quad (-13.107) \quad (注:括号内为 T 值)$$

2. 确定反映收益递减速度的边际产量曲线 dy/dx 和边际效益曲线

从式(附 - 1)可得: $yt = dy/dx = 25.172 - 0.1094x \qquad (附 - 2)$

式(附 - 2)中 yt 表示在某一 N 肥施用强度(x)下,N 肥对稻谷单产的增产

效应,每公斤稻谷按照 2000~2008 年的 9 年的平均价格为每公斤 1.369 元[①],则增收效应 Zt 为:

$$Zt = 1.369yt(元/公斤 \cdot NH_4HCO_3) \qquad (附-3)$$

3. 确定投入(x)与成本(z)的回归关系

设氮肥以外的成本(a)不随氮肥施用量的提高而改变,且 a = 600 元/公顷[②]。

因此有:$Z = a + bx = 600 + 0.769x$ $\qquad$ (附-4)

4. 确定反映成本随投入水平改变而改变的边际成本曲线 dz/dx

从式(附-4)得:$Zd = dz/dx = b = 0.769(元/kg \cdot NH_4HCO_3)$ $\qquad$ (附-5)

5. 农学意义的最优施肥量 $Q_{(a)}$

当式(附-1)对 x 的导数为零时,也就是式(附-2)Yt = 0 时,Y 取得最大值,即农学意义上的最优施肥量 $Q_{(a)}$,从式(附-2) $25.172 - 0.1094Q_{(a)} = 0$,解得 $Q_{(a)} = 230.09$(公斤 $NH_4HCO_3$/公顷)。

6. 经济学意义上的最优施肥量 $Q_{(e)}$

当 N 肥施用的边际成本等于稻谷收成的边际效益时,系统能够获得最高的经济效益,即经济学意义上的最优施肥量 $Q_{(e)}$,这时 Zt = Zd。结合式(附-2)、式(附-3)和式(附-5),可得:

$1.369 \times [25.172 - 0.1094Q_{(e)}] = 0.769$,解得:

$Q_{(e)} = 224.96$(公斤 $\cdot NH_4HCO_3$/公顷)。

---

① 取 9 年籼米价格的平均数计算,再除以 1.556,即是稻谷的平均价格,籼米的平均价格是籼稻平均价格的 1.556 倍,稻谷价格变化的相关研究见杨万江(2008)。

② 即每亩施用复合肥大约 10 公斤,按照每公斤 4 元计算,则每亩需要 40 元,每公顷 600 元,b 是每公斤 N 肥的成本,且 b = 0.769 元/公斤 $\cdot NH_4HCO_3$,这是取 9 年化肥价格变动的平均指数,参照 2008 年 $NH_4HCO_3$ 的价格,得出 9 年来 $NH_4HCO_3$ 的平均价格为 0.769 元/公斤,相关化肥的价格指数变化见李玲娣、祁春节(2008)。

# 参考文献

[1]A. C. Pigou 著,陆民仁译. 福利经济学. 台北:台湾银行经济研究室编. 1971.

[2]安东尼·B. 阿特金森,约瑟夫·E. 斯蒂格里兹. 公共经济学. 上海:上海三联书店,上海人民出版社,1996.

[3]〔澳〕黄有光著,周建明等译. 福利经济学. 北京:中国友谊出版公司,1991.

[4]埃莉诺·奥斯特罗姆. 公共事物的治理之道. 上海:上海三联书店,2000.

[5]庇古. 福利经济学. 北京:中国社会科学出版社,1999.

[6]白暴力. 农民工工资收入偏低分析——现实、宏观效应与原因. 经济经纬,2007(4).

[7]崔玉亭,李季,靳乐山. 化肥与生态环境保护. 北京:化学工业出版社,2000.

[8]陈波. 中国粮食安全成本及结构优化研究. 华中农业大学博士学位论文,2007.

[9]陈明星. 粮食安全的生态风险及防范对策研究. 南京财经大学学报,2009(3):34 - 39.

[10]陈佑启. 论农村生态系统与经济的可持续发展. 中国软科学,2000(8):24 - 30.

[11]陈英旭. 农业环境保护. 北京:化学工业出版社,2007.

[12]陈红,马国勇. 农村面源污染治理的政府选择. 求实学刊,2007(3):41 - 47.

[13]陈伟. 环境中的外部性及其内部化. 环境与开发,2001,(4):3 - 5).

[14]陈利顶,马岩. 农户经营行为及其对生态环境的影响. 生态环境,2007(2):691 - 697.

[15]陈凡. 技术社会化引论——一种对技术的社会学研究. 北京:中国人民大学出版社,1995:92.

[16]陈孟平.农业现代化与政府行为.北京社会科学,2003(1)126-131.

[17]陈国军等.稻田氮素流失规律测坑研究,上海交通大学学报(农业科学版),2003(4).

[18]陈和午.农户模型的发展与应用:文献综述.农业技术经济,2004(3).

[19]陈其霆.理性的农户与农村经济的可持续发展.兰州大学学报(社会科学版),2001(4).

[20]程国强.当前我国粮食供求形势与中长期趋势,中国党政干部论坛,2012(3):16-20.

[21]程序.中国农业与可持续发展.北京:科学出版社,2007.

[22]程序,曾晓光,王尔大.可持续农业导论.北京:中国农业出版社,1997.

[23]褚卫红,石亚辉.农用地膜在农业生产中的作用、影响及对策.内蒙古农业科技,2007(7):142-143.

[24]杜君楠,郑少锋.农业基础设施建设水平与农业经济发展的协整关系分析.西北农林科技大学学报(社会科学版),2012(4):37-40.

[25]邓大才.粮食安全的模型、类型与选择.华中师范大学学报(人文社会科学版),2012(1):1-7.

[26]邓大才.社会化小农:动机与行为.华中师范大学学报(人文社会科学版),2006(3):9-16.

[27]邓小平.邓小平文选(第3卷).北京:人民出版社,1993.

[28]丁德章.改善当前农村基层水利建设的紧迫性与对策.国家行政学院学报,2011,(2):119-122.

[29]〔德〕马克斯·韦伯著,林荣远译.经济与社会.北京:商务印书馆,1997.

[30]恩格斯.自然辩证法.北京:人民出版社,1971:161.

[31]〔俄〕恰亚诺夫.农民经济组织.北京:中央编译出版社,1996.

[32]傅伯杰,陈利顶等.土地可持续利用评价的指标体系与方法.自然资源学报,1997(4):93.

[33]冯肃伟,戴星翼.新农村环境建设.上海:上海人民出版社,2007:98.

[34]冯海发.农业可持续发展的理论与实践.北京:新华出版社,2006.

[35]冯孝杰,魏朝富,谢德体.农户经营行为的农业面源污染效应及模型分析.生态农业科学,2005(12):354-358.

[36]樊纲.论解决我国粮食供给问题的长期战略与短期对策.中国农村观察,1995(5).

[37]费孝通.乡土中国:生育制度.北京:北京大学出版社,1998.

[38]费孝通.江村经济.北京:商务印书馆,2005.

[39]国务院研究室农村司巡视员叶兴庆.必须迈过农业这道坎——从2012年中央1号文件主题看我国农业的出路.国际金融,2012(3):7-11.

[40]国家统计局农村社会经济调查司.中国农村统计年鉴(1990-2006).北京:中国统计出版社.

[41]公茂刚,王学真.发展中国家微观层面的粮食获取能力分析.农业经济与管理,2011(6):31-37.

[42]公茂刚等.中国粮食供给状况变迁及其影响因素分析.新疆社会科学,2012(1):25-33.

[43]郭亮.对当前农田水利现状的社会学解释.毛泽东邓小平理论研究,2011,(4):37-42.

[44]葛志华.转型中的农村社会.南京:江苏人民出版社,2004.

[45]黄季焜,季方彬,张林秀,S. Rozelle.水稻生产、农药施用与环境.中国科学院中国农业政策研究中心(CAPP),2000年.

[46]黄宗智.华北的小农经济与社会变迁.北京:中华书局,2000.

[47]黄祖辉,林坚,张冬平等.农业现代化:理论、进程与途径.北京:中国农业出版社,2003.

[48]黄祖辉等.农业现代化:理论、进程与途径.北京:中国农业出版社,2003.

[49]黄季焜.中国的食物安全问题.中国农村经济,2004(10):4-10.

[50]黄季焜,杨军,仇焕广.新时期国家粮食安全战略和政策的思考,农业经济问题,2012(3):4-8.

[51]黄季焜,Scott Rozell.技术进步和农业生产发展的原动力.农业技术经济,2003(6):21-29.

[52]韩俊,罗丹.产地环境控制与食品安全.农业质量标准,2005(4):14-16.

[53]韩喜平,谢振华.浅析农户行为与环境保护.中国环境管理,2000(6):27-28.

[54]郝亚琦.土壤污染现状及修复研究.水土保持研究,2007(6).

[55]贺伟华,左英.生物农药对我国农业发展的影响及对策分析.农业考古,2007(6).

[56]贺雪峰.新乡土中国:转型期乡村社会调查笔记.桂林:广西师范大学出版社,2003:86.

[57]何浩然等.农民施肥行为及农业面源污染研究.农业技术经济,2006(6):2-10.

[58]胡继连.中国农户经济行为研究.北京:农业出版社,1992.

[59]胡晓兵.现代农业技术异化的表现及其根源探析.学术交流,2007(2):96-99.

[60]居正.制约中国农业发展的因素浅析——基于粮食安全视角.现代农业,2012(4):56-57.

[61]蒋满元,唐玉斌.外部性问题与农业保护政策的理性选择.华东经济管理,2007(3):57-60.

[62]江莹.互动与整合——城市水环境污染与治理的社会学研究.南京:东南大学出版社,2006.

[63]金继运,李家康,李书田.化肥与粮食安全.植物营养与肥料学报,2006(5):601-609.

[64]嘉昕.农业面源污染分析.科协论坛,2007(10).

[65]赖叔懿等.论传统外部性理论解决环境代际外部性的失效.生态经济,2007(6):42-44.

[66]兰天.环境污染外部性的内部化研究.北方经贸,2004(2):82-84.

[67]刘雪,傅泽田.我国农业生产的污染外部性及对策.中国农业大学学报(社会科学版),2000(3):42-45.

[68]刘友芝.论负的外部性内在化的一般途径.经济评论,2001(3):7-10.

[69]刘润堂等.农业面源污染对湖泊水质影响的初步分析.中国水利,2002(3).

[70]刘青松.农村环境保护.北京:中国环境科学出版社,2003.

[71]刘石成.我国农田水利设施建设中存在的问题及对策研究.宏观经济研究,2011,(8):40-44.

[72]刘成玉.对粮食安全几个理论问题的认识,江苏大学学报(社会科学版),2012(1):83-88).

[73]李泉.中国农田水利发展:反思与检讨.中国农村水利水电,2012,(8):1-8.

[74]李大胜,王广深.我国农业技术体系变迁及其对生态环境的影响.Management of Agricultural Science and Technology. No. 2,2005.

[75]李红梅等.农户安全施用农药的意愿及其影响因素研究——对四川省广汉市214户农户的调查与分析.农业技术经济,2007(5).

[76]李玲娣,祁春节.化肥价格体制运行中存在的问题及对策分析.农场经济管理,2008(2).

[77]李强.转型时期中国社会分层.沈阳:辽宁教育出版社,2004.

[78]李铜山.论中国现代农业持续稳定发展的支撑体系架构.社科纵横,2011(2):39－43.

[79]李友梅,刘春燕.环境社会学.上海:上海大学出版社,2004.

[80]李国勇,张扬,高士亮.农业转型阶段粮食安全、粮农增收研究述评.经济学动态,2011(11):85－88.

[81]李世涌,朱东恺,陈兆开.外部性理论及其内部化研究综述.学术研究,2007(8):117－119.

[82]李克国.环境经济学.北京:中国环境科学出版社,2007.

[83]李燕.中国现代农业发展的历史经验与现实思考.科学社会主义,2011(1):128－131.

[84]李伟华.农业面源污染现状与控制措施.安徽农业科学,2007(33).

[85]林毅夫.制度、技术与中国农业发展.上海:上海三联书店,1994.

[86]林毅夫.中国粮食供给能力的过去与未来.战略与管理,1998(4).

[87]廖卫东.生态外部性求解的产权制度优化.当代财经,2004(12):71－74.

[88]卢现祥.西方新制度经济学.北京:中国发展出版社,2006:71.

[89]陆剑飞,郑永利,夏永锋.蔬菜主要病虫抗药性发展现状与治理对策探讨.农药科学与管理,2004(2):10－13.

[90]鲁礼新.贵州沙坡农户行为与环境变迁.郑州:黄河水利出版社,2006.

[91]鲁柏祥,蒋文华,史清华.浙江农户农药施用效率的调查与分析.中国农村观察,2000(5).

[92]吕耀,章予舒.农业外部性识别、评价及其内部化.地理科学进展,2007(1):123－131.

[93]吕江南等.农用薄膜应用现状及可降解农膜研究进展.中国麻业科学,2007(3):150－157.

[94]吕德文.治水:第三条道路——评《治水:国家介入与农民合作》.中国图书评论,2007,(7):54－57.

[95]雷玲,苏夏琼,王礼力.陕西省农业生产条件现代化与农业经济发展的灰色关联分析.农业现代化研究,2011(5):585－591.

[96]陆文清.农业环境保护博弈与财政支农导向.武汉冶金管理干部学院学报,2004(2):28－31.

[97]罗兴佐.治水:国家介入与农民合作——荆门五村农田水利研究.武汉:湖北人民出版社,2006:268.

[98]毛泽东选集(第五卷).北京:人民出版社,1977:462-463.

[99]毛晓园,田建新.生态环境与新农村建设.北京:中国环境科学出版社,2007:5.

[100]马克思恩格斯选集(第一卷).北京:人民出版社,1995.

[101]马克思恩格斯全集(第12卷).北京:人民出版社,1962.

[102]马歇尔.经济学原理(上册).北京:商务印书馆,1981.

[103]马培衢.农村水利供给的非均衡性与治理制度创新.中国人口资源与环境,2007,(3):10-13.

[104]马小勇.中国农户的风险规避行为分析.中国软科学,2006(2).

[105]马骥,蔡晓羽.农户降低氮肥施用量的意愿及其影响因素分析.中国农村经济,2007(9):9-16.

[106]孟繁琪等.现代化农业的模式选择.北京:农业出版社,1991.

[107]墨语.湖北:大手笔建设"小农水" 重点县探索"创新路".中国水利,2010,(12):30-33.

[108]〔美〕D.诺斯.经济史中的结构与变迁.上海三联书店,1994.

[109]〔美〕詹姆斯·斯科特.农民的道义经济学:东南亚的反叛与生存.南京:译林出版社,2001.

[110]〔美〕道格拉斯·C.诺斯.经济史中的结构与变迁.上海:上海三联书店,上海人民出版社,1994.

[111]〔美〕斯蒂格利茨著,纪沫,陈工文,李飞跃译.斯蒂格利茨经济学文集.北京:中国金融出版社,2007:16.

[112]〔美〕西奥多·W.舒尔茨.论农业中的经济学与政治学的冲突,摘至杰拉尔德·M.迈耶主编.发展经济学的先驱理论.昆明:云南人民出版社,1995.

[113]〔美〕巴里·康芒纳著.侯文蕙译.封闭的循环.长春:吉林人民出版社,1997.

[114]〔美〕理查德·A.马斯格雷夫.比较财政分析.上海:上海人民出版社,上海三联书店,1996.

[115]《麦克米农词典》,麦克米农公司出版,1981.

[116]农业部课题组.新时期农村发展战略研究.北京:中国农业出版社,2005.

[117]农业哲学基础写作组.农业哲学基础.北京:科学出版社,1991.

[118]牛建高,李义超,李文和.农户经济行为调控与贫困地区生态农业发展.农村经济,2005(6).

[119]彭留英,冯继康.山东省现代农业建设的动力机制及其途径研究.经济理论与政策研究,2009(12):136-156.

[120]朴明根等.论外部性的复杂性:兼论科斯外部性理论的偏颇.甘肃社会科学,2002(2):65-66.

[121]钱小龙等.国水资源安全研究进展.菏泽学院学报,2007(2):96-99.

[122]全海娟,孟凡芹.农业的外部性及对策研究.财经界,2006(2):175-176.

[123]秦晖.传统与当代农民对市场信号的反应——也谈所谓"农民理性问题"战略与管理,1996(2):18-27.

[124]邱长溶,郝爱民.农户生产经营行为对我国建设节约型农业的影响.云南民族大学学报(哲学社会科学版),2006(3):59-65.

[125]任文,周虎成.江苏农村水利建设的现状与问题.调查世界,2006,(5):33-35.

[126]〔日〕岸根卓郎著,何鉴译.环境论——人类最终的选择.南京:南京大学出版社,1999.

[127]〔日〕祖田修著,张玉林等译.农学原论.北京:中国人民大学出版社,2003.

[128]〔日〕来米速水著,黄细喜等译.世界自然农法.北京:中国环境科学出版社,1990.

[129]〔日〕福冈正信.一根稻草的革命.北京:中国人民大学出版社,1994:278.

[130]〔日〕农文协文化部编.马孜学译.战后日本农业的变化.北京:农业出版社,1982.

[131]〔日〕星野芳郎.未来文明的起点.哈尔滨:哈尔滨工业大学出版社,1985.

[132]〔日〕饭岛伸子著,包智明译.环境社会学.北京:社会科学文献出版社,1999.

[133]〔日〕速水佑次郎著,李周译.发展经济学——从贫困到富裕.北京:社会科学文献出版社,2003:217.

[134]〔日〕速水佑次郎,弗农·拉坦.农业发展的国际分析(中译本).北京:社会科学文献出版社,2000.

[135]Robert Brenner,Christopher Isett.英格兰与中国长江三角洲的分岔：财产关系、微观经济学与发展模式.载黄宗智主编.中国乡村研究(第二辑).北京：商务印书馆,2003.

[136]萨缪尔森.经济学(第14版).北京：中国展望出版社,1994.

[137]孙志东. 塑料农膜对农田的污染及防治。农村经济,2002(6)：11-12.

[138]孙杭生.江苏省粮食安全问题研究.江海纵横,2005(1)：25-26.

[139]苏小姗等.水资源胁迫下基于粮食安全的现代农业技术创新趋势及策略. 农业现代化研究,2012(2)：207-210.

[140]宋圭武.农户行为研究若干问题述评.农业技术经济,2002(4)：59-64.

[141]石传延.关于推进现代农业的现实思考.生产力研究,2010(12)：47-49.

[142]石声萍.农业外部性问题思考.宏观经济研究,2004(1)：41-46.

[143]史清华.农户经济活动及行为研究.北京：中国农业出版社,2001.

[144]时明国,裴荆城.不同地区农户经营行为比较研究.农业经济问题,2000(5)：38-42.

[145]沈明高,林毅夫.我国农业技术变迁的一般经验和政策含义.经济社会体制比较,1990(2)：10-18.

[146]唐瑞明,徐广超.我国粮食质量安全问题对策的探讨.粮食问题研究,2012(2)：12-16.

[147]田建民,李昊.对河南省现代农业发展的认识与思考.河南农业科学,2005(1)：5-8.

[148]陶传进. 环境治理：以社区为基础.北京：社会科学文献出版社,2005.

[149]屠豫钦.我国农药利学之发展.植物保护,2007(5)：22-26.

[150]王跃生.家庭责任制、农户行为与农业中的环境生态问题.北京大学学报(哲学社会科学版),1999(3)：44-51.

[151]王小利等.替代农业研究综述.首都师范大学学报(自然科学版),2004(2)：94-98.

[152]王淑敏,付彦堂.有关"农业"概念介绍.河北理科教学研究,2004(1).

[153]王易萍."双轨水利"：农村水利运行机制的文化人类学研究——以广西S村为例.青海民族研究,2012,(1)：34-38.

［154］王昕,陆迁.农村社区小型水利设施合作供给意愿的实证.中国人口.资源与环境,2012,(6):115－119.

［155］王登峰,高超.农业非点源污染的外部性及其内部化途径分析.生态经济,2006(3):256－258.

［156］王敬国.农用化学物质的利用与污染控制.北京:科学出版社,2001.

［157］温铁军.食品安全背后的污染问题.文汇报,2006年12月1日第005版/时事点评.

［158］温铁军."三农"问题的本土化思路."三农"中国,武汉:湖北人民出版社2006.

［159］汪恕诚.解决好水问题,保障国家的粮食安全.中国水利,2005(6).

［160］魏君英,朱信凯.基于粮食安全的农村水利建设问题研究.农业经济,2012,(1):54－56.

［161］我国粮食质量安全问题对策的探讨.粮食问题研究,2012(2):12－16.

［162］吴晓燕.现代小农经济的一种解释——兼评恰亚诺夫的《农民经济组织》.生产力研究,2007(6):146－148.

［163］吴娟.关于我国粮食安全保护问题的几点思考.农业经济问题,2012(3):15－21.

［164］吴海峰,陈明星.农业功能拓展与区划实践.哈尔滨:黑龙江人民出版社,2010.

［165］吴煦敬.中国近现代技术史(下卷).北京:科学出版社,2000.

［166］韦苇,杨卫军.农业的外部性及补偿研究.西北大学学报(哲学社会科学版),2004(1):148－153.

［167］万宝瑞.科技创新:中国农业的根本出路.求实,2012(17):35－37.

［168］肖玉,谢高地,鲁春霞.稻田生态系统氮素转化经济价值研究.应用生态学报,2005(9).

［169］向平安等.湿地水稻生产外部成本的主要成因案例研究.湖南农业大学学报(自然科学版),2006(1):32－36.

［170］西奥多·W.舒尔茨.改造传统农业.北京:商务印书馆,1987.

［171］西奥多·W.舒尔茨(Theodore W·Schultz).改造传统农业.北京:商务印书馆,1999.

［172］徐勇,项继权.回到原点,关注变迁.华中师范大学学报(哲学社会科学版),2006(3).

［173］徐燕等.万州区农药经营与使用现状分析及对策.安徽农业科学,

2007(12).

[174]徐学荣等.农户植保行为及其影响因素的分析方法.乡镇经济,2005(12).

[175]杨万江.国内外大米价格变化与粮食安全.浙江经济,2008(13).

[176]杨帅,温铁军.发展生态农业的国际经验及本土试验.环境保护,2008(8):14-17.

[177]杨邦杰,郧文聚,程锋.论耕地质量与产能建设.中国发展,2012(1):1-6.

[178]杨易,何君,耿建忠等.境外农业资源利用视角下的国家粮食安全保障分析及建议.世界农业,2012(3):5-10.

[179]杨壬飞,吴方卫.农业外部效应内部化及其路径选择.农业技术经济,2003(1):6-12.

[180]杨红炳.发展现代农业重在农业组织制度创新.经济问题,2011(3):85-87.

[181]〔英〕S.科斯.社会成本问题//财产权利与制度变迁.上海:上海三联书店,1991.

[182]〔英〕马歇尔.经济学原理.北京:中国展望出版社,2005.

[183]易棉阳.公共财政与国家农贷:农村水利外源性融资体系的构建.现代经济探讨,2011,(7):64-68.

[184]严海蓉.小农挑战全球资本主义——评"粮食主权人民论坛".中国非营利评论,2010(1):227-236.

[185]阎文圣,肖焰恒.中国农业技术应用的宏观取向与农户技术采用行为诱导.中国人口·资源与环境,2002(3).

[186]闫艳春,乔传令,钱传范.小菜蛾抗药性进展研究.昆虫知识,1997(5):310-314.

[187]于晓华,Bruemmer Bernhard,钟甫宁.如何保障中国粮食安全.农业技术经济,2012(2):4-8.

[188]余涤非.国有农业企业的责任:技术创新与扩散的视角.农业经济问题,2010(5):84-89.

[189]亚当·斯密著,谢祖钧译.国富论.北京:新世界出版社,2007.

[190]岳跃.中国农户经济行为的二元博弈均衡分析.北京:中国经济出版社,2006.

[191]翟文侠,黄金贤.农户水土保持行为机理:研究进展与分析框架.水土保持研究,2006(3):33-39.

［192］翟虎渠.农业概论(第2版).北京:高等教育出版社,2006.

［193］翟虎渠.粮食安全的三重内涵.瞭望新闻周刊,2004(3).

［194］赵冬缓,齐顾波.新发展经济学教程.北京:中国农业大学出版社,2000.

［195］赵予新.粮食安全成本内涵及特征探析.安徽农业科学,2008(21):9311－9312.

［196］赵丽丽.农户采用可持续农业技术的影响因素分析及政策建议.经济问题探索,2006(3).

［197］周立.粮食,怎样成为一种武器.农业经济导刊,2009(6):10.

［198］张宏艳.发达地区农村面源污染的经济学研究.北京:经济科学出版社,2006.

［199］张宏军.西方外部性理论研究述评.经济问题,2007(2):14－16.

［200］张彪,刁承泰.基于农用地分等理论的耕地生产潜力研究.农机化研究,2012(4):1－7.

［201］张乐勤.对山区农业生产活动外部不经济性问题的思考——以皖南山区为例.池州学院学报,2006(4):31－33.

［202］张水龙等.农业非点源污染研究现状与发展趋势.生态学杂志,1998(7).

［203］张宝莉.农业环境保护.北京化学工业出版社,2002.

［204］张雪松等.秸秆的利用与深加工.化工时刊,2004(7):62－66.

［205］张嫘.农业环境问题成因分析.农业经济,2001(11):10－11.

［206］张欣,王绪龙,张巨勇.农户行为对农业生态的负面影响与优化对策.农村经济,2005(11):95－98.

［207］张冬平,黄祖辉.农业现代化进程与农业科技关系透视.中国农村经济,2002(11):48－53.

［208］张晓山.关于发展现代农业的几点认识.中国经贸导刊,2011(1):2－23.

［209］张红宇,赵革.新农村建设要充分释放农业的多重功能.农村经济,2006(5):3－6.

［210］张培刚.发展经济学教程.北京:经济科学出版社,2001.

［211］张培刚.农业与工业化(中译本).武汉:华中工学院出版社,1984.

［212］张培刚.发展经济学教程.北京:经济科学出版社,2001.

［213］张岩松,朱山涛.夯实国家粮食安全和现代农业基础的一项重要举措.中国财政,2011,(9):57－60.

［214］张占耕. 发达和发展中国家持续农业发展的不同模式. 世界地理研究,2002(4).

［215］张云华等. 农户采用无公害和绿色农药行为的影响因素分析——对山西、陕西和山东 15 县(市)的实证分析. 中国农村经济,2004(1).

［216］张林秀,徐晓明. 农户生产在不同政策环境下行为研究. 农业技术经济,1999(4).

［217］张军. 现代产权经济学. 上海:上海三联书店,1994:100.

［218］张真,戴星翼. 环境经济学教程. 上海:复旦大学出版社,2006.

［219］郑有贵,李成贵. 中国传统农业向现代农业转变的研究. 北京:经济科学出版社,1997.

［220］郑杭生. 社会学概念新修. 北京:中国人民大学出版社,2003:134.

［221］郑宝华. 风险、不确定性与贫困农户行为. 中国农村经济,1997(1).

［222］郑风田,赵阳. 我国农产品质量安全问题与对策. 中国软科学,2003(2).

［223］郑秉文. 市场缺陷分析. 辽宁人民出版社,1992.

［224］郑少华. 新形势下的我国粮食安全问题研究. 湘潮,2012(1):84－85.

［225］朱兆良,〔英〕David Norse,孙波. 中国农业面源污染控制对策. 北京:中国环境科学出版社,2006.

［226］朱莉雅,齐延艳,毕启冬. 农业环境污染问题的经济学分析. 环境科学与管理,2007(6):140－147.

［227］朱莉雅,胡继连. 制度安排与农业生态环境问题. 山东经济,2006(4):89－92.

［228］朱乐尧,周淑景. 回归农业. 北京:中央编译出版社,2005.

［229］朱希刚. 技术创新是我国农业技术进步的主攻方向. 农业经济问题,1991(5):9－10.

［230］朱方长,李红琼. 乡土文化传统的经济功能分析. 求索,2005(12).

［231］钟秀明,武雪萍. 我国农田污染与农产品质量安全现状、问题及对策. 中国农业资源与区划,2007(5).

［232］中华人民共和国土地改革法,人民日报,1950－06－30.

［233］支海宇. 排污权交易应用于农业面源污染研究. 生态经济,2006(3):137－139.

［234］Arnon I. Modernization of Agriculture in Developing Countries－Resources, Potentials and Problems,New York:John Wiley & Sons,1981.

[235] Alvarez B. , Hanley N. , Wright R. , MacMillan D. Estimating the Benefits of Agri – environmental Policy : Econometric Issues in Open – ended Contingent Valuation Studies. Journal of Environmental Planning and Management ,1999,42 (1):23 –43.

[236] Banuri T. , Apffel – Marglin F. Who will Save the Forests? Knowledge, Power and Environmental Destruction. Zed Books, London,1993.

[237] Brümmer B. ,T. Glauben & W. Lu: Policy Reform and Productivity Change in Chinese Agriculture: A Distance Function Approach. Journal of Development Economics,2006(81): 61 – 79.

[238] Carruthers I. , R. Stoner. Economic Aspects and Policy Issues in Groundwater Development. Washington, D. C. : World Bank Staff Working Paper , 1981(496):29.

[239] Charles C. , Crissman, John M. , Antle, Susan M. Capalbo. Economic, Environment and Health Trade – offs in Agriculture: Pesticides and the Sustainability of Andean Potato Production. Boston/London: Kluwer Academic Publishers,1998.

[240] FAO. Food and Agricultural Organization of the United Nations, Soaring Food Prices Swell Political Unrest. http://km. fao. org/fsn/news_events0/fsn_detail. html,2008(8).

[241] FAO. FAO Fertilizer Yearbook. Rome, Italy, 1994(44).

[242] Huang J. K. , Chen Q. J. The Optimal Fertilizer Use in Rice Production in China , The Theoretical Methods of Measuring Technology Improvement . Beijing : Chinese Agricultural Science and Technology Press, 1994.

[243] Huang J. and Scott Rozelle. Environmental Stress and Grain Yields in China, American Journal of Agricultural Economics. 1995, Vol. 77, No. 4 : 853 – 864.

[244] H. Binswanger, M. Rosenzweig. Behavioral and Material Determinants of Production Relations in Agricultur, Devel. Stuud. , 1986(2):503 –539.

[245] Hayami Yujiro, Ruttan Vernon W. , Southworth Herman, McDowell. Agricultural Growth in Japan, Taiwan, Korea, and the Philippines. Honolulu: the University Press of Hawaii,1979.

[246] Hardin G. The Tragedy of the Commons. Science,1968(162):1243 –1248.

[247] Hardin G. Political Requirements for Preserving our Common Heritage. In Wildlife and American. H. P. Bokaw, 1978:314.

[248] Jonhston Bruce F. & Peter Kilby. Agriculture and Structural Transforma-

tion—Economic Strategies in Late – Developing Countries. Oxford University Press, 1975.

[249]Lin, Justin Yifu and Jeffery B. Nugent. Institutions and Economic Development. Handbook of Development Economics , 1995 , Vol. 3.

[250]Lin, Justin Yifu. The Household Responsibility System Reform in China: A Peasant's Institutional Choice. American Journal of Agricultural Economics, 1987,(May):69.

[251]Ljungman C. ,Michael Martin, Adrian Whiteman. Beyond Sustainable Forest Management: Opportunities and Challenges for Improving Forest Management in the Next Millennium – summary Report. A Summary of Recent Reports Prepared for the FAO Forestry Department as an Input to the World Bank Forest Policy Implementation Review,1999.

[252]Miller G. T.. Living in the Environment: An Introduction to Environmental Science 7th. Belmont: Wadsworth Publishing Company ,1992.

[253]North D.. Institutions. Journal of Economic Perspective, 1991(1).

[254]Norse D. , Li J. , Jin L. ,et al. . Environmental Costs of Rice Production in China: Lessons from Hunan and Hubei. Aileen International Press, Bethesda. 2001.

[255]Popkin S.. The Rational Peasant: The Political Economy of Rural Society in Vietnam. Berkeley:University of California Press ,1979.

[256]Pomeranz Kenneth. The Great Divergence : Europe , China ,and the Making of the Modern World Economy. Princeton: Princeton University Press, 2000:98 – 99.

[257]Putterman L. , Chiacu A. F. Elasticities and Factor Weights for Agricultural Growth Accounting : A Look at the Data for China. China Economic Review, 1994(5):191 – 204.

[258]Paudel K. P. , Lohr L. , Martin N. R. Effect of Risk Perspective on Fertilizer Choice by Sharecroppers. Agricultural Systems, 2000(66):115 – 128.

[259]Ruttan V. Sustainable Growth in Agricultural Production and Policy . Science Proceeding of Agriculture Sustainability. Food and Agriculture Development Center ,1991.

[260]Rozelle S. ,Veeck G. and Huang J. . The Impact of Environmental Degradation on Grain Production in China,1975 – 1990. Economic Geography,1997 (73) : 44 – 66.

［261］Sen , Amartya K. . Poverty and Famine. Oxford , U. K. : Clarendon Press , 1981a.

［262］Sen , Amartya K. . Ingredients of Famine Analysis : Availability and En-titlements , Quarterly Journal of Economics , 1981b , Vol. 96( 3) :433 – 464.

［263］Smith R. J. Resolving the Tragedy of the Commons by Creating Private Property Rights in Wildlife. Cato Journal ,1981(1):497.

［264］Thomas Berry. The Great Work . New York : Bell Tower ,1999:138.

［265］Yu X. and G. Zhao: Chinese Agricultural Development in 30 Years: A Literature Review. Frontiers of Economics in China ,2009 ,Vol. 4(4) : 633 –648.

［266］Yong Li ,Jiabao Zhang. Agricultural Diffuse Pollution from Fertilisers and Pesticides in China. Water Science and Techmology ,1999(2).

［267］Zhang D – D ,Zhang X – H ,Zhang J – Q. Integrated Research and Eval-uation on Nonpoint Source Pollution in Shanghai Suburbs. Acta – Agric Shanghai , 1997 ,13(1):31 –36.

# 后　记

　　本书是在我的博士论文的基础上修改而成的,也是我近年来农业负外部性及农业可持续发展研究的集成之作。鉴于研究中对农业问题的关注倾向于粮食安全,对粮食安全的研究又侧重于农产品质量安全及粮食安全的生态性分析,加上我博士毕业后主要的研究领域也在粮食安全这一块,于是书名定为《我国粮食安全的生态性约束及规制研究》。

　　我生长于农村,经历了人民公社(大集体)及向家庭联产承包经营("大包干")转变等农村经济社会大的发展阶段与变革,参加过生产队的集体劳动,熟悉大集体时代一切生产环节与过程,从孩提时代的为生产队放牛、刨草皮做饭,到成长为"小社员"为挣工分而积肥、打秧草、撒化肥、打农药,再到"大包干"初期,成为壮劳力,经营自家的一亩三分地,对粮食生产的过程,对农民的了解,就像对自己的手指头一样熟悉。

　　我深感农民们在种植粮食过程中智慧与创造的无与伦比,这是中华民族农耕文明生生不息的源泉;同时我也深知中华民族五千年农耕史导致我们大片国土荒芜的事实,随着工业过程对粮食生产的介入,这种状况呈现出一种加速发展的趋势。而今,中国用不到世界8.6%的耕地养活了全球22%的人口,这是中华民族值得骄傲的成就;但是别忘了,中国用占全球1/3强的化肥与农药,只生产了全球22%的粮食;中国农产品安全问题频仍,也是全球数一数二的,"在粮食生产过程中,为了防治病虫害、增加产量,农药与化肥被广泛施用,甚至是滥用,这种滥用简直就是给耕地下毒药"(袁隆平语)。因此,考察中国粮食安全问题的时候,不能仅囿于粮食供应量的保障,还应该关注粮食质量安全、粮食安全生态基础的巩固及中国可持续的粮食生产能力的培育等。仓廪实的今天,作为农民的儿子,我时刻在关注这个问题。读研究生期间,我翻阅了大量关于农业可持续发展、粮食安全等方面的论著,发表了秸秆还田、农业负外部性等方面的论文;毕业之后,我在高校从事一线教学,将我的粮食生产的生态安全、食品安全溯源等主张向学生倾诉,同时发表了如《农民视角的粮食安全观》、《农村微水利建设与粮食安全》等相关论文。这些教学科研积淀也是我将粮食安全生态性约束的生成及规制作为本书主题的基础。

读博期间，我的导师朱启臻教授付出了很大的艰辛。在论文选题、研究设计、开题论证，到初稿修改、定稿等环节都凝聚了导师的心血。在这里，我谨向导师致以谢意！另外，在论文开题过程中，李小云教授、叶敬忠教授、左停教授、任大鹏教授、靳乐山教授、王伊欢教授、齐顾波教授和罗泮教授、刘燕丽副教授、徐秀丽副教授等对论文研究提出许多好的建议。在论文撰写期间，还得到了中国可持续农业发展研究领域的泰斗级人物、中国农业大学可持续农业发展研究中心的程序教授的专门指导，他在我论文研究遭遇顿挫时给了我最大的迷津指点。在论文调研期间，非常有幸地得到了河南省光山县十里中学的史经来老师、光山县委宣传部的吴光辉部长的鼎力支持，他们先后帮助联络光山县农业局、光山县文史馆等部门，为我进入农村社区调研、查阅当地粮食发展史料大开"绿灯"。同时，在初稿修改、论文评审过程中还得到了何君博士、毛绵奎博士、赵康博士、赵勇博士、郭海霞博士、苟天来博士、柴浩放博士、饶小龙博士、杨俊武博士等的帮助，非常感谢他们在百忙中为我的论文提出的宝贵建议。

本书的最终完成，还得到了我所工作的河南财经政法大学农业与农村区域研究中心及农业经济系的鼎力支持，关付新、张建杰、张改清、马勇、张扬、叶立赞、刘同等诸位同仁给予我热情的帮助与支持，关付新教授将我的著作研究纳入河南财经政法大学博士创新团队的研究范畴，对我是莫大的荣幸与鼓励。特别值得一提的是，张建杰教授、张改清教授对本书的理论体系的串联与优化、后期理论成果的容纳与结构布局起了很大的作用，还有张扬副教授视我的专著出版如己出，先后张罗联系编辑，就论文的修改提出宝贵建议，才使得专著的出版顺利成行。另外，经济管理出版社的杨雪提出的修改建议句句珠玑，切中主题。专著从立项、校改到付梓出版先后不过5个月，没有杨雪编辑的高效而富有建设性的工作，本书的出版绝对是不可能的。在此，一并向他们致以谢忱。

此外，我还要感谢我的母亲，我的岳父母，我的爱人与孩子。没有他们始终如一的理解与支持，完成博士论文的研究及本书的出版是难以想象的。我年近八旬的母亲，不懂学术，却总能感觉我为文之困，学博殊途，情愿同归，母子连心，明月可鉴。特别感谢我的岳父母，在我来京城学习的每一天，是他们的帮助让我的妻儿在郑州无虞地生活。在书稿出版期间，我的岳父母理家携幼，让我专心改稿。我对妻子的感谢也是无言的，因为我的论文、专著的长成，就像我们孩子的出生、长大，都是孕育于她母性温柔的胎胞，她付出之多，不言而喻。我还要感念我的孩子，当我论文起笔时，她尚在襁褓，咿呀学语中给我学业带来欢乐，如今她已经长成小大人了，我的研究在与她一起成长，时常让我感动得热泪盈眶。

在本书即将出版之时,我对所有为我博士论文写作及本书出版提供各种支持与帮助的各位领导、专家、老师、朋友、同学、同事以及亲人表示最诚挚的谢意。

**高明国**

2013 年 3 月 9 日

**图书在版编目（CIP）数据**

我国粮食安全的生态性约束及规制研究/高明国著．—北京：经济管理出版社，2013.6

ISBN 978 - 7 - 5096 - 2513 - 2

Ⅰ.①我…Ⅱ.①高…Ⅲ.①粮食问题—制度约束—研究—中国　Ⅳ.①F326.11

中国版本图书馆 CIP 数据核字（2013）第 118350 号

组稿编辑：杨　雪
责任编辑：张　艳　杨　雪
责任印制：杨国强
责任校对：张　青

出版发行：经济管理出版社
　　　　　（北京市海淀区北蜂窝 8 号中雅大厦 A 座 11 层　100038）
网　　址：www. E - mp. com. cn
电　　话：（010）51915602
印　　刷：三河市海波印务有限公司
经　　销：新华书店
开　　本：720mm×1000mm/16
印　　张：17
字　　数：305 千字
版　　次：2013 年 6 月第 1 版　2013 年 6 月第 1 次印刷
书　　号：ISBN 978 - 7 - 5096 - 2513 - 2
定　　价：49.00 元